イギリスとアメリカ

世界秩序を築いた四百年

君塚直隆　細谷雄一　永野隆行［編］

勁草書房

目次

序章

英米関係の歴史を概観する

「英語諸国民の世紀」

一九四三年七月一日。第二次世界大戦の戦局が大きく変わろうとしていたとき、イギリスの首相ウィンストン・チャーチルは、次のように閣議で発言した。

今世紀は、英語諸国民（English-Speaking People）の世紀となるであろう（細谷〔二〇〇八〕五九頁）。

この二年前の一九四一年二月にはアメリカで、『ライフ』誌創立者のヘンリー・ルースが「アメリカの世紀」というタイトルのコラムを書いて、「二〇世紀はかなりの程度において、アメリカの世紀となるに違いない」と論じていた（Luce 1999: 11-29）。このルースの予言の通りに、世界大国としてアメリカが戦後の国際政治を動かしていくことになる。

このようにして二〇世紀は、チャーチルが語るような「英語諸国民の世紀」であると同時に、ルースが語るような「アメリカの世紀」でもあった。戦後世界でアメリカが圧倒的な軍事力と経済力で世界政治を牽引していく背景として、英米両国間の、同じ「英語」を使用する国家間の緊密な協力関係が存在した。一九世紀から二〇世紀前半にかけて、イギリスが構築したさまざまな規範や制度を基礎として、それを受け継ぐかたちでアメリカが世界大国に浮上したのである。その意味で、チャーチルが述べたように、二〇世紀を「英語諸国民の世紀」と呼ぶことができるだろう。

英米関係を通じて国際政治の歴史を考える重要性について、アメリカの外交問題評論家のウォルター・ラッセル・ミードは次のように述べる。すなわち、「アメリカによる国際秩序と大国アメリカは、十七世紀後半までさかのぼる英語圏勢力の伝統をさまざまなかたちで受け継いでいる」のである（ミード〔二〇一四〕一六頁）。したがって、われわれが二〇世紀を深く理解するうえで、英米関係の本質を深く知ることは重要な意義があるのではないか。

第二次世界大戦においてイギリスは、一九三九年九月に戦争が勃発して、一九四五年九月二日に日本との降伏文書調印が行われるまでの六年間という長い期間、戦争を戦い続けた唯一の戦勝国である。またアドルフ・ヒトラーのドイツが国際秩序を破壊して、世界を戦争と殺戮の奈落の底へと導く中で、イギリスとアメリカは、戦争に勝利すべく緊密な戦争協力を進めていた。この戦争のさなかに、チャーチルは自らの父親の母国であるイギリスと、母親の母国であるアメリカという二つの大国の間の関係を、「特別な関係」と位置づけるようになった。

首相を引退した翌年の一九五六年、八一歳となった老齢のチャーチルは、しかしながら力強く、壮大な歴史叙述の書を刊行した。そのタイトルが、『英語諸国民の歴史』であった（Churchill 1956; 細谷〔二〇〇八〕）。チャーチルは、歴史を学び、歴史を動かし、そして歴史を書いた。チャーチルの世界史観と文明論が明瞭に浮かび上がる意味において、この『英語諸国民の歴史』は彼の主著とも呼び得る大作であった。チャーチルは、この著書の中で、イギリスとアメリカを別々の異なる国家として切り離すのではなくて、一つの「英語諸国民」という共同体と捉え、価値と利益を共有するこの両国が深く結束する必要を強く感じていたのだ。

英米関係から歴史を観る

このようにして、二〇世紀の世界は英米関係によって大きく規定されたということができる。それでは、イギリスとアメリカの関係とは、いったいどのような性質のものであったのだろうか。それは、言語や文化、人種などを共有する緊密な協力関係で彩られていたのだろうか。それとも、かつてのイギリスの植民地から独立したアメリカは、反植民地主義のイデオロギーを掲げ、自由貿易を拡大するために帝国特恵関税制度に反対して、両国の間には数多くの摩擦が横たわっていたのだろうか。

本書は、過去四世紀の英米関係の歴史を、国際秩序の変容という観点から概観することになる。あるときには両国は、理想とする国際秩序の理念を衝突させて、激しい戦闘に入り、また他のときには緊密な戦争協力を行って共通の敵と戦った。英米両国間の協調と対立を見ることで、われわれは国際秩序がどのように変容していったのかを、より鮮明に理解することができるだろう。

また、チャーチルとフランクリン・ローズヴェルトの関係に見られるように、英米関係はしばしば、両国の首脳個人の関係によって大きく規定されることがあった（第4章）。たとえば、のちに詳しく見ていくように、一九八〇年代のアメリカのロナルド・レーガン大統領と、イギリスのマーガレット・サッチャー首相との間の首脳間の緊密な関係が、冷戦終結に至る国際政治の動きに大きな影響を及ぼしている（第8章）。したがって、本書ではそのような両国の首脳、あるいは外務大臣や大使といった個人の擁する理念や果たした役割にも注目して、歴史を眺めることにしたい。

これまでにも、英語文献では英米関係の通史はいくつか刊行されてきた。代表的なものとしては、一九四五年以降の「特別な関係」を描いたC・J・バートレットの著書や、関連資料を解説するかたちでまとめたジョン・ベイリスの著書、さらには二〇世紀における英米関係史の協調と対立の両側面に光を当てて、また政治史と経済史をバランスよく描いたアラン・ドブソンの著書がある（Bartlett 1992; Baylis 1997; Dobson 1995）。さらには、デイヴィッド・ディンブルビーとデイヴィッド・レイノルズの共著は、アメリカの植民地時代の一七世紀以降の長い歴史を描いた優れた通史である（Dimbleby and Reynolds 1988）。英米関係を「特別な関係」という視点から描いた代表的な研究としては、ウィム・ロジャー・ルイスとヘドリー・ブルの編著、およびジョン・ダンブレルの研究がある（Louis and Bull, eds. 1986; Dumbrell 2006）。本書においても、これらの優れた通史をしばしば参照している。

とはいえ、これまで書かれた通史の多くは、「特別な関係」に焦点を当てているために、とりわけ第二次世界大戦後を概観するものが中心であった。ディンブルビーとレイノルズの共著は例外的に長い期間を扱っているが、三〇年ほど前のイギリスBBCのテレビ番組をもとにした内容であるために、その後の研究成果の発展が当然ながら反映されていない。本書はそのような現状を前提として、大航海時代の一七世紀から歴史を書き始めたいと思う。というのも、植民地時代や独立戦争、第二次米英戦争時代の両国の関係が、その後の英米関係の性質を規定する部分が少なくないからである。

さらに指摘すべき点として、先述の通史的な先行研究はすべて、イギリス人の歴史家によって書かれたものである。歴史家のキャスリーン・バークの次のような指摘は、それゆえ正しいといえる。すなわち「『特別な関係』という概念は、とても問題がある。というのも、一般的にはそれは、より力の小さい国がそれを必要としているからだ」(Burk 2009: 24)。現在の英米関係における圧倒的な国力の非対称性を前提として、アメリカの歴史家ではなくて、イギリスの歴史家がそのような「特別な関係」に関心を示すことは、それゆえに不思議なことではない。

非対称な関係

それでは、過去四世紀ほどの英米関係の歴史を概観すると、どのような全体像を見ることができるのか。四世紀前の世界では、北米大陸ではちょうどジェームズタウンでの入植が始まり、他方ではイングランドはヨーロッパ大陸の西端に位置する弱小な島国にすぎなかった。ヨーロッパ世界でのこの両国の影響力はきわめて限られており、ハプスブルク家のオーストリアとブルボン家のフランスという二つの大国が圧倒的な存在であった。いわば過去四百年の歴史は、イギリスとアメリカという、ヨーロッパ文明の辺境に位置していた国民が、世界秩序における優越的な地位を手に入れて、世界政治を動かすまでに至る歴史でもあった。

二〇世紀から二一世紀にかけての世界では、アメリカとイギリスの両国が世界政治の中核に位置するようになり、国際連盟や国際連合という国際機構を構築し、またブレトンウッズ体制に基づく国際経済体制を成立させた。この二つの国家が掲げる民主主義や自由貿易、法の支配や人権といった規範が、現在では国際政治の根幹に埋め込まれている。それでは、この四世紀の間に何があったのか。この両国は、いかにして世界政治の頂点に上り詰めるまでに至ったのか。

英米関係の四百年の歴史を理解するうえでまず重要なのは、この期間の大部分の時期を通じて、両者の関係は非対称であったことである。最初の三世紀ではイギリス帝国が、アメリカ植民地、さらには独立まもないアメリカ合衆国に対して圧倒的な国力を誇っていた。とりわけ、一七六三年のパリ講和条約でイギリスが勝利を収めると、現在のカナダの東半分とアメリカ合衆国東部の三分の一の領土はすべて、「イギリス帝国」として組み込まれる（第1章）。ここに、北米大陸では比類なき強大なイギリス帝国が誕生する。

ところが、一八世紀末にはアメリカ独立戦争に敗れたイギリスは、アメリカ合衆国の独立を許すことになる。これによって、両者の関係は二つの主権国家間の関係へと転じていった。その後、一九世紀後半の「パクス・ブリタニカ」の時代になると、イギリスは圧倒的な海軍力と工業力で、巨大な世界帝国を構築していった。一九世紀末には、イギリス海軍は「二国標準」という戦略を採択する。世界で第二位と第三位の海軍力の合計よりも、イギリス一国の海軍力が上回れば、イギリスの安全は確保できるという発想であった（細谷〔二〇〇六〕一六―一九頁）。そのような圧倒的な海軍力を背景にして、イギリスは世界大国として「光栄なる孤立」とも呼ばれる、対外政策における自由な行動を優先的に考慮していた。現在とは反対の意味で、独立戦争以降の一九世紀末に至るまでの英米関係は、非対称な関係であった。

ディンブルビーとレイノルズが記すには、一世紀前の「世紀転換点では、イギリスは史上最大の帝国を支配しており、地球の地表の五分の一ほどがその支配のもとにあった」のだ（Dimbleby and Reynolds 1988: xv–xvi）。そして、「たいていの場合に、アメリカは余裕をともなう儀礼をもって対処されながらも、アメリカはヨーロッパ的な意味では非文明的で、粗野で、未開の土地とみなされていた」のである。また「アメリカは、ときにはいらだたしい存在でありながらも、イギリスにとっての深刻な脅威となることはなかったのだ」。いわば、アメリカはイギリスにとっての脅威にならないような弱小な存在であったからこそ、一九世紀初めの第二次米英戦争以降の二世紀にわたって、両国が正面から激しい軍事衝突を起こすこともなかったのだろう。

とはいえ、一世紀ほど前の世紀転換期のイギリスは、たとえ巨人であったとしても、ジョゼフ・チェンバレン植民地相が当時適切に表現したように、「疲れきった巨人（a weary titan）」であった。チェンバレンは、一九〇二年に、人種主義的およびイデオロギー的な観点から英米関係の強化を求めて、次のようにアメリカから助力を得ることを求めた。

> 疲れきった巨人が、あまりに巨大な宿命の惑星のもとでよろめいている。われわれは長い年月の間、その責務を背負い続けている。いまこそ、われわれの子供たちがそれを支える手伝いをすべきときだと、われわれは考えている（Black 2004: 254）。

これ以後、次第に英米関係はその結びつきを強化するようになっていく。それは、イデオロギー的な理由と国益の、双方が複雑に結びつきあう中での関係の強化であった。

ところが、第二次世界大戦後の世界では、この両国の関係は大きく異なる性質へと変わっていった。圧倒的な超大国となったアメリカに対して、二度の世界大戦でイギリスは大きく国力を衰退させて、世界最大の債権国は世界最大の債務国へと転落した。さらには、力の源泉であった植民地の資源についても、アメリカの反植民地主義と民族自決のイデオロギーに直面して、戦後の世界では次々と独立を許すことで失っていった。それゆえに、アメリカの元国務長官であったディーン・アチソンに一九六二年、「イギリスはすでに帝国を失い、いまだ新しい役割を見出していない」とまで言われる結果となった（第6章）。

いわば、一七世紀から一九世紀末までの英米関係は、圧倒的なイギリス帝国の力の前に非対称な関係となっており、第二次世界大戦以後の英米関係は力が逆転して超大国アメリカの前に非対称な関係となっていた。そのようにして、過去四世紀の英米関係の歴史を概観することは、すなわちイギリスからアメリカへの力の移行を学ぶことを意味し、そして二つの異なる種類の非対称な関係を知ることになる。英米間の「特別な関係」は、「非対称な関係」でもあったのだ。

「パクス・ブリタニカ」から「アメリカの世紀」へ

英米関係が多くの摩擦と軋轢を示すようになるのは、両者の関係が競合して、さらにはその力関係が逆転する一九世紀末から第二次世界大戦に至るまでの半世紀の期間であった。この時期において、英米関係は緊密な「アングロ＝サクソン主義」のイデオロギーを生み出すと同時に、相互を仮想敵国とする緊張した対立関係を浮上させてしまった。また、戦間期の英米関係が、相互不信や相互の無関心に彩られていたことで、二つの世界大国が実効的に新しい世界秩序を構築するための協力を育むことが難しかった（第3章）。

この半世紀の期間は、一般的に力の移行（パワー・トランジション）として論じられている。そして、歴史的に見て英米間の力の移行は、きわめて例外的な帰結をもたらすことになった。一般的には、力の移行の際には二つの大国の間で巨大な戦争が勃発することが見られた。それは、第一次世界大戦におけるイギリス帝国とドイツ帝国の衝突を見ても明らかであり、古代アテネとスパルタの戦争からも、それを論じた歴史学者の名前をとって「ツキジデスの罠」と呼ぶことがある（Allison 2015）。

ところが、イギリスからアメリカへの力の移行は、ときに極度な緊張と、深刻な相互不信を生み出しながらも、両国が全面的な戦争に突き進むことはなかった。むしろ、緊密な戦争協力を発展させて、「特別な関係」とまで呼ばれる協調的な関係を確立するのである（第4章）。それについて、ディンブルビーとレイノルズは、次のように論じている。「ある大国から他の大国へと、これほどまで短い期間で力が移行する際に、両者の間での戦争が起こらなかったのみならず、一発の銃声さえ発せられなかったことは、驚くべきことである」（Dimbleby and Reynolds 1988: xvi）。

そして、この力の移行の時期に、世界大国となるアメリカはイギリスから多くの規範や制度を受け継いでいった。アメリカは、民族自決や反植民地主義、民主主義という新しいイデオロギーを掲げると同時に、それ以前のイギリスが構築した国際秩序を多くの領域で継承していった。そのような平和的な力の移行による、国際秩序の安定的発展こそが、先に触れたような「英語諸国民の世紀」としての二〇世紀をもたらしたのである。

このような「英語諸国民の世紀」において、イギリスとアメリカは、二度の世界大戦、そして冷戦でともに共通の敵と対決した。第一次世界大戦ではドイツ帝国とオーストリア＝ハンガリー帝国が、第二次世界大戦ではナチス・ドイツ、日本、そしてイタリアが、さらには冷戦時代にはソ連共産主義体制が、英米両国の共通の敵国であった。それらの諸国と対決する中で、英米両国は民主主義や自由主義のイデオロギーを掲げて、西側諸国を結束させて、幅広く国際的連携を構築しようとした。第二次世界大戦時には、それは「連合国（ユナイテッド・ネーションズ）」を創出し、冷戦時代には北大西洋条約機構（NATO）を生み出した。いずれも、アメリカとイギリスの両国が中軸となって、軍事協力を制度化したものである。

「特別な関係」はどこへ向かうのか

それでは、冷戦後の現在においても、「英語諸国民の世紀」は続いていくのだろうか。アメリカとイギリスは、二〇〇一年のアフガニスタン戦争、そして二〇〇三年のイラク戦争でも、共通の敵に対して協力して戦争を行った。それはまた、アメリカのジョージ・W・ブッシュ大統領と、イギリスのトニー・ブレア首相との、親密な個人的関係に支えられた協調関係でもあった。ところが、この二つの戦争は米英両国の国内で激しい批判をもたらし、また地域の不安定化をもたらして、大きな傷痕を残すことになった。

その意味でも、「特別な関係」が二一世紀においてどの程度重要な意味を持つのか、そしてどの程度長い期間続いていくのか、必ずしも自明ではない。二〇一〇年のイギリス議会の下院委員会報告書では、英米両国の力関係の非対称性を一つの根拠として、イギリス政府が誤解を招くような「特別な関係」という言葉をこれから用いないことを提唱している（House of Commons Foreign Affairs Committee 2010: 30–32)。

また、イギリス帝国史の代表的な歴史家であるウィム・ロジャー・ルイスがいまから三〇年ほども前に書くには、「新しい世代のアメリカ人の多くの人たちにとって、イギリスとは、はるかかなたの、それについてほとんど何も知らない人々の住む国」であるにすぎない。

とはいえ、歴史的な視座から現代世界を理解するうえでも、このアメリカとイギリスという二つの国家がこれまでどのような協力関係を構築して、どのように国際秩序を構築してきたのかを知ることには大きな意味がある。それは、現代の国際秩序の骨格を形作ったという意味でも、まさに「特別な関係」であった。もはやかつてと同じような意味で「特別」であり続けることは困難であるが、過去四世紀の英米関係の歴史をたどることで、現代世界を深く理解するためのいくつもの重要な手がかりが見つかることを確信している。

（細谷雄一）

第1章

忠実なる臣民《サブジェクト》から手ごわい競争者《ライバル》へ

●イギリスから見た英米関係の三〇〇年

1　入植と拡張の時代——一六〇七～一七六三年

大航海時代のイングランド

一五世紀後半から一六世紀にかけて、世はまさに大航海時代にあった。なかでもクリストファー・コロンブスによる「アメリカの発見（一四九二年）」は人々に大きな衝撃を与えた。「新世界」の登場で、政治外交的にも文化的にも共通の感覚で結ばれていた彼らは、「ヨーロッパ」という概念をあらためて自己認識するようになったのである。

そのヨーロッパの北西端に位置するちっぽけな島国。それがイングランドだった。かつてはフランスの西半分も支配した大国は、テューダー王朝（一四八五～一六〇三年）のもとで自国の保全に汲々とする弱小国になっていた。そのイングランドも、コロンブスの航海に遅れること五年（一四九七年）、国王ヘンリー七世の指示によりついに西方からアジアへと向かう大航海に乗り出した。

実はイングランドの漁民はコロンブスの航海のはるか以前から、ニューファンドランド（現在のカナダ南東部）沖にまで漁に出ていたが、国王の肝入りにより行われた大航海は大した成果をあげることはなかった。

イングランドが大西洋の航海に本腰を入れるのは、ヘンリー七世の孫娘エリザベス一世の時代になってからである。ネーデルラント独立戦争（一五六八～一六四八年）でオランダとスペインの戦闘が激しくなり、北ヨーロッパ有数の港町アントワープ（現在のベルギー北部）が封鎖された。当時のイングランドの主要生産品は未完成の毛織物（完成できる技術がなかった）と羊毛だった。これだけで輸出品の九割を占めていた。その行く先がアントワープであり、まさにイングランド経済の生命線ともいうべき町だった。

大陸で迫害を受けたプロテスタントの毛織物職人が亡命してくると、イングランドでも自前の完成品がつくれるようになるが、送り出す市場がない。そこで女王の命を受けたサー・ウォルター・ローリーやジョン・ホーキンズらが新大陸へと向かった。しかし、入植に適した南米はほとんどがスペインやポルトガルの支配下にあった。弱小国イングランドには北米の一端しか残されていなかった。「処女女王《ヴァージン・クイーン》」エリザベスにちなみ「ヴァージニア」と名づけられた植民地の中核が、ロアノーク島（現在のノースカロライナ州）だったが、一五八〇年代後半に試みられた入植計画は失敗に終わった。

ジェームズタウンの建設

イングランドによる北米入植が本格化したのは、次のステュアート王朝（一六〇三〜一七一四年）の時代になってからだった。個人による植民地開拓は難しく、共同出資会社がつくられるようになっていた当時、王朝の開祖ジェームズ一世はロンドン会社に勅許状を付与し（一六〇六年）、翌〇七年に現在のヴァージニア州に入植する。国王に敬意を表し、「ジェームズタウン」と名づけられた。今日に続くアメリカ合衆国の起源である。

入植地で生み出された最初の特産品はタバコだった。一五六〇年代にすでにホーキンズによってイングランドにもたらされていたタバコは、先住民のみに伝わる風習であったのが、一六世紀後半からは一挙にヨーロッパへと広まっていた。ジェームズ一世自身はタバコを好まなかったが、イングランド領植民地にとってはまさに「金のなる木」に変身した。

こののちも一攫千金を夢見たイングランドの人々が、大西洋を越えて次々と新大陸に渡った。なかには宗教的迫害に遭い、新天地に自らの国を築こうとした者もいた。メリーランド（カトリック）やマサチューセッツ（清教徒《ピューリタン》）などはその典型例である。一六四〇年代にイングランドで国王軍と議会軍との間で内乱（清教徒革命とも呼ばれる）が生じると、新大陸への移民はますます増えていった。

入植当初は幾多の困難に見舞われた移民たちも、さまざまな幸運や先住民への迫害などを通じて、次第にその領土を拡大した。ヴァージニア以南はタバコを中心とする農業地帯に、マサチューセッツ以北は漁業や造船業、商業を中心に営むようになった。

やがて一七世紀の後半になると、イングランドは「商業革命」に突入した。西インド諸島の砂糖、北米のタバコ、さらに東インド会社（一六〇〇年創設）がもたらす東洋の工芸品や中国の茶、アラビアのコーヒーなど、さまざまな嗜好品がイングランドに富をもたらした。一六九〇年代には、イングランドの交易収入は年間二〇〇万ポンドにものぼった。

しかしこの莫大な富を手に入れるために、イングランドは数々の強敵と対峙しなければならなかった。

オランダとの抗争——三度の英蘭戦争

まずは一七世紀最大の通商国家オランダ（正確にはネーデルラント連邦共和国）である。他地域間の中継貿易を低輸送費で担うオランダは、一六七〇年の段階で一二万人もの船員を擁し、総計で五六万トン以上もの商船を世界に送り出す一大海運国家であった。この総トン数は、同じく海洋国として世界を股にかけたスペイン、フランス、イングランド三国の総トン数をあわせたより多かったほどである。

アムステルダムはヨーロッパ最大級の商品市場となっており、国際貿易の決済や金融・保険の中心地であった。大西洋貿易においても、西インド諸島やニューアムステルダム（現在のニューヨーク）を拠点に、他国を圧倒していた。イングランドの大西洋貿易も徐々に浸食されるようになり、ここにオランダとの通商戦争が幕を開けた。

清教徒革命で勝利を収めた共和国の議会は、一六五一年に航海法を制定した。イングランドと植民地間の交易からオランダを閉め出したのである。清教徒中心の共和国に言わせれば、同じくプロテスタントでありながら、オランダは神より金を崇拝するまで堕落した存在と映ったこともこの法の制定の要因であった。ここに第一次英蘭戦争（一六五二〜五四年）が始まったが、両国ともこれといって戦果をあげられずに終結した。

一六六〇年五月にイングランドで王政が復古し、共和政時代に制定された議会法は無効とされた。ところがその四カ月後、チャールズ二世治下で早くも新たな航海法が制定され、オランダの中継貿易網の打破と、それにとって代わる巨大商船団の形成とが画策された。より大規模に発展した第二次英蘭戦争（一六六五〜六七年）では、オランダ海軍がテムズ川にまで侵攻したものの、ニューネーデルラントはイングランド軍に占領され、講和条約でイングランドの領地と認められた。海軍総司令官であった王弟ヨーク公爵（のちの国王ジェームズ二世）にちなみ「ニューヨーク」植民地と命名された。その後、フランス国王ルイ一四世がオランダに戦争を仕掛けたこととも呼応して、第三次英蘭戦争（一六七二〜七四年）も見られたが、北米大陸におけるイングランドのオランダに対する優位は、第二次英蘭戦争終結時には確立されていたと言ってよい。

オランダは、戦争のために巨額の借金をして平時にそれを返済するシステムをイングランドより一世紀近くも早くに確立し、それが一大商業圏を形成できた秘訣でもあった。しかし七つの州から成る共和国は各州の権限が強く、負債も各州が発行する公債によった。これに対してイングランドでは中央集権化が早くから進み、イングランド銀行（中央銀行）が発行する国債の返済を議会が保証すると同時に、東インド会社、王立アフリカ会社、王立レヴァント会社のいずれもがロンドンに拠点を置き、中央政府の航海政策によって保護されていた（航海法体制とも呼ぶ）。このことが、分裂国家のオランダに勝利を収めた要因のひとつと考えられる。

一六八〇年代頃から商業的優位が揺らいだオランダは、その後もフランスとの二〇年以上に及ぶ戦争で財政的にも打撃を受け、一八世紀前半までには国際的な影響力が衰退した。

フランスとの死闘の始まり

オランダの次にイングランドの前に立ちはだかったのがフランスであった。フランスの北米大陸進出は一六世紀前半にさかのぼる。ニューファンドランドからセント・ローレンス川流域に至り、一七世紀後半までには五大湖周辺にも勢力を拡大した。セント・ローレンス川流域にケベックやモンレアル（モントリオール）などの拠点が築かれ、この一帯は「新しい《ヌーベル》フランス」と呼ばれ、イングランド領植民地とやがて衝突するようになっていく。

フランスでは、野心家の国王ルイ一四世の時代からライン川左岸に侵攻する気運が高まっていた。それはプファルツ伯継承戦争（別名アウクスブルク同盟戦争・九年戦争）へとつながり、この戦争の初期にイングランド国王も兼ねるようになったホラント州（オランダ）総督のウィリアム三世の尽力により、イングランドも対仏参戦することとなった。それはそのまま北米大陸での英仏戦争にも発展し、「ウィリアム王戦争（一六八九〜九七年）」と呼ばれた。この戦争では両国ともに戦果をあげられず講和に至った。

ルイ一四世の次なる野望はスペイン王位継承戦争へとつながった。イングランドは再びオランダや神聖ローマ皇帝らと同盟関係を結んだ。戦争の初期に君主がアン女王（ウィリアムの義妹）に交替したが（一七〇二年）、イングランドは対仏戦を継続した。このヨーロッパでの戦争は、「アン女王戦争（一七〇二〜一三年）」と呼ばれる北米大陸での英仏戦争に拡大した。フランスは一七〇〇年の時点で、西ヨーロッパで最大を誇る二〇〇〇万以上の人口を抱え、それはイングランドとスコットランドをあわせたより三倍も多かった。陸軍兵力も最大時で四〇万人を擁した。しかし北米植民地には、フランス人入植者は一万五〇〇〇人しかいなかった。対するイングランドの入植者は二五万人にも及んでいたのである。

ヨーロッパでは同盟軍に追いつめられ、北米大陸でもイングランド軍に苦戦を強いられたフランスは、ユトレヒト条約（一七一三年四月）でイギリス（一七〇七年五月にイングランドとスコットランドが合邦《がっぽう》した。以下本章ではこう呼ぶ）と講和を結んだ。仏領アカディア（ノヴァスコシアと改名された）、ニューファンドランド、ハドソン湾、それに西インド諸島のセント・キッツがイギリスに割譲された。

この二度の戦争にイギリスは総計で一億五〇〇〇万ポンドもの巨額を投じ、さらに戦後も防衛費として毎年二〇〇万は要していた。すでに述べたとおり、早くに中央銀行を創設し（一六九四年）、議会が保証する国債システムを導入できたイギリスの経済力がものを言ったのである。アン女王戦争が終結する頃までに、イギリスは一三一隻の戦列艦も含めた二二五隻の艦隊を有するヨーロッパ最大の海軍大国となっていた。

フランスは北米に有する領土の多くを割譲させられたが、ノヴァスコシアの北方に北米最強の陸軍基地ルイブールを建設し、イギリス人入植者にとっても脅威となった。南米大陸との通商をめぐる確執により、イギリスはスペインと一七三九年から戦争（ジェンキンズの耳戦争）に突入していたが、翌四〇年にこれがヨーロッパ大陸中央部でのオーストリア王位継承戦争に糾合されるかたちで、再び大西洋をはさんだ両大陸を舞台とする英仏戦争に発展した。このたびも王名から「ジョージ王戦争（一七四四〜四八年）」と呼ばれた。戦争はアジアにまで波及し、一七四六年九月にフランスがインドのマドラスを攻略した。翌四七年には、今度はイギリス海軍《ロイヤル・ネイヴィー》が北米でルイブールを陥落させた。

　両者痛み分けのかたちで結ばれたアーヘン条約（一七四八年一〇月）では、ルイブールもフランスに返還され、英仏の勝敗は次の決戦に持ち越されることとなった。

フレンチ・アンド・インディアン戦争――北米帝国の確立

アーヘン条約が締結された翌年、一七四九年早々にイギリスはルイブールに対抗すべく、ノヴァスコシアに新たな海軍基地としてハリファックスを建設した。対するフランスの側も、アパラチア山脈の西側に広がるオハイオ川流域の肥沃な土地をねらって、河口部にデュケーン砦を築いた（一七五三〜五四年）。ヴァージニア植民地はこの砦からフランスの戦力を追い払おうと、野心家だがまだ経験の浅かったジョージ・ワシントン中佐を派遣したが、フランスと先住民の連合軍により手痛い敗北を喫した。

　この報を受けて、イギリス本国はエドワード・ブラドック将軍率いる正規軍二二〇〇を派兵し、俗に「フレンチ・アンド・インディアン戦争（一七五四〜六三年）」と呼ばれる戦争へと発展した。し

図１　北米大陸での各国の勢力圏（左：18 世紀初め，右：1763 年）

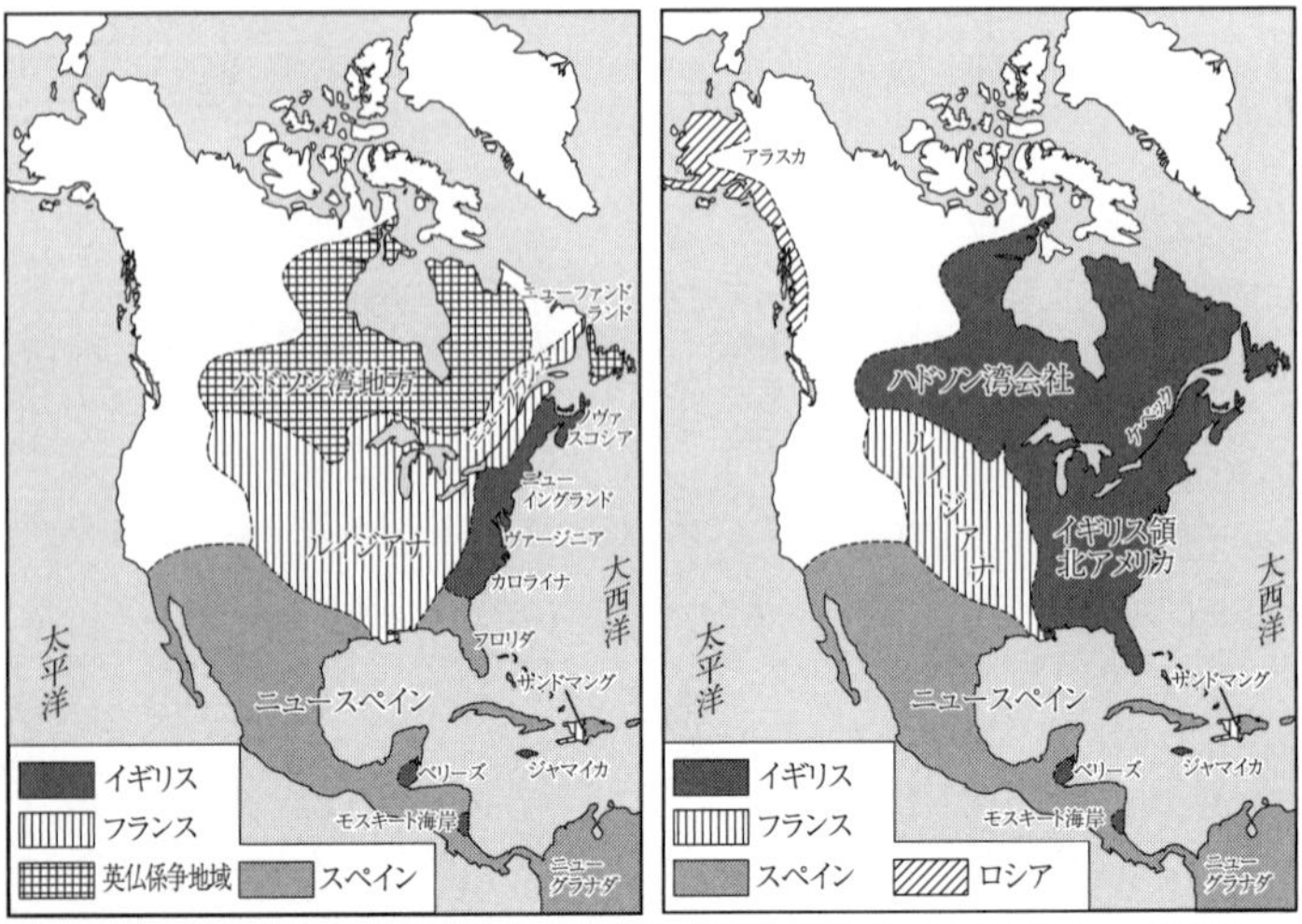

出典：有賀貞・大下尚一・志邨晃佑・平野孝編『世界歴史大系　アメリカ史１――17 世紀～1877 年』（山川出版社，1994 年）99 頁.

かし、デュケーン砦を目指したイギリス軍は、先住民軍の待ち伏せを受けて殲滅《せんめつ》させられ、ブラドックも戦死した。これを機に、フランス＝先住民連合軍は一挙にヴァージニア、メリーランド、ペンシルヴェニアの各イギリス領植民地へとなだれ込んだ。フランス側には、名将ルイ・ジョゼフ・ド・モンカルムがおり、彼の巧みな戦略により、オンタリオ湖とジョージ湖に築かれていたイギリス軍の砦が陥落した。

　ここで動いたのがイギリス本国で国務大臣に就任したウィリアム・ピット（大ピット）であった。彼はイギリス正規軍と現地義勇軍あわせて四万五〇〇〇の精鋭を派遣させた。その数はカナダ駐留のフランス軍の実に五倍に達する兵力であった。大西洋ではイギリス海軍がフランス艦隊を次々と襲い、フランス本国からの兵力・武器弾薬がヌーベルフランスに到着できない状態が続いた。先住民の諸族も軍需物資が尽きて捨て鉢の戦術に出た。

一七五八年に、イギリス軍は念願のデュケーン砦の攻略を成し遂げ（ピット砦《ピッツバーグ》と改名された）、その直後にはジェフリ・アマースト将軍率いる一万三〇〇〇の正規軍とイギリス大艦隊とがルイブールも攻略した。さらに翌五九年、ジェームズ・ウルフ将軍麾下のイギリス軍がケベックを陥落させた。壮絶な戦いの末に、ウルフとともに、フランスの名将モンカルムも戦死した。そして一七六〇年にはアマースト将軍がモンレアルも攻略し、ヌーベルフランスはすべてイギリスの軍門にくだったのである。

このフランスの窮地を救うべく、一七六一年からはスペインが対英参戦してきたが、スペイン領キューバ北岸最大の港町ハバナをイギリス軍が占領する一方で、西太平洋のスペイン領フィリピンではマニラがイギリス艦隊によって攻略された。同時期にインドでは、フランス軍がイギリス軍に敗退した。

一七六三年二月にパリで講和条約が結ばれた。イギリスはこの条約でハドソン湾地域からフロリダにいたる北米の東半分を領土と認められた。現在のカナダの東半分と合衆国の東部三分の一の領土がすべて「イギリス帝国」として編入されたのである。ここにイギリスは北米でならぶもののない大国にのぼりつめた。

2 敵対の時代——一七六三〜一八一四年

ジョージ三世の登場

セント・ローレンス川の要衝モンレアルが陥落した翌月、一七六〇年一〇月にイギリスで新国王が即位した。弱冠二二歳のジョージ三世である。彼は先代のジョージ二世（祖父）とその父ジョージ一世が出身地であるドイツ北部のハノーファーの防衛にばかり執心し、イギリスの国益を顧みようとしなかったことに反発し、「愛国王」としてイギリスを救おうとの強い信念を持って登場した。しかし政治の現実をよく知らずに政策に介入したため、このイギリス国内外に大きな動揺をもたらすことになる。

フレンチ・アンド・インディアン戦争が終結した時点で、イギリスの国債は一億三二六〇万ポンドにまで膨れあがっていた。これは当時の税収（八三〇万ポンド）のおよそ一六年分に相当した。陸海軍の予算を大幅に減らす一方で、拡張した北米植民地の防衛も賄わなければならなかった。政府の試算によれば、北米植民地の防衛には年間二二万五〇〇〇ポンドは必要であった。

そこでイギリス政府が議会との協議で進めた政策が、砂糖税（一七六四年）と印紙税（六五年）の導入であった。前者は植民地に輸入される外国産砂糖への関税を軽減するとともに、密輸を厳しく取り締まることで税収を確保するねらいがあった。ところがこれは現地の実情を理解しない政策だった。たしかに税率だけ見れば、一ガロンにつき六ペンスから三ペンスへと半減したかもしれないが、実際

Column 1-1　英国王室と合衆国

1783年の独立により英国王の支配から脱した合衆国ではあるが，ジョージ三世の孫娘ヴィクトリア女王の時代になると，英国王室にも敬意を示すようになった。女王が在位60周年を迎えたときにも，あの皮肉屋のマーク・トウェインでさえ，「女王は英国の道徳，物質文明，政治の象徴である」とこれまでの業績を絶賛した。1901年1月に女王が死去した際，ホワイトハウスに半旗が掲げられたが，外国元首への追悼としては初めてだった。

次代のエドワード七世こそは，英国皇太子として初めて訪米した人物である。1860年10月にブキャナン大統領から大歓待を受けたが，その翌月の大統領選挙でリンカーンが当選し，翌年には南北戦争に突入していく。王位についてからも，「テディ」ことセオドア・ローズヴェルト大統領と文通を重ねた。1910年5月の国王の葬儀にはそのテディの姿も見られた。

次のジョージ五世は「粗野なヤンキー」を嫌い，一度として合衆国を訪れたことはなかったが，第一次世界大戦での協力に感謝するためにも，王位継承者であるデイヴィッド皇太子（のちのエドワード八世）をたびたび訪米させた。彼は「魅惑の王子《プリンス・チャーミング》」として全米で人気を博し，やがてアメリカ人女性（ウォリス・シンプソン）と結婚するが，この恋が原因で退位した。

弟のジョージ六世は合衆国を訪れた初の英国王だった。1939年6月の訪米で英米関係は改善された。このとき本国に残っていた13歳の少女が，のちにエリザベス二世として女王に即き，彼女は60年以上の在位の間に4度アメリカを公式訪問した。そして2014年12月に彼女の孫ウィリアム王子夫妻がニューヨークとワシントンを訪れた。王室を通じた英米の「特別な関係」はいまなお健在である。

には植民地の税関は砂糖商人と通じており、一ガロンにつき一ペニーで外国産の糖蜜（サトウキビから不純物を取り除いた液体）を輸入させていたのである。

一七世紀初頭の北米入植以来、イギリスの植民地政策の基本が「有益なる怠慢《サルタリー・ニグレクト》」だった。スペインやフランスが大西洋のかなたの植民地を本国の強力な統制下に置こうとしていたのに対し、イギリスは法制（枢密院）や通商（商務院）の大枠は管理するものの、植民地での日々の暮らしや取引については植民地の自由裁量に任せていたのである。さらに北はニューハンプシャーから南はジョージアに至る一三の植民地それぞれに「植民地議会《コロニアル・アセンブリー》」も設立され、各地域に関わる法令を整備していた。

しかしこのたびの砂糖税と印紙税（証書や新聞に印紙を貼付することを義務づけた）は、これまでの慣習を改めるばかりではなく、イギリス本国議会が植民地議会にひと言の相談もなく押しつけた政策であると植民地側では受け取られた（「代表なくして課税なし」）。

こののち植民地ではイギリス製品の不買運動が勃興し、これに敏感に反応したロンドンやブリストルといった商業都市から議会に請願が相次ぎ、一七六六年三月には議会で印紙税の撤廃が決定した。ところがこれと同時に議会を通過したのが「宣言法」だった。それは植民地に対しては本国議会こそが完全な立法権を持つとする法であり、その後も染料・ガラス・鉛・紙・茶などに輸入関税がかけられ（一七六七年六月）、これに対して植民地側から再び反発が高まるといった具合に、本国と植民地との確執は深まった。

このようなイギリス本国のかたくなな姿勢は、議会だけではなく、政府にも見られた。一七六八年一月から新たに設置された北米植民地担当の国務大臣に就任したヒルズバラ伯爵は、新たな輸入関税に反対する商業地マサチューセッツ植民地議会を解散させ、軍隊を派遣して強硬に沈静化を図ろうとした。

こうした政府や議会の植民地に対するかたくなな姿勢に支えられていたのが、ジョージ三世であった。彼は即位後早々から大臣たちと衝突し、一七六〇年代だけで五回も政権交代が見られた。さらにイギリス外交を担う国務大臣もフレンチ・アンド・インディアン戦争の後の一連の騒動の中で八回も交替していた（一七六三～七二年）。これでは北米植民地に対する長期的な政策など打ち出せるはずもなかった。

独立戦争へ

イギリス本国で国王、政府、議会がそれぞれに頑迷な姿勢を変えない中で、北米では、マサチューセッツ植民地最大の港町を舞台に事件が相次いだ。イギリス軍と市民との衝突から発展したボストン虐殺事件（一七七〇年三月）や、イギリス議会が東インド会社に植民地で茶の独占販売権を認めたことに対する反発から生じたボストン茶会事件《ティーパーティー》（一七七三年一二月）である。こうした植民地の動きに対しても、本国はかたくなだった。

翌七四年三月、イギリス議会はボストン港を封鎖し、マサチューセッツ植民地の自治権を制限する「強圧的諸法」を課した。事ここに至り、ついに一三の植民地から代表たちがペンシルヴェニア植民地のフィラデルフィアに集まり協議を行った。北米植民地史上初めての第一回大陸会議である（七四年九月）。しかしイギリスとの交易を重視する南部の農業植民地と、一連の関税に反発する北部の商工業植民地との間には足並みに乱れが生じた。事実、南部のジョージア植民地は会議にも参加してこなかった。

大陸会議での一カ月にわたった審議では、最終的にはイギリス商品の輸入禁止が決議されたにすぎなかった。これに強硬な姿勢を示したのがジョージ三世だった。彼は「強圧的諸法」により植民地の秩序を回復し、植民地で政治的・道徳的秩序を乱そうとする反徒を懲らしめようと決意する。「いまや賽《さい》は投げられた。植民地は服従か勝利かのいずれかだ」と国王は首相のノース卿に言い放った(Black 2006: 215)。

大陸会議の閉幕から半年後、一七七五年四月についに戦いの火蓋が切って落とされた。ボストン近郊のレキシントンとコンコードで、イギリス軍と植民地民兵との間に軍事衝突が始まったのである。五月には民兵からなる大陸軍が結成され、ヴァージニア植民地から大陸会議に代表として出席していたワシントン将軍が総司令官に任命された。

しかしこの時点では、植民地の側では「独立」など考えてはいなかった。悪政を敷いているのはイギリス議会や大臣たちであり、国王に責任はないと信じていたのである。それゆえ開戦後に大陸会議が出した決議も「国王に和解を求める請願」にとどまった。対するイギリスの側では、上は国王から下は国民に至るまで、それまで植民地に対して同情的だった者まで含めて、開戦とともに国を挙げて植民地に強硬な姿勢で臨むようになった。

一七七六年一月にトマス・ペインの『コモン・センス』が刊行され、植民地の人々にとって独立こそが自分たちの生命や財産を守る唯一の手段であると認識するように変わった。この本で「頑迷なファラオ」と評されたジョージ三世に対する忠誠心も消え失せた。七月四日、大陸会議は「独立宣言」を採択し、この日をもってこの戦争は「独立戦争」へと姿を変えたのである。その五日後、ニューヨーク市にそびえ立つジョージ三世の銅像は引き倒され、溶かされたのちに、イギリス軍に向けられる薬きょうに改鋳された。

外交下手な「愛国王」の敗退

とはいえ、一七七六年当時のイギリス本国と北米植民地とでは、ヒト（兵力）、モノ（武器弾薬・食糧）、カネ（軍資金）いずれにおいても本国のほうが圧倒的に優っていた。

イギリスには一二〇〇万の人口があり、対するアメリカは二五〇万にすぎず、このうち五〇万人は黒人奴隷であるので、実質的には六対一の割合である。しかもそれまで植民地を防衛していたのはイギリスから派遣された陸海軍であり、開戦とともに集められた民兵は最大時には二〇万の兵力に膨れあがったが、「素人《アマチュア》」の寄せ集めにすぎなかった。さらに陸軍は何とか結成されたが、自前の戦艦がひとつもない状況では、海軍はつくれなかった。

またすでに一七六〇年代頃から、イギリスでは世界に先駆けて「産業革命」も始まっており、軍需物資や資金の面でも本国と植民地とでは雲泥の差があった。

それでも早期にイギリスが勝利をつかめなかったのは、戦場がアメリカだったからである。蒸気船のない当時において、いかに世界最強のイギリス海軍とはいえ、兵士や軍需物資を荒波の大西洋を越えて補給するのには、早くて三カ月、通常は半年はかかったのだ。さらに北米大陸に上陸した後にも、イギリス軍兵士の大半はそれまでアメリカの土地など一度として踏んだことはない。土地勘もなく地理に慣れていない彼らにとって、大陸軍による奇襲戦法は軍事的にも心理的にも脅威であった。とくにこのたびの戦闘で主戦場となった地域はゲリラ戦に適した地形が多く、戦場同士の距離もグレート・ブリテン島全土より広大だった。このためイギリス軍の補給路はすぐに断たれ、一七七七年一〇月にジョン・バーゴイン将軍率いる派遣軍がサラトガ（ニューヨーク植民地北東部）で大陸軍に降伏したのも、他の部隊との合流に失敗し、孤立したためであった。

しかしイギリス側が苦戦した最大の要因は、ヨーロッパ国際政治の中での孤立にあった。開戦当初は静観を決め込んでいたフランスであったが、「独立宣言」が発せられた直後にヴェルサイユの宮廷に派遣されたベンジャミン・フランクリンの巧みな外交戦術で、ルイ一六世は秘かに資金や軍需物資をアメリカ側に送っていた。それがサラトガでのイギリス軍敗退の報に接し、一七七八年二月にフランスは対英参戦に踏み切ったのである。

翌一七七九年六月にはスペインも対英宣戦布告し、さらに八〇年一二月にはオランダまで加わった。いずれもこれまでの一五〇年に及ぶ戦争で、北米やカリブ海の植民地をイギリスに奪われた国々だった。さらに三国の海軍がイギリス艦隊を北米大陸に到着できないよう邪魔だてしてきただけではなく、このの戦場は地中海（ミノルカ、ジブラルタル）、インド、東南アジアにまで広がり、イギリスの陸海軍戦力は拡散してしまった。

ヨーロッパ大陸にイギリスの盟友はひとりもいなかった。大西洋交易を行う国々はロシアの女帝エカチェリーナ二世の唱道に基づき「武装中立同盟（一七八〇年）」を結成していた。七年戦争時の外交的な影響もあり、交易に直接的に関係のなかったオーストリアとプロイセンまでこの同盟に加わった。

一七八一年一〇月に、コーンウォリス将軍率いるイギリス軍はヨークタウン（ヴァージニア植民地）でワシントン将軍の大陸軍に降伏した。これ以後も若干の小競り合いは続いたが、この降伏がイギリスの敗北を決定づけた瞬間であった。こののちフランスを仲介役に講和会議が開かれ、一七八三年九月三日に締結されたパリ条約により、一三州から成る「アメリカ合衆国」の独立が列強から認められた。戦争に加わった三国にも多少の領土が割譲された。この戦争にイギリスは一億二四〇〇万ポンドもの大金をつぎ込み、敗退した。

こうした状況を招いた一因は明らかにジョージ三世にあった。彼は「愛国王」を自負したが、その実、イングランド以外を愛したことはなかった。スコットランドもアイルランドも訪れたことはなかったし、「あのちっぽけな選帝侯国」とさげすんだハノーファーにも、さらにはヨーロッパ大陸にも一度として赴いたことはなかった。それがまたこの戦争で、誰ひとりとして彼に手をさしのべてくれなかった理由でもあった。イギリスにとってこの戦争は、ヨーロッパ大陸の同盟者と手を結ばずに単独で戦ったものとしては、第二次英蘭戦争以来、実に一一〇年ぶりのものであった。しかもこのたびは四面楚歌の状態だった。

そして何よりも彼が本当に国を愛していたのであれば、即位後早々に大西洋を越えて、北米植民地の現状を視察すべきであった。彼より六～七〇〇年ほど前のノルマン＝アンジュー王朝のイングランド諸王たちは「海峡をまたいだ王国」を守るために、命がけで何度も海を渡ってフランス現地の臣民らの忠誠心を固めたものである。一八世紀後半に「大洋をまたいだ帝国」を維持するためには、到着までたとえ半年かかったとしても、大西洋を渡って現地の臣民らと友好を交わし、彼らの実情を踏まえたうえで施策するのが本道だった。

再度の対決——一八一二年戦争

「愛国王」にとって北米植民地の喪失は衝撃であった。アメリカ独立から五年後の一七八八年一〇月、国王は突然精神病（遺伝性のポルフィリン症）に倒れた。翌八九年二月に国王は快復したが、そのわずか五カ月後にヨーロッパはフランス革命へと巻き込まれる。当初はフランス国内の政変として、周辺諸国は静観を続けていたが、一七九二年四月からオーストリアとプロイセンがこれに介入し、フランス革命戦争に発展した。

アメリカ独立戦争で財政・軍事的に疲弊したイギリスではあったが、アメリカ独立の三カ月後（一七八三年一二月）に、首相に就任したウィリアム・ピット（小ピット）の辣腕ぶりで、およそ一〇年で財政は再建され、イギリス海軍も勢力を回復した。こうした財政・軍事的な力を背景に、小ピットは一七九三年二月に第一次対仏大同盟を列強と形成し、フランスの革命勢力を封じ込めようと試みた。イギリス海軍は仏領西インド諸島と交易を続ける中立国の船舶を拿捕し、この過程で二五〇隻ものアメリカ船が犠牲となった。

しかし、フランスと対峙するうえでアメリカと事を構えたくないイギリスは、九四年一一月のジェイ条約により、イギリス本国との交易での最恵国待遇やイギリス領植民地との交易も一部アメリカに認めていくことになる。その後、フランスがアメリカ船舶の拿捕に踏み切り、米仏関係が一時悪化したが、一七九九年にナポレオン・ボナパルトがフランスで全権を掌握してからは、両国の関係は改善されていった。やがてヨーロッパは、一八〇四年に皇帝に即位したナポレオン一世のもとでさらなる大戦争へと突入していく。

こうした中で英仏間での戦争は激しさを増し、一八〇七年にはイギリスは枢密院令により中立国(主にはアメリカ)の船舶が敵国とその植民地の間で間接的に交易を行うことを禁じ、〇九年には同じく枢密院令により仏領西インド諸島周辺を海上封鎖した。イギリス海軍によるアメリカ船員の「強制徴募《プレス・ギャング》」も頻発し、一八一二年六月にジェームズ・マディソンのアメリカ政府はイギリスに宣戦布告するに至り、連邦議会もこれを承認した。

しかしこれはアメリカにとって無謀な賭けであった。当時のアメリカには将兵あわせて六六〇〇人余の陸軍しかおらず、海軍に至っては戦列艦など一隻もなかった。対するイギリス海軍は一四万五〇〇〇の兵を擁し、九九隻の戦列艦を誇り、年間の予算額は二〇〇〇万ポンドに近い世界最大の規模を誇っていたのである。ただしイギリス側の懸念がカナダ防衛だった。当時のカナダの人口は五〇万に及ばず、七二〇万人を超える隣国アメリカは脅威であった。とはいえ、イギリスにとってはヨーロッパでの戦争に勝つことが第一課題であり、北米大陸に陸軍を増派するのは当初は難しかった。

ところが英米開戦と時を同じくして行われたナポレオンのロシア遠征が大失敗に終わり、一八一三年からフランスは守勢に立たされた。こうなると大西洋での対仏海上封鎖の必要性もなくなり、強制徴募や拿捕・臨検も激減していったのだが、英米戦争は継続した。イベリア解放の英雄ウェリントン将軍はいずれ北米大陸に一万二〇〇〇の兵力を回したいと政府に申し出た。ウェリントン軍の派兵は実現しなかったが、一八一四年六月にはアメリカの首都ワシントンにイギリス軍が進撃し、大統領官邸や連邦議事堂が焼き討ちにあった。

その二カ月後、英米両国はベルギーのヘント（英名ゲント）で講和会議の席に着いた。すでにヨーロッパではナポレオンが同年四月に皇帝から退位しており、一二月に講和条約は調印された。講和の報がアメリカに伝わったのは翌一五年二月半ばのことであり、この間も北米では戦闘が続いていたが、ここに二年以上に及んだ英米間の戦争は幕を閉じた。

一八一二年戦争は、イギリスは元々望まなかった戦争であり、アメリカにとっては独立戦争とは異なってうまくいかない戦争であった。しかしこの戦争は、こののちの英米関係を長い目で見ると、両国が正面から戦った最後の戦争となった。この一八一二年戦争で、英米が互いに戦い合うことがいかにむなしい結果しか残さないかを、両国は肌で感じることができた。その意味では決して「無駄な戦争」ではなかったのかもしれない。

3　緊張と協調の時代——一八一五〜一八七二年

カニング外交の時代

ナポレオン戦争の終結後、ヨーロッパに久方ぶりに平和がおとずれた。しかしこの平和をできるだけ恒久化していくために、ウィーンでの講和会議（一八一四年一一月〜一五年六月）に集まった各国の代表たちは、正統主義《レジティマシー》と勢力均衡《バランス・オブ・パワー》とを基本原則に平和のあり方を検討した。ここでオーストリア外相クレメンス・フォン・メッテルニヒによって打ち出されたのが、イギリス、フランス、プロイセン、オーストリア、ロシアの五大国が国際会議を通じてヨーロッパの安全を保障していく外交であった。

ナポレオン戦争後のヨーロッパには、貴族階級による政治の独占に反対する自由主義や民族自決を訴える国民主義が台頭しつつあったが、プロイセン、オーストリア、ロシアの北方三列強は自国の勢力圏ではこれを力で押さえ込んでいた。またイギリスとフランスは基本的に自由主義をとり、自国の勢力圏で専制主義が権力を掌握するのを防ごうとした。このような各国で革命や蜂起、内乱が生じたとしても、五大国は無断で動かず、国際会議によって他の大国から了承を得た後に介入するという原則が確立された。それは主導者の名前から「メッテルニヒ体制」とも「会議体制《コングレス・システム》」とも呼ばれた。

この原則によりたしかにヨーロッパにはそれ以前のような大国のすべてを巻き込む大戦争は起こらなかった。しかしそれは弱者を犠牲にし、大国の論理に基づいた平和にすぎなかった。自由主義的な気風が議会にも世論にも強かったイギリスでは、会議体制への批判が一八二〇年代に入る頃に高まりを見せていく。そのような矢先、一八二二年九月に外相に就任したのがジョージ・カニングであった。彼は、メッテルニヒが自身の領土で開き議長を務めながら自由主義や国民主義の動きを封じ込める会議体制には、反感を抱いていた。

カニングが進めようとした外交の手法は、紛争が生じた場合には、その地域に直接的に関係のある大国だけがより小規模に集まり、より柔軟性を持って自由主義的な立場からその解決にあたるというものであった。それを如実に示したのが南米大陸への対応だった。

ナポレオン戦争のさなかから、中南米諸国ではスペインやポルトガルからの独立の気運が高まり、この動きを封じ込めたい北方三列強は、国際会議でこの問題を話し合いたいと要望してきた（一八二二年）。しかしカニングは会議の開催を拒絶した。自由主義を信奉し、国民主義を支援するという彼の理念的な問題もあったが、ナポレオンが大陸封鎖令を発して以来、南米はイギリスの重要な市場として通商関係が構築されるようになっていた。南米をイギリスの経済圏に取り込むには、独立国であるほうが好都合である。

カニングは中南米に利害を有するフランス、そしていまだ「大国」とは認めがたいが、南米諸国の独立を認める方向にあったジェームズ・モンロー政権下のアメリカ合衆国と、三カ国で北方三列強による南米独立阻止を防ごうとした。一八二三年八月、カニングはアメリカに英米共同での宣言を提案したが、最終的にはアメリカ単独で、大西洋をはさんだ両大陸の相互不干渉と非植民主義を宣言した「モンロー主義《ドクトリン》」を表明するに至った。

カニングとしては「肩すかし」を受けたかたちとなったが、こうした一連の動きにより、北方三列強も南米大陸にこれ以上干渉を試みることはやめた。カニング自身の言葉を借りれば、「旧世界（ヨーロッパ）の均衡を再編するために新世界（アメリカ）を利用する」ことで彼独自の信念を貫いた外交手法であった。

パーマストン外交の時代

一八三〇年のフランス七月革命によりヨーロッパ国際政治は新たな状況に入った。この時代にイギリス外交を担った人物のひとりがパーマストン子爵であった。彼は、同年一一月の外相就任後、ベルギーの独立をめぐるロンドン会議を主宰し、メッテルニヒの「会議体制」に代わる、より自由主義的で柔軟性に富んだ「会議外交《コンファレンス・ディプロマシー》」によって、ヨーロッパに新たな平和の体制を構築した。

しかしパーマストンの対米外交は強硬なものであった。彼が外相に就任した頃、合衆国ではアンドリュー・ジャクソン政権が拡張政策を進めていた。一八三七年には、上カナダ（イギリス系）と下カナダ（フランス系）の双方で政治の民主化を求める反乱が生じたが、アメリカはこの反乱にも関与する可能性があった。

また、パーマストンはヨーロッパの五大国が奴隷貿易の禁止を決定した（一八一五年）後にも、大西洋で密貿易を続ける奴隷船の取り締まりを強化しており、いまだ南部に奴隷制を温存し、相互臨検や探索に関わる条約の締結を拒んでいたアメリカ歴代政府にも不信感を抱いていた。事実、ポルトガルの奴隷船などが星条旗をつけて航行していた。パーマストンは、アメリカにもイギリス海軍による奴隷貿易取り締まりに協力させたかったのである。

パーマストンの考えでは、英米間に緊張が走るのは、アメリカが無節操に領土を拡張しようとすることに原因があった。この当時も、メキシコから独立したテキサス共和国との通商関係の深化を目指したパーマストンは、アメリカがテキサスを併合することに懸念を示していた。また、アメリカ北東部のメインとカナダとの国境問題をめぐっても彼は一歩も譲る気はなかった。とはいえいまや「七つの海を支配する大英帝国」となったイギリスには、アメリカとの問題に拘泥している外交的余裕はなかった。
テキサスやメインの問題が浮上していた一八三八～四一年のイギリスは、オスマン帝国とエジプトとの第二次シリア戦争や、清国とのアヘン戦争、そしてロシアとインドの緩衝国として侵略を進めていた第一次アフガン戦争など、中東から極東に至るまで、対処しなければならない問題が山積していた。そのような矢先に、「マクロード事件」と呼ばれる英米関係を一挙に悪化させるような事態が発生した。

一八四〇年一一月、ニューヨークを訪れていたカナダ民兵の一員であるアレクサンダー・マクロードが、カナダ反乱の際にニューヨークで起きた殺人と放火の嫌疑をかけられ、逮捕されるという事件が生じた。当時の大統領は駐英公使時代（一八三一年）からパーマストンと懇意にしていたマーティン・ヴァン・ビューレンであり、英米両政府は事件を穏便に解決しようと試みた。ところが翌年三月に政権が交代し、ダニエル・ウェブスターが国務長官としてこの問題を担当することになった。ウェブスターも当初は穏当な解決を望んでいたが、マクロードを拘束していたニューヨーク州の知事は強烈な反英派で知られたウィリアム・シュワード（のちの国務長官）であり、彼はマクロード釈放に反対だった。

パーマストンは、マクロードが有罪判決を受けて処刑でもされれば「英米開戦の可能性もある」と、アメリカに強圧的な態度に出ていた。「あのヤンキーどもときたら、本当にずるがしこい奴らだ」とは、この当時パーマストンが陸相兼植民地相のジョン・ラッセル卿に放った言葉である（Ridley 1970: 273）。パーマストンはマクロードの公判が済むまで事態を静観していたが、その間に政変が生じ、彼は外相の座から降りることになった。

アバディーン外交の時代

保守党政権で後任の外相となったのは、アバディーン伯爵であった。彼もこのマクロード事件に関しては、パーマストンと同様に毅然とした態度をとり、一八四一年一〇月には英米開戦を想定した艦隊派遣についいて政権幹部層と相談に入っていたほどであった。しかしその直後にマクロードは無罪放免され、事態は解決したものの、英米双方にしこりは残った。

この当時、英米は経済的には相互依存関係にあった。アメリカの輸出品の半分はイギリスに向けられていたし、逆にアメリカが輸入する商品の四割はイギリス製であった。金融面でも、一八三七年時点でアメリカに投資された海外からの資本（一億二五〇〇万ドル）の大半がロンドンのシティから流入していた。

アバディーンもウェブスターもともに関係の改善を望んでいた。そこで当時、英米間の懸案事項となっていたカナダ＝メイン間の国境問題を解決するため、アバディーンは旧知のアシュバートン男爵を特使としてワシントンに派遣した。彼はシティにおけるアメリカ政府の金融上の代理人「ベアリング商会」の出身で、アメリカ財界に顔も利き、妻はアメリカ人だった。一八四二年八月、ここに「ウェブスター＝アシュバートン条約」が結ばれ、国境問題はアメリカ側にある程度は有利に解決された。

野党側に下ったパーマストンはアバディーンの対米外交を「弱腰」となじったが、議会内の大半はこの条約を支持していた。アバディーンは、「穏健」な姿勢は示していたが、決して「弱腰」外交を進めていたわけではなかった。

一八四〇年代には、アメリカはテキサスを併合し（四五年）、メキシコとの戦争の後に領土を購入する（四六〜四八年）など、その領土を急激に西側へと拡大していた。それは神によって与えられた「明白な天命《マニフェスト・デスティニー》」とも言われた。こうした世論を背景に、西海岸の最北部オレゴンの国境問題をめぐって、アメリカ側の要求は強まった。それはいつしか「北緯五四度四〇分（オレゴン全域）か戦争か《フィフティーフォー・フォーティ・オア・ファイト》」とする強硬論にまで発展した。

アバディーンは、一八四六年一月に駐英公使のルイス・マクレーンを外務省に呼びつけ、「もし問題が紛糾したらイギリスは後者（戦争）をとる」と明言した。

ウェブスター＝アシュバートン条約に始まり、アバディーン外交はこれまでつねにアメリカに対して穏健な態度を保持してきた。テキサス産の良質な綿花を大量に安価に手に入れたかったイギリスとしては、テキサスが合衆国に併合されるのは決して好ましくなかったが、アバディーンはそれを黙認した。また米墨戦争勃発の直前（一八四五年）にも、メキシコからカリフォルニアを差し出す条件で軍事的支援を要請されていたにもかかわらず、イギリスはこれにも応じようとはしなかった。

このときのアバディーンの毅然とした態度はすぐにアメリカ政府の決定にも影響を与え、オレゴンとカナダ（ヴィクトリア）の国境は北緯四九度で穏便に収まることとなった。

南北戦争とイギリス介入危機

このように、世界大に権益を有するイギリスと拡張期のアメリカは、一八三〇〜四〇年代に、国境問題をめぐってたびたび対峙することになった。しかし五〇年代に入ると、イギリスはロシアの地中海侵出を食い止めるべくクリミア戦争に忙殺され、他方のアメリカはいよいよ奴隷制をめぐって南北間での対立が激しくなり、両国が正面からぶつかる機会は減りつつあった。しかし六〇年代早々にアメリカは最悪の事態に直面する。

一八六一年四月、のちに「南北戦争（一八六一～六五年）」と呼ばれる史上最大の内戦にアメリカは突入したのである。北部連邦政府のエイブラハム・リンカーン大統領は、中立を保っている奴隷州に気を遣い、奴隷制度の即時廃止には乗り出さなかった。人口（北部と南部で実質は四対一）の面でも、工業生産力の面でも、北部が圧倒的に優位であったこともあり、この内戦は早期に北部の勝利で終結するだろうとの見通しから、イギリスは五月に中立宣言を発した。しかし国務長官のシュワードは、「中立は南部連合を国として認める行為」と抗議し、イギリスに中立宣言の撤回を迫った。ところが連邦政府のほうは通常は「二国間」の交戦状態にのみ適用される海上封鎖を南部沿岸で行っているのだから、中立を撤回させるなら封鎖を解けと、イギリス側も一歩も譲ろうとはしなかった。

この英米間の対立は、内戦の長期化・泥沼化とともにさらに深刻となった。独立達成時から各州の権限が強力で、統一通貨さえなかった当時のアメリカ連邦政府は、「奴隷制の死守」で一致団結する南部連合に緒戦で敗退を強いられたのである。このののちもしばらくは、北軍艦隊による南部沿岸部の海上封鎖が続く雲行きとなった。

当時のイギリスでは、重化学工業も発展を遂げていたとはいえ、輸出品の六割は綿製品で占められ、そのうちの半分はアメリカ向けであった。その原料となる綿花の八割以上はアメリカ南部の「綿花王国」からの輸入だった。一八六〇年は綿花も豊作でしばらくストックが使えたが、マンチェスターの綿工業地帯にとって戦争の長期化は死活問題となった。

そのようなさなかに、優勢の続く南部連合が英仏両国に外交使節を送り、自国の承認を要請しようと試みる。一八六一年一一月に使節が送り出されたが、北軍艦隊に逮捕された。ところが彼らの乗っていた船がイギリス籍の郵便船トレント号であり、イギリス政府は即座に外交使節を釈放するよう要求した。当時の自由党政権の首相はパーマストンであった。彼はすぐさま議会に諮って、カナダに一万二五〇〇の陸軍増派を行う旨を決定した。

この「トレント号事件」は、発生当初は英米双方の世論も巻き込んで、両国の対立を激化させたが、当時は海底ケーブルによる通信も行えず、交信には往復で一カ月も要した。こうして英米双方の頭を冷却する期間が置かれ、連邦政府も外交使節を釈放したことで、事態は穏便に終息した。しかし長引く戦争に、イギリス政府内部ではフランスやロシアと共同介入してはどうかとの案も出されていく（一八六二年八月）。

ここで欧州列強によるアメリカ介入を回避したのが、アンティータムでの北軍の勝利（六二年九月）とその直後のリンカーンによる奴隷解放予備宣言であった。これにより戦況が五分に戻されたと同時に、奴隷制度に強硬に反対していたパーマストンが介入を阻止することになったのだ。メキシコに野心を抱くフランス皇帝ナポレオン三世も、イギリス海軍が動いてくれない限り、アメリカへの介入に乗り出すことはできなかった。

このように南北戦争の前半には、イギリスがこれに介入する気運が二度ほど高まったが、こののち北軍が優位に戦いを進めるようになり、四年にわたる激戦を経て、一八六五年四月に南軍の降伏で内戦は終結した。

南北戦争終結後、アメリカ国内で「南部寄り」だったとされたイギリスに対する反発が高まり、カナダでは北部連邦政府の「復讐」を恐れる声もあったが、その間に国内の調整が進み、一八六七年七月に帝国内の自治領としてカナダ連邦が発足した。これにより長年の懸案となっていた「カナダ問題」は、英米の直接的な外交交渉の議題から切り離された。

アラバマ号賠償問題

とはいえ、一八七一年一月から英米加三国の間で漁業問題や米加国境にある湖での航行権の問題などをめぐり話し合いが持たれ、五月にはワシントン条約も締結された。ここで議題のひとつとされたのが「アラバマ号事件」に関わる賠償問題だった。

アラバマ号は、一八六二年にイングランド北西部のバーケンヘッドで建造された装甲艦であり、イギリスの「中立宣言」に違反して南部連合に秘かに売却された。その後、北軍艦隊六四隻に損害を与えたとして、戦争中から北部連邦政府によりイギリス政府に抗議が申し込まれていた。戦争終結直後に当時の保守党政権に賠償請求がなされたが、イギリス側は限定的な補償にしか応じず、問題は紛糾した。

一八六八年暮れに自由党のウィリアム・グラッドストンが政権を獲得すると、イギリスはアメリカ側の要求に応じ、アラバマ号が出したとされる損害に関わる調査委員会も設置した。アメリカでは連邦上院外交委員長のチャールズ・サムナーが損害は二〇億ドル相当であると息巻いていた一方で、イギリスでは親米派のジョン・ブライト下院議員でさえ、アメリカ側に譲歩のしすぎであるとグラッドストン首相を非難した。

最終的にはワシントン条約の取り決めと、一八七二年のジュネーヴの国際仲裁裁判所の決定により、イギリス政府がアメリカ政府に一五五〇万ドルを賠償金として支払うことで合意に達した。グラッドストンはかつて南北戦争中に「南部は国家を造ってしまった」と発言し、北部側から非難されたことを「負い目」にも感じており、また自身の自由主義的な裁量に基づいて、進んで仲裁裁判の決定に従ったとされている（Matthew 1986: 186–88）。

4　「英語諸国民《イングリッシュ・スピーキング・ピープルズ》」と帝国の時代——一八七二〜一九一四年

「海の向こうの親類」——親米派の登場

イギリス政府が「大国」としてのアメリカ合衆国を意識し始めたのが、一八七一〜七二年のワシントン条約とジュネーヴ裁定のときだった（Campbell 2007: 8）。

六三万人以上の戦死者を出した南北戦争ののちに、アメリカは世界に抜きんでた重化学工業の中心地となっていた。一九世紀後半の世界の鉄鋼業を牽引したカーネギー鉄工所一社だけで、世紀末までにはイギリスのすべての鉄鋼会社をあわせたより多くを生産していたほどである。このアメリカの未曾有の好景気に惹かれて、一八六〇年代後半から七〇年代半ばにかけては、イギリスから大量の移民

Column 1-2 「英語諸国民」の起源？

1950年代後半に，ウィンストン・チャーチルが4巻本で著した『英語諸国民の歴史』で広く知られるようになった「English-speaking Peoples」という言葉は，すでにアメリカの歴史学者ジョージ・ルイス・ビアの著作（1917年）の題名でも使われており，第一次世界大戦を契機に，世界の覇権国がイギリスからアメリカへと移り変わりつつあった時代に流行していた。チャーチルはこの言葉を，第二次世界大戦以後の英米の「特別な関係」を象徴する意味へと，巧みにすり替えたのかもしれない。

しかしこの言葉には，隠された考案者がいた。ビアの著作からさかのぼること33年前，1884年10月に時のイギリス首相ウィリアム・グラッドストンが使っていたのである。ロンドンに派遣されていた『ニューヨーク・トリビューン』紙の記者ジョージ・スモーリーが，首相への取材書簡を送った返信に「英語諸国民はこののち世界で増え続け，やがて世界に大きな影響を及ぼすことだろう」という言葉を発見した。かつてグラッドストン政権下で外務政務次官を務めたチャールズ・ディルクが「より偉大なる英国《グレーター・ブリテン》」という言葉を使い，「アングロ・サクソンによる世界制覇」のような大言壮語《たいげんそうご》で世論を煽ったのとは異なり，グラッドストンはより抑えた表現に終始していた。

スモーリー記者はこの言葉を新聞に載せたいと要望したが，この抑えた表現でさえも，あらぬ誤解を受けたくなかったグラッドストンは，彼の要望を拒否した。このため，グラッドストンによる「英語諸国民」論はついに日の目を見ることはなかった（Herrick 1972）。

が「新天地」アメリカへと渡っていった。

アメリカに引き寄せられたのは移民ばかりではなかった。奴隷制度の廃止とも関わり、南北戦争後からは主に自由党系の政治家を中心に、イギリスの指導者層も「自由の国アメリカ」に強い関心を示すようになっていた。

ジュネーヴ裁定を受け入れてアメリカとの和解を果たしたグラッドストンは、『ノース・アメリカン・レヴュー』誌（一八七八年九〜一〇月号）に「海の向こうの親類《キン・ビヨンド・シー》」と題する論稿を寄せた。「イギリスとアメリカとは、現在、おそらく世界で最強の二つの国家であろう。ただし疑う余地のないことではあるが、将来の英米関係を考えると、そう遠くない時期に、娘のほうが母親より強くなるであろう」（Gladstone 1878: 183）。グラッドストンこそがのちに英米の「特別な関係」を象徴する「英語諸国民」という言葉を使うことになる最初の有力政治家なのである（Column 1-2 参照）。

グラッドストン自身はアメリカを訪れたことはなかったが、彼のもとで閣僚や政務次官を務めたサー・チャールズ・ディルク（一八六六年）、ジョン・モーリー（六七年）、ジェームズ・ブライス（七〇年）、ローズベリ伯爵（七三年）といった大物たちが次々と訪米し、ディルクのように「アングロ＝サクソン民族の人種的優位」を強調するような論稿を執筆する者も現れた。モーリーも社会進化論を説く哲学者のハーバート・スペンサーなどと「英米協会」の創設（一八七一年）に尽力し、英米の相互理解の推進に寄与した。

同じく自由党急進派の政治家ジョゼフ・チェンバレンも「アングロ＝サクソンの紐帯」を強く信奉しており、これら自由党の政治家が外交の中枢にいる間は、英米に大きな衝突が起こることは少なかった。ただし、一八九〇年にアメリカがイギリスからの輸入品に平均四八・四パーセントもの高関税（マッキンレー関税）をかける政策を導入したときには、さしものグラッドストンも激高し、同じく『ノース・アメリカン・レヴュー』誌（一八九〇年一月号）に「自由貿易《フリートレード》」と題する論稿を発表して、アメリカに政策変更を強く訴えた。

「そう遠くない将来にアメリカと戦うことも」――ガイアナ＝ヴェネズエラ紛争

一方で保守党の政治家たちは、「英語諸国民」であるとか、「アングロ＝サクソン民族」といったつながりから、過度にアメリカに期待するようなことはなかった。

一九世紀後半のイギリス外交を主導した保守党の政治家がソールズベリ侯爵であった。彼は冷徹な計算から、一八七〇年代以降の世界において真の大国と呼べるのは、イギリスを除けば、ロシア、ドイツ、そしてアメリカだけであると考えていた。徴兵制を持たないイギリス陸軍には常時一万人程度の兵力しかなく、ロシア（一五〇万人）、ドイツ（一〇〇万人）はもとより、南北戦争時に二〇〇万もの動員を可能にしたアメリカ連邦政府の力を見通していたのである。そのアメリカが世界最大の工業力を背景に、さらなる勢力圏の拡張に乗り出したのは、ソールズベリが三度目の政権を組閣した直後のことであった。

イギリスが南米大陸北部に有する植民地ガイアナは、隣国ヴェネズエラとはオリノコ川の管理問題をめぐって一八四〇年代からたびたび敵対関係にあった。ところが八〇年代に、その係争地で金鉱が発見されてしまう。イギリスはこの問題に介入するが、ここで待ったをかけたのがグローヴァー・クリーヴランド政権の国務長官リチャード・オルニーだった。彼は「合衆国は、いまやこの大陸の事実上の主権者である」と一八九五年八月にソールズベリに長文の伝令を送り、「モンロー主義」の理念からイギリスの介入に反対した。

対するソールズベリは、モンロー主義外交の理念は受け入れるのもやぶさかではないが、それはカナダ、イギリス領西インド諸島、さらにはガイアナには適用はできず、「女王陛下の政府は、その臣民たちの生命や財産を守る権利を、ヴェネズエラが独立するはるか以前から、スペイン政府より認められている」と返答し、逆にアメリカの干渉を非難した。

ここにクリーヴランド大統領まで口を出してきた。一八九五年一二月に、大統領は連邦下院の特別会議に宛てたメッセージの中で、「イギリスが、アメリカ大陸のいかなる土地といえども実力を行使するつもりであれば、これに対抗するのがアメリカの責務である」と述べ、下院さらには世論までこれを熱狂的に支持したのである。駐米大使ジュリアン・ポーンスフットは「アメリカはイギリスと一戦交える気だ」と本国に報告してきた。

これに対してソールズベリは冷静に対応した。翌九六年、最終的にはアメリカを仲裁役としてガイアナ＝ヴェネズエラ国境問題の解決が進められることで、英米両国が合意に達した。この国境問題は一八九九年一〇月に解決した（君塚〔二〇一二年〕第四章）。

この英米対立のさなかに、アイルランド自治問題をめぐって自由党を離脱し、保守党と合流して植民地相となっていたチェンバレンは、「英米両国の戦争など犯罪であるばかりか馬鹿げている。英米両国民は、他国民と比較しても、感情の面でも利害の面でも密接に結びついている」との演説を行ったが、その彼にソールズベリ首相はこう漏らしている。「アメリカとの戦争は今年は起こらなかった。しかしそう遠くない将来、生じる可能性がきわめて高い」(Roberts 1998: 617)。

アメリカへの譲歩――パナマ運河をめぐる駆け引き

ソールズベリは決してアメリカとの戦争を欲していたわけではなかったが、ガイアナ＝ヴェネズエラ紛争に一定の解決策が与えられた一八九六年の大統領選挙で共和党のウィリアム・マッキンレーが当選すると、アメリカの好戦的な態度はますます強まった。九八年四月にはキューバの独立反乱にからみ、スペインとの米西戦争が勃発し、アメリカが勝利をつかんだ。スペイン領だったフィリピンとグアムもアメリカ領に組み込まれた。また同年八月にはハワイも合衆国に併合された。アメリカは太平洋上にも領土を広げていった。

こうした中でアメリカ政府が再検討に入った問題が、中米を通る運河の建設だった。米西戦争の際に、大西洋と太平洋の双方で戦わなければならなかったアメリカは、運河の必要性を痛切に感じた。この問題はすでに一八五〇年の段階で、英米間に合意が見られており、両国いずれも運河の排他的管理は行ってはならず、占有、植民地化、要塞建設も禁じられた（クレイトン＝ブルワー条約）。アメリカはこの合意事項を見直し、運河を単独で建設し、開通後の経営も単独で行いたかったのである。

「七つの海を支配する大英帝国」としても、すでに地中海とインド洋を結ぶスエズ運河（一八六九年開通）を支配下に置いており、中米の運河も手に入れたいのが本心であった。しかし、一八五〇年の時点では世界最大を誇ったイギリス海軍も、世紀末には事情が異なっていた。一八八九年にソールズベリ政権は「海軍国防法」を制定し、世界第二位（フランス）と第三位（ロシア）の海軍国の戦艦・巡洋艦をあわせた戦力を上回る限りは、イギリス海軍も安全であるとする「二国標準主義」を採用した。

しかし米西戦争が勃発する前年（一八九七年）の段階で、世界の七つの海軍大国（英仏露独伊米日）が保有する戦艦の数に占めるイギリスの割合は三九パーセントにすぎず、「二国標準」は保たれてはいたが、イギリス帝国はもはや「拡張しすぎた《オーバーストレッチ》」状態にあったのである。

米西戦争の翌年から、イギリスは南アフリカのボーア人（オランダ系入植者）との南アフリカ戦争（第二次ボーア戦争：一八九九～一九〇二年）に突入した。当初は三カ月ほどでイギリスの圧勝に終わるとの甘い観測が広がっていたが、戦争は泥沼化した。最終的には足かけ四年も費やし、カナダ、オーストラリア、ニュージーランド、インドといった帝国各地からの兵力もあわせて四五万人も注ぎ込んで「ようやく」勝利をつかんだのである。

この間の一九〇〇年には清帝国の北京で義和団の乱（六～八月）が発生し、「扶清滅洋《ふしんめつよう》」を掲げた民間の排外運動に清王朝が荷担し、在外公館が集まる租界で籠城戦が繰り広げられていた。清国に利権を有するイギリスとしても大軍を率いて支援に駆けつけたかったところであるが、南アフリカに足をすくわれて動けないのが実情であった。最終的には近隣の大国日本やロシアが大軍を出動することで、反乱は鎮定され、外交団やその家族たちも救われたのであった。

イギリス陸海軍の実力の程と国際情勢とを冷徹に見据えていたソールズベリは、西半球、さらには太平洋を新興の大国アメリカに託さざるを得ないと判断した。一九〇一年一一月、ワシントンでジョン・ヘイ国務長官とポーンスフット駐米大使の間に条約が取り交わされた。中米の運河はアメリカ政府の保護下で建設され、完成後の管理や経営もすべてアメリカ政府に委ねられることになった（ヘイ＝ポーンスフット条約）。その後、運河の建設予定地はパナマに決まり、一九一四年に完成した。

東アジアをめぐる問題——日英同盟のゆくえ

ヘイ＝ポーンスフット条約が締結される二カ月前、アメリカではマッキンレー大統領が暗殺され、彼のもとで副大統領を務めたセオドア・ローズヴェルトが第二六代大統領に就任した。弱冠四二歳という史上最年少の大統領は、やがて「棍棒外交」の旗手として知られ、アメリカはさらに国際政治での発言力を強めていった。その彼も、時のイギリス国王エドワード七世とは「文通仲間《ペンフレンド》」であり、「文明世界の自由人全体にとっても、英語を話す国民の間に友好と理解とが不断に育まれることが重要である」という国王の考え方に、全面的に同意を示していた（君塚〔二〇一二〕第四章）。

こうした英米両国の元首同士のつながりもあり、ローズヴェルト自身が仲裁役を務めた日露戦争後のポーツマス講和会議（一九〇五年八～九月）や、第一次モロッコ事件に端を発するアルヘシラス会議（一九〇六年一～四月）でも、英米両国は緊密に協力しあいながら、国際平和の構築に尽力していった。

しかし、そのアメリカが日露戦争後の地域の安全保障を定めるのにひと役買った、清国や日本といった東アジアの利権をめぐっては、英米間にも齟齬が生じていく。

米西戦争でフィリピンを獲得するや、アメリカは東アジアにも経済的な進出を開始した。ところが日清戦争（一八九四～九五年）で清国の弱体化が明らかになるや、イギリスをはじめとする欧州列強は「租借」という手段を通じて次々と勢力圏の分割に乗り出した。これに対して清国市場における通商の機会均等などを掲げたのが、アメリカのヘイ国務長官であった(一八九九～一九〇〇年の「門戸開放宣言」)。

勢力圏の明確化(イギリス)という旧来からの帝国主義的な発想と、通商の機会均等(アメリカ)という新たな発想が拮抗する中で、東アジアの新興国日本はイギリス流の帝国主義へと引き寄せられていく。一九〇二年一月、東アジアにおける安全保障に関わる日英同盟が締結された。この同盟が「仮想敵国」として想定したのは南下を続けるロシアであったが、そのロシアと日本が日露戦争(一九〇四～〇五年)で衝突し、日本が一定の勝利をつかんだあたりから、東アジアの勢力分布にも変化が見られるようになった。

同時期からは世界大での帝国主義的な駆け引きにより、英仏協商(一九〇四年)、英露協商(一九〇七年)も結ばれ、もはや英露間にも対立はなくなった。この協商関係に日本も加わり、ヨーロッパではドイツが、東アジアではアメリカが「孤立感」を味わうようになった。ドイツはこの頃から、イギリス海軍に真っ向から挑戦を開始し、「英独建艦競争(一九〇六～一二年)」も生じた。イギリスが海軍力の面でも大西洋にますます目を向けなければならなくなったときに、西太平洋では満州の利権を排他的に分割したロシアと日本に対するアメリカの反発が強まっていた。ローズヴェルトが大統領でいるうちは、朝鮮や満州での日本の権益を認めていたアメリカも、政権交代とともに態度を硬化させた。

一九〇九年にウィリアム・タフトが大統領に就き、フィランダー・ノックスが国務長官になると、アメリカは清国に対する借款供与や鉄道管理を日露両国に迫ってきた。また、「ロシアの脅威」がなくなったのち、日英同盟の存続目的が「アメリカの脅威」への対抗に移ったのではないかとする懸念も生じてきた。

日英同盟については、日本の帝国主義的な野望や陸海軍の増強、さらには移民問題などもからみ、すでに自治領のカナダやオーストラリアから批判の声が上がっていた。これにアメリカも乗ってきたのである。英米間で総括的仲裁条約を締結する気運が高まったのを機に、一九一一年七月に第三次日英同盟が締結された。これによりアメリカは日英同盟の「適用外」とされ、アメリカ側の不安をかなり払拭することに成功した。しかしそれは逆に日英の離間を徐々に押し進めていく結果につながると同時に、東アジア国際政治の中での主導権がイギリスからアメリカへと移行していく始まりにもなっていった。

こうして一九一〇年代前半までには、「拡張しすぎた」イギリスは主には環太平洋地域でアメリカに譲歩を重ね、アジア・アフリカに広がる広大な帝国の保全に努めながらも、ヨーロッパでは新たな脅威として台頭してきたドイツと対峙せざるを得なくなっていく。

（君塚直隆）

第2章

イギリス帝国の植民地から西半球の覇権国へ

●アメリカから見た米英関係の三〇〇年

1 植民地から建国へ——一六〇七～一七八九年

イギリス領北アメリカ植民地の形成と発展

北米大陸における最初の恒久的植民地ジェームズタウンは一六〇七年、一攫千金を夢見る経済的動機から建設された。その意味で、ジェームズタウンに端を発するヴァージニア植民地はイギリスの外延的発展であった。他方、清教徒《ピューリタン》の巡礼始祖《ピルグリム・ファザーズ》が一六二〇年に建設したプリマス植民地、同じく清教徒《ピューリタン》が一六三〇年に建設したマサチューセッツ湾植民地を起源とするマサチューセッツ植民地では、腐敗した旧世界（イギリスないしヨーロッパ）に対峙する模範的共同体＝「丘の上の町」という非イギリス的アイデンティティも強く意識されていた。くわえて一七世紀中に六つ（そのうちカロライナは一八世紀前半、南北に分かれる）、一八世紀前半には三つのイギリス領植民地が北米大陸に建設されて、いわゆる一三植民地が形成されることとなった。

各植民地はそれぞれ固有の性格を有しながらも、現地生まれの第二、第三世代が活躍するようになる一六六〇年代以降、とりわけ一八世紀に入ると北米大陸のイギリス領アメリカ植民地（イギリス領北アメリカ植民地）の「イギリス化」は全般に進行していった。それは、紅茶を愛飲する習慣から北東部のような自前の高等教育機関に乏しかった南部の上流階級師弟のイギリス本国留学、本国の法学院における植民地法律家の研修、さらにはイギリス国王が直接、総督を任命する王領植民地への移行まで多岐にわたっていた。一八世紀半ばまでに一三植民地中、八つの植民地が王領植民地化し、まさに本国社会の「複製化」（ジャック・P・グリーン）ともいうべき状況が見られたのである。

もっともイギリス領北アメリカ植民地に本国との緊張関係が存在しなかったわけではない。植民地がある程度の発展を見た一七世紀末にかけて、植民地人の反乱が頻発していたのである。独立宣言のちょうど百年前の一六七六年、ヴァージニアにおいてタバコ栽培で潤う沿岸のプランター層に支持された総督に対して辺境の農民が反旗をひるがえしたベーコンの反乱は、その一例であった。総督側は先住民（インディアン）を保護すべきとの考えであったが、ナサニエル・ベーコン率いる辺境農民は開拓すべき新たな土地を欲し、彼らの一掃を求めて総督と衝突したのである。また、マサチューセッツを含むニューイングランド地方の各植民地とニューヨーク、ニュージャージーは一時期、一総督の施政下に置かれて、各植民地の議会も廃止された。だが、本国の名誉革命（一六八九年）に乗じてマサチューセッツの植民地人が蜂起し、総督は本国に送還された。ニューヨークでも名誉革命の際、第二次英蘭戦争（一六六五～六七年）敗北まで同植民地を領有していたオランダ人の子孫を含む支配層に対して、反乱が起こった（ライスラーの反乱）。一六世紀半ば、イギリスでカトリックを復活させた女王メアリー一世にちなんで命名されたメリーランドにおいては、名誉革命でカトリック信仰の篤いジェームズ二世が追放されると、多数派のプロテスタントが支配層のカトリックに対する反発を強めた。

だが、一八世紀に入るとイギリス領北アメリカの植民地社会はおおむね安定期に移行していった。イギリス本国の郷紳《ジェントリ》的生活を模倣する植民地の支配層は、輸入家具で室内が飾られたジョージ王朝風の邸宅を建て、陶磁器と銀食器を愛用し、紅茶をたしなんだのである。彼らは消費様式、教育、外見においても郷紳《ジェントリ》的価値観に従っていた。こうした「イギリス化」が各植民地で進む一方、イギリス領北アメリカ植民地全体の一体感も徐々に醸成されていった。人口も増大し、独立前夜、イギリス領北アメリカ植民地には約二五〇万人が居住していた。そうした中でイギリスは、一七世紀末以来、四度にわたるフランスとの抗争の最終局面であった七年戦争（一七五六～六三年）に勝利した。その結果、全アカディアやケベック（旧「新しいフランス《ヌーヴェル》」）がイギリス領となり、フランスは北米大陸から駆逐された。

アメリカ革命の始まり

イギリスはアカディアやケベックに加えて、東西両フロリダ（旧スペイン領）を含むミシシッピ川以東の領有権を手にし、ここに北米大陸におけるイギリスの覇権が成立した。しかしながら、インドを含むグローバルな帝国戦争であった七年戦争に要した莫大な戦費により悪化した財政の立て直しを企図して、イギリスは植民地に対する課税を強化した。七年戦争は一七五四年に始まった北米大陸における「フレンチ・アンド・インディアン戦争」を契機としており、その発端となったオハイオ川流域をめぐるフランスとの軍事衝突でイギリス軍を率いたのは、ヴァージニア民兵隊の若き中佐ジョージ・ワシントンであった。それにもかかわらず、イギリスは従来の「有益なる怠慢《サルタリー・ニグレクト》」政策を放棄して、アメリカ植民地に対する強力な規制を開始したのである。一七六三年の国王宣言は、植民地人がアパラチア山脈以西に移住することを抑制した。植民地人と先住民とのむやみな衝突を避けるためであった。翌年、本国議会は砂糖法（アメリカ歳入法）を制定して、植民地が輸入する糖蜜等の外国産品に高い関税が課せられた。さらに翌六五年には、アメリカ植民地に対する初めての直接税である印紙法が導入された。植民地におけるほとんどあらゆる文書（トランプを含む！）に印紙を貼るこの法律は、各植民地で大きな反発を生んで、かえってそれらの間の連帯感を強めた。そしてついに同年、北米大陸の九つの植民地の代表が一同に会する印紙法会議が開催されることとなった。そこで展開されたのが、有名な「代表なければ課税なし」の論理であった。

　ところで一三植民地が独立した一八世紀後半、西インド諸島を含め南北アメリカには、数え方にもよるが四〇近いイギリス領植民地が存在した。それらの中には、一八世紀初めのスペイン王位継承戦争（北米大陸ではアン女王戦争）の結果、イギリス領化したノヴァスコシア（旧アカディア〔フランス領〕の一部）やニューファンドランドのように、北米大陸に存在するにもかかわらず、独立運動に加わらなかった植民地もあった。たとえばノヴァスコシアは宗主国イギリスとの関係の強さは言わずもがな、不凍港ハリファックスには一八世紀半ば、イギリスが海軍基地を建設しており、自らの軍事的脆弱性を自覚していたのである。他方、カリブ地域のイギリス領西インド諸島は砂糖のモノカルチャーに依存しており、大多数のアフリカ系奴隷を抱える少数派のプランター層は、イギリス本国に居住する不在地主であった。本国の政界で活発に活動する彼らにとって、アメリカ革命における「代表なければ課税なし」の論理は大きな意味を持たなかった。そうした中で、アメリカ革命後も自らをイギリス国王の臣民とみなす六万人とも一〇万人とも言われる忠誠派《ロイヤリスツ》が、一三植民地から現在のカナダやイギリス領西インド諸島に亡命することとなる。

しばしば代表的アメリカ人に挙げられるベンジャミン・フランクリンでさえも、七年戦争直後、「イギリス人」を自称していた。彼は戦争中、「アメリカ人みなが、お互いに愛着を持ち合うよりもずっとイギリスに愛着を持っている」のであるから、イギリスと対決する目的で「アメリカ人が団結することは、蓋然性はおろか可能性もない」とも述べていた（ウッド〔二〇一〇〕一一四頁）。そもそも「アメリカ人」という言葉を最初に使用し始めたのは、アメリカ植民地ではなく本国に住むイギリス人であった。だが、印紙法会議に前後して、各植民地の議会の決議や新聞等の刊行物にアメリカ人としてのアイデンティティを見出せるようになった。ただし、留意すべきは、植民地人はあくまでもイギリス国制《コンスティテューション》に則って、自らの主張を展開していたことである。付言すれば、独立宣言で言及されている革命権は、イギリス人哲学者ジョン・ロックが主張したものであった。国王や宮廷派《コート》の施政の公共善追求からの逸脱を批判して、アメリカ革命全般の思想的基盤となった共和主義も、イギリスから伝えられたものであった。

イギリス政府は一七六六年、印紙法を撤廃したが、翌六七年にはタウンゼンド諸関税が制定された。自らのイギリス産品不買運動と相まって、植民地人がイギリス的な消費様式を維持することはもはや困難になった。不買運動の結果、一七七〇年には本国の植民地に対する課税権の象徴としての茶税以外の関税は撤廃されたが、一七七三年には新たに茶法が制定された。同法はイギリス東インド会社が本国に輸入税を払わずに直接、アメリカ植民地で茶を独占的に販売することを認めたもので、茶の輸入価格自体は下がったが、植民地における反発はかえって強まった。同年末、ボストン港に停泊していた船をサミュエル・アダムズら急進派が襲撃して、東インド会社の茶箱を海に投げ捨てた（ボストン茶会事件《ティーパーティー》）。これに対して本国政府は翌七四年、ボストン港閉鎖等の「強圧的諸法」で応じた。同時にケベック法を制定して、植民地人が西部「開拓」の対象と考えていたオハイオ川以北は、ケベック植民地の領土になった。植民地人は「強圧的諸法」とケベック法をあわせて、「我慢ならない諸法」と呼んだ。

アメリカ独立戦争

同年秋、フィラデルフィアにジョージア以外の一三植民地の代表が集まって、第一次大陸会議が開催された。第一次大陸会議は、本国をはじめとする北米大陸以外のイギリス帝国に対する輸出入の禁止を決議した。ただし、同会議では本国議会が非難される一方、国王に対する忠誠は逆に強調された。だが、翌一七七五年四月、ボストン郊外のレキシントン、コンコードでイギリス軍と植民地民兵が衝突した。この「世界にとどろく銃声」（哲学者ラルフ・ウォルドー・エマソン）をきっかけとして、ついにアメリカ独立戦争の火蓋が切られたのである。翌月、第二次大陸会議が開催され、さらに六月にはワシントンが植民地軍＝「大陸軍」の総司令官に任命された。

もっとも大陸会議は当初、イギリスからの独立を求めていたわけではなかった。実際に当時制作された「大陸旗」は、現在のオーストラリアやニュージーランドの国旗同様、旗の左上の部分にイギリス国旗の意匠ユニオン・ジャックが挿入されていた。植民地における議論の潮目が変わったのは、翌一七七六年一月、トマス・ペインの『コモン・センス』が刊行されてからであった。ペインはイギリス人であったが、イギリスでは仕事を転々として、二度、妻と死別している。だが、彼はロンドン滞在中のフランクリンの知遇を得て、一七七四年一一月、アメリカ植民地にやってきた。そして、イギリスの君主制や貴族制を痛烈に批判して、北米大陸に展開するアメリカ植民地が島国イギリスに従属しているのは自然の理に反すると大胆に論じたのである。『コモン・センス』は当時の一三植民地の白人人口が約二〇〇万である中で、三カ月経たないうちに一二万部売れた。まもなく大陸会議でも独立に向けた議論が進み、七月二日、独立が決議されて、二日後の七月四日、独立宣言が採択された。

ところで、大陸会議が独立を決議したのは、そのことでイギリスの長年の宿敵フランスと同盟を締結することが可能になるからであった。その意味では、独立の決議さえあれば、あえてさらに独立を宣言する必要はなかった。それにもかかわらず独立宣言が出されたのは、植民地人の間に根強く残る国王への忠誠を断ち切る必要があったからである。独立宣言は「すべての人々は平等に造られている」と謳い、「生命、自由、そして幸福の追求」を誰も奪い得ない人民の権利として掲げた冒頭部分がよく知られているが、その主要部分ではイギリス国王ジョージ三世の治世に対する批判が箇条書き的にならべられていた。逆に言えば、それだけ国王への忠誠を断ち切ることに、一般の植民地人は抵抗があったのである（斎藤〔一九九五〕）。

三〇〇〇マイル離れた地で、民兵を含むアメリカ軍といわば「ゲリラ戦」を戦わなければならなかったイギリス軍が、一七八一年秋、ヴァージニアの首府ウィリアムズバーグの西方に位置するヨークタウンの戦いに敗北した結果、一年余り後に仮条約、さらに翌一七八三年九月には正式の講和条約がパリで調印された。ここに一三植民地の独立が決定した。アメリカはミシシッピ川以東の領有権を獲得して、一七六三年の国王宣言で制限されたアパラチア以西への移住が可能になった。その後、一世紀余りにわたり米英間の懸案事項であり続けるとはいえ、漁業が盛んなニューイングランド地方の利害を代弁するジョン・アダムズが強く要求したニューファンドランド島沿岸の漁業権も一応、認められた。

独立後、アメリカはいわゆる「危機の時代」を経験するが、一七八七年、合衆国憲法が制定され翌年に発効し、さらに翌八九年、ワシントン政権が発足して、アメリカは連邦国家として歩み始めた。しかしながら、同年、フランス革命が起こって、数年後、革命戦争が英仏抗争を軸に展開するようになると、新興国アメリカはそれに翻弄されることとなった。

2　アメリカ・ナショナリズムの高揚——一七八九～一八四二年

一八一二年戦争

こうした中でワシントン政権は、覇権国としての地歩を固めつつあるイギリスとの関係を重視する連邦派《フェデラリスツ》に支えられて、一七九四年には同国とジェイ条約を締結した。同条約ではカナダとの国境に近い北西部各地の要塞に駐留していたイギリス軍の撤退やアメリカへの最恵国待遇の供与が規定された反面、アメリカが求めたイギリス領西インド諸島との自国商船による貿易は限定的にしか認められず、同国の中立貿易、具体的にはイギリスと交戦中のフランスやその同盟国との貿易も容認されなかった。それゆえ、上院における非公開審議の結果、翌年夏、親仏的な共和派《リパブリカンズ》が反対する中で批准に必要な三分の二の議員の同意をぎりぎりで得た後、条約案の内容が外部に漏れて報道されると、世論の批判が高まった。だが、まもなくワシントンが同条約案に署名し、何とか批准が完了した。

フランス革命戦争に続くナポレオン戦争の勃発後、イギリス海軍《ロイヤル・ネイヴィー》によるアメリカの中立貿易の侵害はさらに深刻化した。一九世紀に入ると英仏は封鎖合戦を展開するようになったのである。それに対して、イギリスの食糧供給が自国の農産物に依存していると想定した共和派《リパブリカンズ》政権は、出港禁止法（一八〇七年）に始まる一連の「平和的強制手段」によって、イギリスの政策変更を期待した。その結果、ついに一八一二年六月一六日、イギリス外相カースルレイ子爵はアメリカの中立貿易を取り締まってきた枢密院令の廃止を発表した。しかしながら、アメリカ政府がその報に触れたのは八月に入

Column 2-1　アダムズ家

独立戦争から20世紀初めにかけて，代々，米英関係に最も深く関わってきた家族がアダムズ家である。のちに第二代大統領に就任するジョン・アダムズは，アメリカ使節団の一人としてパリ講和条約に調印して，1785年から88年まで初代駐英公使も務めた（なお，アメリカが「大使」を諸外国に派遣するようになるのは1893年からである）。

第六代大統領を務めた息子ジョン・クインジー・アダムズは，少年時代に父に帯同してイギリスの地を踏んで，1812年戦争を終結させたゲント条約にアメリカ使節団の一人として調印した。さらにその後，1817年まで駐英公使も務めた。また，モンロー政権の国務長官としてイギリスの提案を退けて，アメリカ単独でのモンロー・ドクトリンの宣言への道筋をつけた。

ジョン・クインジーの息子チャールズ・フランシス・アダムズも，米英関係が岐路に立たされた南北戦争中，駐英公使を務めた。チャールズ・フランシスの息子の文筆家ヘンリー・アダムズは，著書『ヘンリー・アダムズの教育』（1918年）で有名だが，同書には「最低でも150年にわたるアダムズ一族全員の唯一の公務は……ダウニング街〔イギリス政府〕とけんかをすることであった」との記述がある。

独立から20世紀初めに至る米英間の最大の懸案は，ニューファンドランド島等，カナダ東海岸の漁業問題であった。漁業が盛んな北東部のマサチューセッツ州を政治基盤とするアダムズ家の家紋には，「われわれはこれまでどおり，魚を獲り，狩猟をする」という一族のモットーが刻まれている。

ってからであった。そうした中で枢密院令撤回発表の二日後の六月一八日、自らの要請で連邦議会を通過していた対英宣戦布告の決議案にジェームズ・マディソン大統領（共和派《リパブリカンズ》）が署名して、第二次独立戦争とも形容される一八一二年戦争（米英戦争）が始まったのである。

アメリカがイギリスに宣戦したのは、中立貿易の問題以外にもいくつか理由があった。一つはチェサピーク号事件（一八〇七年）に象徴されるイギリス海軍によるアメリカ船員の徴発である。イギリス海軍は脱走水兵の捕捉を徹底しようとするあまり、結果としてしばしばアメリカ人船員を拉致していたのである。もう一つの理由は、アメリカの西部への発展を阻止する意図を持つイギリスが、ショーニー族首長テカムセを中心とする北西部の先住民の部族連合に武器を供与して、「辺境《フロンティア》」――今日的に言えばボーダー・ランド――でアメリカに対する攻撃が開始されていたことである。一方、アメリカ側も領土的野心を持っていた。前大統領トマス・ジェファソンは開戦後まもなく、カナダ占領を「単なる進軍の問題」だと豪語していた。二年半余りの戦争中、両国は米加国境を挟んで攻防を繰り広げたが、双方とも決定的な勝利を収めることはできなかった。また、一八一四年夏、大統領官邸や連邦議会議事堂を含む首都ワシントンの中心部が、イギリス海軍に焼かれる事態に陥った。だが、九月にナポレオン戦争後のヨーロッパ秩序を話し合うウィーン会議が始まると、イギリスはそちらに精力を傾注せざるを得ず、同年のクリスマスイブ、ベルギーのヘント（英名ゲント）で講和条約が調印された。講和の内容は引き分け的なもので、中立貿易侵害の賠償、徴発、先住民問題等、米英間の懸案事項についてはいっさい規定されなかった。

一八一二年戦争の遺産

一八一二年戦争は実質的な成果に乏しかったが、ナポレオン戦争後、名実ともに覇権国の地位を手に入れるイギリスと引き分けたことは、アメリカ国民に大きな自信を与えた。講和の報が届いていなかった一八一五年一月初旬、アンドリュー・ジャクソン将軍がニューオーリンズの戦いでイギリス海軍を撃退すると、彼は国民的英雄になって、のちに大統領にまで上り詰めることになる。一方、連邦派《フェデラリスツ》は戦争に批判的で戦争末期、ニューイングランド諸州の彼らの代表がハートフォード会議を開催して、通商禁止や宣戦布告の権限を連邦議会から剝奪する憲法修正を決議した。だが、連邦派《フェデラリスツ》は戦後まもなく、衰退を余儀なくされた。また、出港禁止法やそれに続く戦争によりイギリスからの輸入が激減した結果、国内に綿産業が起こって、アメリカにおける製造業の基盤が形成された。もっとも戦後も輸出入（主として前者は原綿、後者は綿布・毛織物）双方、約五分の二をイギリスが占めており、国内産業はイギリス資本に依存し、その発展は今日から見れば特許侵害行為とも言えるイギリスからの技術移転に支えられていた。なお、アメリカ国歌「星条旗」（正式に国歌となったのは一九三一年）は、イギリス海軍がワシントンを焼いた後、ボルチモア港口のマックヘンリー砦を砲撃するのを一晩中、見守っていた法律家フランシス・スコット・キーが、夜明けに砦にたなびく星条旗を見つけて作詞したもので、当時、アメリカで知られていたイギリスの酒宴の歌の旋律に乗せて愛国歌として歌われるようになった。

米英関係それ自体について言えば、一八一二年戦争以降、大西洋の制海権を握るイギリスが、アメリカに対してあからさまに敵対的な行動をとることがなくなり、いわゆる「無料の安全保障」（歴史家C・ヴァン・ウッドワード）が提供されたことは、アメリカの西部への発展に大きく寄与した。一八一七年、軍備管理史上、初期の試みである米加国境が引かれている五大湖上の軍艦数を制限するラッシュ＝バゴット協定が締結されたことは、米英関係の転換を象徴していたと言えよう。二年後の一八一八年には、ミシシッピ川源流域のウッズ湖から西進してロッキー山脈に至る米加国境が、北緯四九度線上に引かれた。この一八一八年の協約では、一〇年間にわたるオレゴン地方《カントリー》の共同領有も約束された。また同年、ニューヨーク・リバプール間に定期船が就航した。さらに一八三〇年には、イギリス領西インド諸島へのアメリカ商船の入港が全面的に認められた。

一八一二年戦争の米英関係への影響は、軍事的・政治的・経済的次元に止まらなかった。米英文化関係もこの戦争を境に変化していった。軍事的・政治的・経済的自立性を得た反面、後述のとおり奴隷制をめぐり国論が二分されていく一八五〇年代の前まで、ヨーロッパ、とりわけ旧宗主国イギリスに対する劣等感の裏返しとして、アメリカ・ナショナリズムの高揚が見られたのである。

モンロー主義《ドクトリン》の宣言――「イギリス嫌い《アングロフォビア》」の反映

そのような反英ナショナリズムに裏打ちされた「イギリス嫌い《アングロフォビア》」を政治的次元で反映していたのが、一八二三年に表明されたモンロー主義《ドクトリン》であった。モンロー主義《ドクトリン》は元来、イギリス外相ジョージ・カニングが提案した英米共同宣言に端を発していた。カニングはいわゆるウィーン体制下、競合関係にあるロシアが主導する神聖同盟を代表して、フランスが独立を宣言した中南米諸国に武力介入することに反対することを提案したのである。しかしながら、ジョン・クインジー・アダムズ国務長官は、アメリカが「イギリス軍艦の航跡を追う付属船」になってしまうそのような宣言に強く反対した。ジェームズ・モンロー大統領自身も、「イギリスに従属する地位に甘んずるように見えるどのようなやり方にも反対」であった。それゆえ、モンロー政権（共和派《リパブリカンズ》）は北米大陸北西海岸をめぐる領土問題を抱えるロシアを刺激することを避ける意味でも、英米共同宣言の提案を受諾せず、中南米の諸共和国の独立を擁護することを要諦とするモンロー主義《ドクトリン》を単独で表明したのである。

そもそもカニングが英米共同宣言を申し出た相手の駐英公使リチャード・ラッシュは、「この国のすべての党派の人びと――その最後の一人まで――を結合させることは、他のどの国に対してよりも対米戦争において容易」だと考えるようなきわめつけの「嫌英家《アングロフォーブ》」で、モンロー主義《ドクトリン》の宣言の一年余り後にも、「昨年の南アメリカ問題に関する部分的で留保付きのイギリスによるわれわれへの接近のために、かの国がわれわれに対して、すこしでも好意を増大させたと想定するのはまったくの誤り」だと述べていた。モンロー宣言直後、モンローも「ここでの契機（モンロー主義《ドクトリン》の宣言）は、ロンドンにおけるものより、私たちを国家としていっそう独立的で栄誉ある立場に置く」とジェームズ・マディソン前大統領に書き送り、アメリカが「第二義的な参加国」にならなかったことは正解だと述べていた。マディソンも「その国（イギリス）に有利な指導的地位を与えないことが、私たちの特別な任務」だと返信して、イギリスの「第一義的な偉大さの衛星」になってしまうことに警戒感をあらわにしていた（中嶋〔二〇〇二〕一一三―一一四頁）。

このようなモンロー主義《ドクトリン》の宣言にもかかわらず、アメリカに中南米におけるイギリスの行動を抑制するすべはなかった。一八三三年、イギリスはフォークランド（マルヴィーナス）諸島を占領し、また、一八三〇年代から一八四〇年代初めにかけて、イギリス領ホンジュラス（現・ベリーズ）が領土を拡張し、中米地峡を横断する最も重要なルートの一つである現在のニカラグアの両岸でも同国はプレゼンスを拡大させた。それでも、アメリカ政府がイギリスに抗議することはなかったのである。もっともイギリスに対する感情的なしこりは、強まっていた。独立戦争の口火を切ったコンコードの戦いの記念碑が、一八三六年に立てられた際、哲学者エマソンは前述の「世界にとどろく銃声」を称揚する賛歌をつくり、翌一八三七年には知的独立宣言と形容される講演「アメリカの学者」も行っていた。その講演で彼は、「われわれの従属の時代、他の国々の学問に対するわれわれの長い徒弟制度は終わりに近づいています」と主張したのである。

危機――ウェブスター＝アシュバートン条約への道

一八三〇年代末が近づくにつれて、イギリス領北アメリカ（カナダ）との国境地帯ではいくつかの問題が浮上してきた。一八三七年末には、カナダでのイギリスに対する反乱に一部のアメリカ人が加担した。その際、彼らはナイヤガラ川に浮かぶ島（イギリス領）を占領して、そこに物資を補給しようとした。だが、国境を越えてアメリカ領内に侵入したイギリス兵達が、ナイヤガラ滝の手前で補給船を炎上・沈没させた（カロライナ号事件）。この事件では、アメリカ人一名が犠牲になった。ニューヨーク州北境の住民は合い言葉「カロライナ号を忘れるな！」を唱えて、国境を挟んだ小競り合いがその後、一年間ほど続いた。しかし、元駐英公使のマーティン・ヴァン・ビューレン大統領（民主党）はそうしたいわゆる不法戦士《フィリバスター》たちの行為がイギリスとの戦争に発展することを望まず、最終的に彼らは鎮圧された。一八三九年には、米英両国が異なる地図を用いてパリ講和条約に基づき領有を主張した、メイン州とニューブランズウィック植民地との境界付近に広がる森林地帯アルーストゥック峡谷をめぐって、現地の木こりや民兵を巻き込んだ「アルーストゥック戦争」が勃発した。両国政府はこの「戦争」が正規の戦争に発展するのを何とか回避して、まもなく「休戦」した。翌一八四〇年には、アレクサンダー・マクロードなるカナダ人がカロライナ号事件の際、件のアメリカ人犠牲者を殺害したとニューヨーク州内で広言して、逮捕された。カロライナ号事件の記憶が覚めやらない中で、イギリスとの戦争を望まない連邦政府が直接影響力を行使し得ないニューヨーク州の管轄下、陪審裁判は行われた。だが、結局、マクロードは釈放された。

マクロード事件が解決した直後、ヴァージニア州からニューオーリンズに航行中のアメリカ船クレオール号内で奴隷反乱が発生して、一名の白人男性が殺害された。クレオール号を乗っ取った奴隷達は、イギリス帝国に亡命するために同号をバハマ諸島（イギリス領）に向かわせた。そして、同諸島の中心都市ナッソーに到着すると殺人犯達以外の奴隷は解放された。一八三三年、イギリス帝国では奴隷解放法が施行されて、数年後、イギリス領西インド諸島ではすべての奴隷が解放されていた。その意味でナッソーの現地当局からしてみれば、それは当然の対応であった。しかし、南部人は激怒して、米英関係が一触即発の事態に陥ったのである。ナショナリズムが高揚する中で、アメリカ人の中にはイギリスの工場労働者の劣悪な環境等を指摘して、アフリカ系（黒人）奴隷に対するイギリス政府の人道主義を偽善的だと見なす者もいた。

このようないくつかの米英関係の危機を乗り越えて、ようやく一八四二年、メイン州からウッズ湖までの米加国境を確定する新条約が調印された。ウェブスター＝アシュバートン条約がそれである。国務長官ダニエル・ウェブスターはイギリスから派遣されたアシュバートン男爵（アレクサンダー・ベアリング）が共同事業者を務める、ロンドンのシティでアメリカ政府の資金調達を担ってきたベアリング商会の活動に関与しており、彼らはそれぞれ自国のナショナリズムに振り回されることを好まず、実利をとったのである。

3　明白な天命《マニフェスト・デスティニー》とその後——一八四二～一八七一年

イギリスに対する猜疑心とテキサス問題

一八四五年一二月、ジェームズ・ポーク大統領（民主党〔共和派《リパブリカンズ》の後継政党〕）は連邦議会に宛てた年次教書において、次のように主張した。「それ〔勢力均衡〕の北米大陸、とくに合衆国に対する適用を容認することはできません。……現在がモンロー氏の原則を繰り返し、再確認する適当な機会だと考えられます」（Perkins 1955: 65, 79）。教書発表に先立って、ポークは北米大陸太平洋岸への領土拡張の唱道者であった上院議員トマス・ハート・ベントン（ミズーリ州）とホワイトハウスで会見して、次のように述べていた。「私は最低でもこの大陸〔北米大陸〕について、外国による植民地化に反対するモンロー氏の主義《ドクトリン》を再確認する気持ちに強く傾いています」（Merk 1966: 66）。彼らは、イギリスがカリフォルニア北部からアラスカ（ロシア領）南端に至るオレゴン地方《テリトリー》に対するアメリカの領有権を侵害していると捉えていた。また、ポークや彼の支持者は、メキシコに入植したアメリカ人により一八三六年、建国されたテキサス共和国の背後に北米大陸におけるアメリカの勢力拡張を望まないイギリスやフランスの影が見え隠れし、カリフォルニア地方で前者は策謀を企てていると考えた。

メキシコ独立（一八二一年）以来、同国のテキサス地方には多くのアメリカ人が入植しており、一八三六年、テキサスのアメリカ人たちは事実上、独立を勝ち取った。翌一八三七年、テキサスは自国の併合をアメリカに提案した。しかし、アメリカでは国内の一部に奴隷制に対する強い反対があり、奴隷制を導入していたテキサスを承認はしたが、その併合はすぐに実現されるものではなかった。最終的にテキサス併合を決断するジョン・タイラー大統領は、ヴァージニア州出身の奴隷所有者で元来、民主党員であり、ウィリアム・ヘンリー・ハリソン大統領（ホイッグ党〔連邦派《フェデラリスツ》の後継政党〕）の死去にともない副大統領から昇任した人物であった。だが、ホイッグ党の主たる支持基盤の北部の意向を無視し得ず、ようやく一八四三年秋、テキサス併合に乗り出した。その背景にはメキシコが独立を承認すればテキサスはアメリカへの併合を思いとどまると想定して、イギリスがメキシコにテキサス承認を働きかけているという情報の存在があった。また、タイラー政権はイギリスがテキサスで奴隷制を廃止しようとしているのではないかと危惧していた。事実、ロンドンに聞き入れられるものではなかったが、テキサスでの奴隷制廃止を提案した現地在住のイギリス人外交官もいた。結局、任期も残すところ数日となった一八四五年三月初旬、タイラーはテキサス併合についての上下両院共同決議に署名して、任期満了前日にテキサスに併合を申し出た。

一方、メキシコ政府はイギリスに促されて従来の政策を転換して、アメリカに併合されなければテキサスを承認すると同国政府に申し入れていた。イギリスは北米大陸、さらには西半球（南北アメリカ）におけるアメリカの勢力拡大を危惧し、また、アメリカ南部に代わる原綿の供給地としてテキサスを重視していたのである。新たに大統領に就任したポークは、それがテキサスを「属国」にしようとする「イギリスの計略」だと考えた（Haynes 2006: 118–19）。

テキサス併合をイギリスが憂慮したのは、それが北米大陸における勢力図を大きく塗り変えるものだったからである。また、テキサス自体もアメリカへの併合が実現しない中で、一八三〇年代後半にはイギリスに接近していた。イギリスは一八四〇年、テキサス独立を承認する条約に調印して、それは二年後に批准された。イギリスはその一八四二年、テキサス独立を認めず、同国への越境攻撃を繰り返していたメキシコとテキサスの調停に乗り出して、さらに一八四四年の夏にはメキシコへの具体的な支援を画策した。第二次ピール内閣（保守党）のアバディーン外相は従来の方針を転換して、アメリカに対して穏健外交を展開し、前述のウェブスター＝アシュバートン条約を締結していた。パーマストン子爵をはじめホイッグ党員はそれに不満を表明していただけに、アバディーンはテキサス問題である程度、アメリカに強い態度をとる必要にも迫られていたのである（君塚〔二〇〇六〕、山岸〔一九九五〕）。しかしながら、そうしたイギリスの事情に通じておらず、テキサス併合を推進するポーク政権や同政権を支持する南部人は、イギリスの干渉にきわめて敏感に反応した。また、テキサスがイギリスに接近してその独立が維持されることになれば、カリフォルニア地方の天然の良港がイギリスの影響下に入ることも危惧された。

こうした中で一八四五年、テキサス併合反対論に反論して、『デモクラティック・レヴュー』誌の

Column 2-2　初期アメリカの史跡・記念碑と米英関係

植民地時代から独立戦争にかけてのアメリカの史跡や記念碑は，13植民地がイギリス帝国に反旗を翻して独立した経緯からしばしば反英的な含意を伴っている。

たとえばフリーダム・トレイル（自由の道）はボストン観光の目玉の一つであるが，レキシントンへのイギリスの進軍を馬を駆って知らせたポール・リヴィアの家，独立戦争における初めての本格的な戦闘を顕彰するバンカー・ヒル記念碑，1812年戦争で活躍した伝説のフリゲート艦コンスティテューション号等をめぐるものである。

こうした独立戦争の記念碑の中で最大のものが，イギリス軍を率いるコーンウォリスがワシントンに降伏したヨークタウンの戦いを顕彰する戦勝記念碑である。同地には歴史博物館，ヨークタウン戦勝記念センターも設置されている。

ただし，米英の「特別な関係」を示唆する初期アメリカの史跡が皆無なわけではない。ヨークタウンとともに「植民地時代国立歴史公園」（ヴァージニア州）を形成する北米大陸における最初の恒久的イギリス植民地ジェームズタウンには，1957年の350周年，2007年の400周年の二度，エリザベス女王が訪問している。ジェームズタウン建設の指導者ジョン・スミスを救ったポカホンタス（先住民ポウハタン族首長の娘）は，イギリス人と結婚してイギリスに渡り，同国で客死した。彼女の遺体が埋葬されたテムズ河畔の町グレーヴゼンドの聖ジョージ教会にも今日，多くのアメリカ人が訪れている（和田〔二〇一六〕）。

主筆ジョン・L・オサリヴァンは、同誌の七・八月合併号に「併合」と題する論考を発表した。彼はイギリスやフランスが「われわれに対する敵対的な干渉の精神」で、「神が割り当て給うたこの大陸をおおっていくわれわれの明白な天命《マニフェスト・デスティニー》」を妨害していると指摘した。テキサスでは併合を前提とした州憲法制定会議がアメリカ独立記念日の七月四日、全会一致で併合を決議して、同年のクリスマスイブ、連邦議会はテキサス州憲法を承認するかたちで併合を実現させた。

オレゴン分割とメキシコ戦争

一方、土壌豊かなオレゴン地方《テリトリー》のウィラメット渓谷へのアメリカ人入植者は、一八四〇年代半ばに急増していた。「明白な天命」の唱道者オサリヴァンは、オレゴン地方に対してもモンロー主義《ドクトリン》の適用を主張し、ポーク大統領も「北緯五四度四〇分《フィフティフォー・フォーティ・オア・ファイト》(オレゴン全域)か戦争か」と唱えて、党内の強行派上院議員を勢いづかせた。その結果、一八四六年初め、イギリスとの領土交渉は一時行き詰った。しかし、カリフォルニア、ニューメキシコ両地方をめぐりメキシコとの戦争が近づきつつある中で、まもなく連邦上院は和解的姿勢を見せるようになった。イギリスも衰退しつつあるオレゴン地方《テリトリー》の毛皮交易を見切って譲歩し、同年六月、北緯四九度(現・米加国境線)でオレゴン地方《テリトリー》を分割領有する提案がワシントンに届いた。結局、ポークはこの提案を受諾し、連邦上院が新たに調印された条約の批准に同意したことによって、オレゴン地方《テリトリー》は分割された。一八四六年、イギリスは穀物法の廃止へと向かい、他方、アメリカはすでに同年、低税率を定めたウォーカー関税を施行しており、双方、国家的威信を保ちつつ自由貿易の果実を選び取ったのである。一八四〇年代のアメリカにおける鉄道敷設熱はイギリス資本に支えられており、その後、一八五〇年代までにイギリスの輸入の半分(原綿輸入はその八割)をアメリカ、アメリカの輸入の四割をイギリスが占めるようになった。

さて、奴隷制の拡大を進めるポークは大統領就任後、メキシコに対する圧力を強めていた。ポーク政権は、イギリスがカリフォルニア地方の領有を企てていると認識していた。ポークは先のベントンとの会見で、「モンロー氏の主義《ドクトリン》を再び唱えるにあたって、私はオレゴンと同じくらい、カリフォルニアとサンフランシスコの良港を視野に入れています」と述べていた(Merk 1966: 66)。事実、一八四〇年代前半、現地のイギリス領事館関係者もロンドンにカリフォルニア領有を提案していた。イギリス政府がその提案を真剣に検討した形跡はないが、ポーク政権はイギリスによるカリフォルニア領有の企図の噂を信じる傾向が強かった。とくに一八四五年一〇月、トマス・O・ラーキン駐モンタレー領事から届いた急信は、イギリス政府の現地情勢への介入を明言して、イギリスの民間人・領事館関係者やフランスの動きを詳らかに報告していた。イギリス政府が介入を企図したのは一八四五年末の一時期であり、それとて英仏提携のための便宜的側面が強かったが、ラーキン報告以降、ポーク政権はイギリスとメキシコの暗黙の提携を問題視して、カリフォルニアに照準を合わせることとなった。ポーク政権は一八四五年末、カリフォルニア、ニューメキシコ両地方の購入をメキシコと交渉したが、それが失敗に終わると翌一八四六年に入り、アメリカ軍はメキシコ領内に侵入して、同年春、メキシコ戦争が勃発した。米墨は最終的に一八四八年二月、ガダルーペ・イダルゴ条約に調印して講和を結んだ。同条約によって、カリフォルニア、ニューメキシコ両地方はアメリカに割譲された。

ところで、「明白な天命《マニフェスト・デスティニー》」の唱道と表裏一体の関係にあったイギリスに対する猜疑心は、当時の一般のアメリカ人の言動にも表れていた。たとえばイギリスの小説家チャールズ・ディケンズの訪米をめぐる逸話は、その一端を物語っていよう。一八四二年、アメリカを訪問したディケンズは、当代屈指の著名人《セレブリティ》として熱狂的な歓迎を受けた。だが、当時、アメリカで外国の著作物を海賊版として刊行する慣行が広く行きわたる中で、彼が国際著作権法への支持を表明するやいなや、賞賛は非難の嵐に変わった。また、シェイクスピア演劇に対するアメリカ人観客の態度にも、イギリスに対する猜疑心は見てとれよう。従来、イギリスの学芸、なかんずくシェイクスピアに代表されるその演劇は、独立後もアメリカの上流階級にとり垂涎《すいぜん》の的であった。ロンドンの演劇界で活躍する人気俳優が、ニューヨークを筆頭に東海岸の諸都市を中心に全国ツアーを実施するいわゆる「スター制度」も定着していた。しかし、一八一二年戦争後、イギリス人俳優の私生活やアメリカ蔑視に対するアメリカ人の目は次第に厳しいものになっていった。それが頂点に達したのが、メキシコ戦争終結の翌年、ニューヨークで勃発したアスター・プレイス暴動であった。当時のアメリカを代表するシェイクスピア俳優の〝本場〟イギリスでの評価に満足できないアメリカの演劇ファンの一部が、当代一のイギリス人俳優のアメリカ公演を妨害することを画策して、一八四九年五月、アスター・プレイス・オペラ・ハウスでの『マクベス』公演の最中、観客や周辺に集まった群衆による暴動に至ったのである。暴動は死者二二名、負傷者三六名を出す大惨事となった。

中米・カリブ地域における確執

メキシコや中米・カリブ地域においても米英は対峙した。メキシコ戦争に際して、一八四六年末、ユカタン地方（メキシコ）で権力を掌握した勢力は中央政府に逆らって中立を宣言したが、現地において先住民マヤ族の抵抗に苦しむ中で、アメリカからの援助や同国への併合を求めた。その際、同地方は中米進出を進めるイギリスや旧宗主国スペインにも同様の申し出をしていた。そこでポーク大統領は一八四八年四月、ユカタン地方が「イギリスの手に落ちる」ことを避けるために、同地方への援助とその併合の可能性に言及した（Haynes 2006: 203）。メキシコ湾に突き出たユカタン半島はキューバ島（スペイン領）とともに、メキシコ湾とカリブ海を結ぶ航路の要衝であった。

そのキューバ島をめぐっても、スペインがイギリスの保有する外債の償還の代償として、同島をイギリスに割譲するのではないかとの噂が絶えなかった。当時、米英間には大西洋をまたいで奴隷制即時廃止論者《アボリショニスト》のネットワークが存在する中で、とくに南部の大農園主層《プランター》はイギリスが同島でも奴隷解放を画策しているのではないかと心配していた。よってポーク政権は、キューバ島を一億ドルで買いとることをスペインに申し出た。だが、それは徒労に終わった。

また、アメリカは一八四六年、ニューグレナダ（現・コロンビア）と条約を締結（一八四八年批准）して、同国の通行権を獲得していた。他方、イギリスは当時、中米東海岸への進出を進めていた。イギリスはイギリス領ホンジュラスを拠点に、ニカラグアの先住民（インディオ）モスキート族の居住地域である、モスキート海岸を「保護国」とし、さらに一八四八年一月、ニカラグアに建設予定の運河の東端、すなわちサンファン川の河口に位置していた町を占領して、グレイタウンと改名した。ちょうど同月、カリフォルニア地方では金鉱が発見されて、アメリカへの併合後の翌一八四九年、いわゆる四九年組《フォーティー＝ナイナーズ》が殺到してゴールドラッシュが起こった。彼らの中には、マゼラン海峡を経てホーン岬を廻って、あるいは北米大陸を幌馬車で横断してカリフォルニアに到達した人々のほか、パナマ地峡を経由した者も多かった。それゆえ、アメリカ人の中米地峡に対する関心は高まった。中米地峡における運河建設をめぐって、米英の競合が浮上したのである。この問題は何とか外交により解決された。国務長官ジョン・M・クレイトンと駐米イギリス公使サー・ヘンリー・リットン・ブルワーが交渉して、一八五〇年四月、中米地峡の運河を双方が単独で建設・防備しないことを定めたクレイトン＝ブルワー条約が調印されたのである。同条約では、米英両国が中米において植民地や支配の拡大を行わないことも規定されていた。

クレイトン＝ブルワー条約の締結は、中米におけるイギリス支配の終わりの始まりであった。二年後の一八五二年、イギリスがイギリス領ホンジュラスに隣接するベイ諸島に対する支配を強化しようと試みた際、非植民地化の原則を再確認する決議が上院に提出されて、上院や新聞紙上で「モンロー主義《ドクトリン》」という表現が頻繁に用いられた。それ以降、一八二三年のモンロー宣言はこの呼称で一般に知られるようになった。一八五〇年代半ばには、ウィリアム・ウォーカー率いる不法戦士《フィリバスター》の一団がニカラグアに侵攻して、ウォーカーは一時、大統領として同国に君臨した。アメリカ政府もウォーカー政権を承認して、とくに中米・カリブ地域への奴隷制の拡張を望む一部の南部人は彼に期待した。イギリスは、そのような彼の活動を強く懸念していた。他方、ウォーカーはアメリカに根強い反英感情に訴えることによって、自らの正当性を確保しようとしたのである。

南北戦争――イギリスによる南部承認の可能性

こうした中で一八六〇年一一月、奴隷制の拡大に反対するエイブラハム・リンカーン（共和党〔ホイッグ党の後継政党〕）が大統領に当選すると、南部諸州が連邦から脱退し始めた。そして翌一八六一年二月には、独立国の形態をとる「南部連合」が発足して、二カ月後、南北戦争が勃発したのである。南部連合は諸外国から独立国家と見なされる可能性があった。戦争が始まると連邦政府（北部）は、その主要産業である綿産業に南部が綿花を供給しているイギリスが、南部連合を承認することを恐れた。他方、南部連合は「綿は王である《コットン・イズ・キング》」との考えから、それを開戦前から期待していた。開戦後、まもなくイギリスは中立を宣言した。だが、南部連合の交戦権は認めた。一方、リンカーンは従来、イギリス海軍の封鎖に自国が反対してきたにもかかわらず、南部諸港の封鎖を敢行した。対する南部連合は一八六一年秋、二名の外交使節をイギリスの郵船トレント号に乗船させて、同国に渡航させようとした。しかし、同号はアメリカ海軍に拿捕されて、二名の使節は徴発された（トレント号事件）。もっとも米英両国政府は、この問題でそれ以上、米英関係を損なうことを望まず、同年末、南部連合の使節は釈放された。翌一八六二年の春から夏にかけて、今度は中立宣言に反するかたちで、北部の貿易を妨害するためアラバマ号、フロリダ号の二隻の帆船が、イギリスから南部連合に輸出された。南部連合の代理人が暗躍して、中立国船舶を装い出港させた後、公海上で武装し輸出されたのである。

結局、イギリスは南部連合の承認には踏み切らなかった。綿産業に関しては、一八六〇年、南部の綿花が豊作であったために当面は原綿の備蓄があり、また戦争中、原綿の輸入先として南部に代わりエジプトやインドが台頭した。カナダを事実上、「人質」にとられていることも、イギリス政府の姿勢に影響した。一八六二年八月の第二次ブル・ランの戦いにおける北軍の敗走を見て、イギリスはフランスを誘って、南北戦争を調停する動きを見せた。だが、自国の内政が混乱しており、ナポレオン三世は躊躇した。また、同年九月、アンティータムの戦いにおける北軍の勝利を受けて、リンカーンは有名な奴隷解放宣言（一八六三年一月）の予備宣言を発した。その結果、北部が人道的正当性を獲得して、イギリスはその後、南北戦争を傍観者として見守ることとなった。北部は、イギリスをはじめとする欧州各国の世論をおおむね味方につけたのである。

南北戦争の外交で興味深いのは、戦争中でも中立国は交戦国と武器、弾薬等の戦時禁制品以外を取引できることを意味する「中立国の権利」をめぐって、米英が一時的にではあるが長年の立場を逆転させたことである。ナポレオン戦争後、イギリス海軍が公海の制海権を握る中で、「中立国の権利」は一八五六年のパリ宣言で国際法上、ようやく認められていた。しかし、南北戦争中、イギリスが侵害してきたまさにその権利を、南部諸港の封鎖により北部が侵害したのであった。もっともアメリカ同様、一八世紀末以来、イギリスに対抗して公海における中立国の権利を主張してきたロシアは、北部による南部諸港の封鎖を歓迎した。なお、アラバマ号等が北部の貿易に与えた損害については、一八六五年の終戦後、六年が経過した一八七一年に調印されたワシントン条約に基づくジュネーヴ仲裁裁判（一八七二年）の結果、イギリスからアメリカに賠償金が支払われた。

カナダ自治領の誕生とワシントン条約の遺産

南北戦争の副産物とも言えるのが、一八六七年のカナダ自治領の誕生である。南北戦争における北部の勝利に刺激されて、アメリカの北に位置するイギリス領北アメリカ植民地がついに一つにまとまったのである。南北戦争直後の一八六六年には、イギリスから祖国の独立を求めるアイルランド系移民が組織したフェニアン兄弟団が、ヴァーモント州から越境してカナダを襲撃していた。付言すれば、反英的なアイルランド系移民の存在は、一九世紀末にかけてアメリカの選挙戦において重要な要素になる。さらに翌一八六七年、アメリカは一九世紀を通じて、しばしばイギリスと敵対してきたロシアからアラスカを購入した。こうした動向も結果として、カナダ自治領の誕生を後押しした。

ところで先のワシントン条約は、その他の米英間の懸案をめぐる交渉にも貢献した。同条約はヴァンクーバー島（イギリス領）とワシントン州本土を隔てるフーカ海峡に浮かぶサンファン島の帰属について、ドイツ皇帝ヴィルヘルム一世に調停を求めて、同島はアメリカ領になった。また、同条約によって、ノヴァスコシアとニューファンドランド島をめぐる漁業問題も暫定的に解決された。ただし、この問題はアラスカ＝カナダ境界周辺のアシカ猟とならんで、その後も一九世紀を通じて米英間の懸案事項であり続けた。

何はともあれワシントン条約をめぐる交渉を通じて、曲がりなりにも米英関係における棘の一部を取り除くことに成功したことは、その後の両国の関係の変容を予感させるところがあった。事実、一八七〇年代に入るとイギリスでは政治家の世代交代が進み、親米的ないわば「若い自由主義者」(Campbell 2007: 203) が頭角を現すようになった。

その中には一八七〇年の最初のアメリカ訪問を皮切りに、一八八〇年に下院議員（自由党）に就任すると四度も訪米して、アレクシス・ド・トクヴィル『アメリカにおけるデモクラシー』（一八三五、四〇年）と並ぶアメリカ研究の古典『アメリカン・コモンウェルス』（一八八八年）を執筆するジェームズ・ブライスのような人物もいた。彼は一八九一年に成立する、著作権に関する英米間の取り決めにも尽力することになる。また、一八七一年の英米協会の創設に尽力した人物の一人、哲学者ハーバート・スペンサーはチャールズ・ダーウィン『種の起源』（一八五九年）に示された考え方を応用した社会進化論を唱道し、それがスペンサーに学んだアメリカの社会思想家ウィリアム・グレイアム・サムナーを通じて、アメリカ社会に広まっていった。その一つの帰結が、一九世紀から二〇世紀への世紀転換期に高揚した英米人の「適者生存」を主張するアングロ＝サクソン主義であり、米西戦争（一八九八年）や南アフリカ（第二次ボーア）戦争（一八九九～一九〇二年）はその具現化であった。「若い自由主義者」より上の世代でも、この時代のイギリスを代表する政治家ウィリアム・グラッドストン（自由党）が、「英語諸国民《イングリッシュ・スピーキング・ピープルズ》」という表現を用いて英米「和解」を演出し、この言葉は次第に人口に膾炙《かいしゃ》するようになった。一八七〇年代から世紀末にかけても、アメリカにおいて反英感情が払拭されたわけではない。だが、米英和解の思想的基盤は整いつつあったのである。

4 「偉大なる和解」へ――一八七一～一九一四年

西半球の外へ――太平洋における競合

ところで、カリブ地域にアメリカが頻繁に軍事介入して、「アメリカの湖」と見なされるようになったのは世紀転換期以降のことである。ただし、一八七〇年代以降、アメリカは中米地峡に運河を建設することを企図し、また、ラテンアメリカから欧州諸国を排除して経済関係を深化させることを目指して、時に軍艦の沿岸への派遣やアメリカ兵の上陸といった軍事力の誇示や行使をした。さらにこの時代、アメリカは西半球の範囲を越えて、自国の利益の拡大を図るようになった。たとえば一八七〇年代以降、アメリカはサモア諸島の領有をめぐりイギリス、ドイツと三つどもえの争いを演じた。ようやく一八九九年、アメリカがパゴパゴ（現・東サモア）、イギリスはサモアから手を引いてトンガを獲得して、争奪戦に終止符が打たれた（ドイツは西サモア〔現・サモア〕を獲得）。

ハワイをめぐっても米英の競合が存在した。すでに一八四二年、アメリカは他国に先駆けてハワイ王国を承認していたが、それはイギリスを遠ざけてハワイを事実上、アメリカの勢力範囲にする試みであった。一八七五年、アメリカはハワイ王国と互恵条約を締結したが、その結果、後者はイギリスをはじめとする他の外国への領土割譲を禁じられた。一八八七年にはアメリカが真珠湾を軍港として利用する権利を獲得し、イギリスはハワイ王国の中立と同王国における通商上の機会均等を求めて抗議したが受け入れられなかった。結局、一八九〇年代半ば、ハワイ王国はアメリカの保護国になって、一八九八年にはアメリカに併合された。

オルニー系論への道

さて、ヴェネズエラはイギリス領ガイアナとの国境問題をめぐって、一八七〇年代半ばから一八八〇年代後半にかけて、数度にわたりアメリカに援助を求めていた。アメリカ政府は当初、あまり乗り気ではなかったが、一八八〇年代後半、この問題を仲裁裁判に付すべきだと主張するようになった。グローヴァー・クリーヴランド大統領（民主党）も「二世代前に私たちが宣言した諸主義《ドクトリン》〔モンロー主義《ドクトリン》」は、……時の経過の中でも力や重要性をいっさい失ってはいません」と述べていた（May 1961: 38）。しかし、イギリスは仲裁裁判を受け入れようとはしなかった。だが、パナマとともに中米地峡運河の候補地であったニカラグアにおいて、一八九三年の革命後、モスキート族に対してあらためて保護者として振る舞うような動きをイギリス軍が見せると、ハリソン政権の国務長官ウォルター・クインティン・グレシャムは警告を発した。イギリスは最終的にそれに従って、アメリカの利権に沿うかたちで、ニカラグアによるモスキート海岸支配が確立した。この事例は南北アメリカにおいてイギリスがアメリカに譲歩した、初期のものとして重要である。一八九三年から翌九四年にかけてのブラジル内戦に際しても、アメリカは艦隊を派遣して介入した。一八九一年、アメリカがブラジルと互恵条約を締結した結果、ブラジルとの貿易が減少したイギリスが、反乱軍を支援していたからである。

前述のヴェネズエラでは当時、世界最大の金塊が産出されていたが、一八九〇年代半ば、民主党内で金銀複本位制を求める声が高まる中で、親英的な態度と見なされかねなかった金本位制の維持を掲げるクリーヴランド政権（二期目）は、イギリス領ガイアナとの国境問題を看過できなくなった。一八八八年の大統領選挙でイギリス公使の支持を受けたクリーヴランド大統領は、そのことが一因で再選できなかっただけに、イギリスに対して甘い態度を示すことはできなかったのである。

一八九四年秋、前駐ヴェネズエラ公使が執筆した『ヴェネズエラにおけるイギリスの侵略、ないしは岐路に立たされたモンロー主義《ドクトリン》』と題された小冊子が刊行されて、アメリカ国内で広く読まれた。一八九四年一二月、クリーヴランド大統領は年次教書で仲裁裁判を求めたけれども、イギリスは再度、これを拒否した。翌一八九五年二月、連邦議会はイギリスが調停を受け入れることを求める決議案を採択した。さらに四月には、イギリス軍がニカラグアに上陸する事件が発生した。

ついに一八九五年七月二〇日、クリーヴランド政権の新国務長官リチャード・オルニーは、次のような公文を執筆して、それを八月七日、駐英アメリカ公使がイギリス首相兼外相ソールズベリ侯爵に読み上げた。「今日、合衆国は事実上、この大陸〔＝南北アメリカ大陸〕における主権者であり、そして、その決定は対象となる諸国民の法である」（モンロー主義《ドクトリン》のオルニー系論）（Perkins 1937: 161）。そこには、アメリカ外交の伝統となったモンロー主義《ドクトリン》が引用され、アメリカの軍事介入の可能性さえ示唆されていた。イギリスの回答期限は、一二月初旬の年次教書の発表までとなっていた。だが、アフリカ問題等に忙殺されるソールズベリ首相の回答は、結果的に年次教書に間に合わなかっただけでなく、この問題に対するモンロー主義《ドクトリン》の関係性を否定して、調停を拒絶していた。クリーヴランドは一二月一七日、連邦議会にあてた特別教書において、米英戦争の可能性も示唆しながら、国境策定のための調査委員会の設置を提案した。

翌一八九六年に入ると、ソールズベリ内閣でもカナダ防衛の難しさや軍事的・経済的に台頭するドイツとの競合から、アメリカと妥協すべきだという見解が強まった。米英間で公式協議が始まり、同年一一月、ようやく仲裁委員会の創設が決定された。結局、三年後の一八九九年に一九世紀半ば、最初に引かれたものとほぼ同等の国境線が引かれて、オリノコ川河口の要衝はヴェネズエラ領になった。

「偉大なる和解」

ヴェネズエラ＝イギリス領ガイアナ国境問題へのアメリカの介入は、米英関係の大きな転換点となった。その際、ニューヨーク州知事セオドア・ローズヴェルトや上院議員ヘンリー・カボット・ロッジといった次世代の共和党を代表する政治家たちも、クリーヴランド政権と足並みをそろえて反英的な姿勢を示した。その直後の一八九六年の大統領選挙では、今度は民主党が共和党を親英的だと攻撃した。共和党は「マッキンレー〔同党の大統領候補〕がどのようにイギリスで嫌われているか」と題する小冊子を印刷して対抗し、ウィリアム・マッキンレーを大統領に当選させた。だが、この選挙はアメリカ政治で「イギリス嫌い《アングロフォビア》」が票に結びついた最終局面であった。アメリカは一八九〇年代、鉄鋼や石炭の生産でイギリスを追い越して、二〇世紀初頭までに綿布生産でもイギリスを凌駕した。一九世紀半ばにはほぼ同数であった人口も、世紀転換期にはアメリカのそれがイギリスの二倍を超えていた。そして、その帰結としてアメリカは、モンロー主義《ドクトリン》を掲げて南北アメリカの覇権をイギリスから譲り受けて、それをアングロ＝サクソン主義の思想が補強するかたちで米英両国は絆を強めていった。独立後、一世紀余りを経て、「偉大なる和解」（ブラッドフォード・パーキンズ）の時代が到来するのである。

一九〇三年にはアラスカ＝カナダ国境が策定されて、北米大陸における領土問題にも終止符が打たれた。また三年後、南北アメリカにおけるイギリスの軍事的プレゼンスの象徴ハリファックス基地からイギリス海軍が撤退した。さらに一九一〇年、独立以来の懸案であったニューファンドランド沖の漁猟問題について、米英間でついに妥協が成立した。

イギリスによるモンロー主義《ドクトリン》の容認

すでに一八九六年二月、イギリスの第一大蔵卿アーサー・ジェームズ・バルフォアは、次のように述べていた。「モンロー主義《ドクトリン》は〔カニングの英米共同宣言の提案に由来する〕イギリス起源の主義《ドクトリン》であり、私たちがそれに対していかなる批判もしなければならない理由はいま、見つかりませんし、かつていかなる理由も見つけたことはありません」(Perkins 1937: 238)。その数年後の一九〇二年から翌一九〇三年にかけて、ヴェネズエラが今度は外債の償還を滞らせた際、英独両国は軍艦をヴェネズエラ沿岸に派遣して、債務履行を迫る砲艦外交を展開した。だが、イギリスはモンロー主義《ドクトリン》を掲げるアメリカとの衝突を可能なかぎり回避しようとした。一九〇二年一二月、外務政務次官クランボーン子爵（ソールズベリ首相の息子）は下院で次のように述べた。アメリカはイギリスの行動が「モンロー主義《ドクトリン》の侵害」だとは見なしておらず、同国は「その主義《ドクトリン》〔＝モンロー主義《ドクトリン》〕を維持するのを助けることを、イギリス以上に切望する国は世界にほかにない」ことを理解していると主張した。結局、この問題はハーグ国際仲裁裁判所に委ねられることになった。一九〇三年二月、首相となったバルフォアは、「この国にモンロー主義《ドクトリン》の敵はおりません。私達は西半球におけるアメリカ合衆国の影響のいかなる増大をも歓迎します。……モンロー主義《ドクトリン》は……まったく問題となっておりません」と演説した（Perkins 1955: 224)。この第二次ヴェネズエラ危機を通じて、アメリカの中南米政策においては、「ドイツの影」が「イギリス嫌い《アングロフォビア》」より重要な要因として浮上してきたのである。

パナマ運河・ドル外交・メキシコ革命

イギリスがアメリカの西半球における覇権を容認する中で、一九〇一年、半世紀前のクレイトン＝ブルワー条約を改定するヘイ＝ポーンスフット条約が締結されて、アメリカは単独で中米地峡の運河を建設して、防備する権利を獲得した。二年後の一九〇三年、アメリカ軍の側面支援を受けて、コロンビアに対するパナマ地方の「革命」が勃発し、アメリカは独立したパナマと条約を締結して、そこに運河を建設する権利を獲得した。こうした一連の事態をイギリスは基本的に歓迎した。アメリカが運河を建設することは、イギリスの利益にもなると考えられるようになったのである。

翌一九〇四年、セオドア・ローズヴェルト大統領は年次教書において、西半球の一部の国々の「慢性の悪行」に対しては、アメリカが「国際警察権」を行使せざるを得ないと主張した（モンロー主義《ドクトリン》のローズヴェルト系論《コロラリー》）。ローズヴェルトの念頭にとくにあったのは、債務不履行に陥っていたドミニカ共和国であった。一九〇五年、アメリカはそのドミニカの税関を管理する行政協定を同国と締結して、二年後にはそれが条約化された。中南米の安定化を歓迎するイギリスは、ローズヴェルト系論《コロラリー》を好意的に受け入れた。その後、アメリカは中米・カリブ地域の国々との間で次々と同様の関係に入り、同時にイギリスを含むヨーロッパの資本にとって代わって借款を供与し、これらの地域を勢力範囲化していった。

こうしたいわゆるドル外交を推進したのが、ローズヴェルト政権を引き継いだウィリアム・ハワード・タフトの政権であった。ホンジュラスでは一九〇九年、外債の償還を最大の債権国イギリスと新たに取り決めようとした際、タフト政権が介入して、その後、同国の財政はアメリカが支配するようになった。もっともウッドロウ・ウィルソン次期大統領はメキシコ革命（一九一〇〜一七年）への対応に追われる中で、モンロー主義《ドクトリン》を原則として容認するイギリスを疎外することは望まなかった。

ドル外交は中国においても推進された。そもそもアメリカは一九世紀末以来、中国（清朝）の「門戸開放」を唱道しており、それは他の列強とともに同国の諸勢力範囲への分割に乗り出したイギリスの政策とは必ずしも相いれなかった。さらにイギリスを含む欧米諸国の借款を通じて、南満州鉄道（日本所有）や東清鉄道（ロシア所有）を中国が買い取ることを企図するドル外交の一環としての満州中立化構想は、一九〇二年以来の同盟国・日本や一九〇七年に協商関係に入ったロシアとの関係において、イギリスを微妙な立場に追いやった。他方、イギリスは日英同盟と親和性のある桂＝タフト協定（一九〇五年）や高平＝ルート協定（一九〇八年）を歓迎した。結局、一九一一年の辛亥革命の勃発はドル外交を頓挫させ、また、日本の中国に対する野心は最終的にイギリスを日本から離間させていった。ここに東アジアにおいても米英和解の兆しが見え始めたのである。

メキシコ革命に際しては、ウィルソン政権が前大統領を暗殺したヴィクトリアーノ・ウェルタの政権を承認せず、アメリカに次ぐ投資国であったイギリスにも働きかけて、ウェルタ政権の承認を撤回させていた。ウィルソン政権はそれと引き替えに、一九一四年に開通したパナマ運河の通行料をイギリスに免除した。第一次世界大戦を前にメキシコや中米・カリブ地域に「ドイツの影」が見え隠れする中で、やはり、最終的に米英は協調したのである。

（中嶋啓雄）

第3章

冷たい提携の時代

●第一次世界大戦から戦間期へ

はじめに

一九一四年以前、イギリスとアメリカの関係には大きく二つのパターンが見られた。一つは一八一二年の米英戦争に代表される敵対関係であり、とくにアメリカは「堕落」した旧世界に対する嫌悪感も手伝って、イギリスを自国の脅威として敵視した。いまひとつは一九世紀末の「偉大なる和解」で実現した友好関係であり、大国イギリスがアメリカに歩み寄る際に、アングロ＝サクソンの血縁による結束がしばしば強調された。

だが第一次世界大戦とその後の戦間期における英米関係を、そうした単純なパターンでとらえるのは難しい。当該期のイギリスとアメリカは、おのおのが国益を実現する道具として必要なときに互いを利用しあう、いわば冷たい提携関係にあった。その重要な背景として、二〇世紀に突入する頃からゆっくりと、しかし確実に生じていたイギリスからアメリカへの力の移行（パワー・トランジション）を指摘できるだろう。

一九世紀半ばから大戦前夜にかけて、世界人口の約二パーセントを占めるにすぎないイギリスは、強大な海軍と豊かな経済力によって帝国を拡大し、世界の覇権的地位を維持していた。しかし第一次世界大戦は、一九世紀末から急速に成長するアメリカに経済上の優位を与えた。大戦後のアメリカは最大の債権国として世界随一の金保有量を誇り、一人当たりの国民総生産はイギリスの約二倍となった。貿易の増大とともにニューヨークでの証券取引も活発となり、一九二〇年代はウォール街がロンドンのシティに匹敵する国際金融の中心地となった（Kennedy 1987: 327–29）。

一方、大戦後のイギリスは停滞の日々を経験する。オックスフォード・ケンブリッジ両大学の学生のうち、約二割が戦場から帰らなかった。戦争を生き延びた者の多くは、年平均約一〇パーセントの失業率による雇用不足に苦しんだ。政府の財政赤字も悪化の一途をたどった。一九世紀末から石炭や鉄鋼など、イギリスの主要輸出産業が徐々に衰退していたところへ、傷病兵や戦没者遺族への給付などで社会支出が激増したのである（Pollard 1992: 97–123）。

疲弊したイギリスと興隆するアメリカ――。一九世紀の「パクス・ブリタニカ」から第二次世界大戦後の「アメリカの世紀」へと向かう時代の転換点にあった英米は、おのおのの利害が一致する場合に限り、国際場裏で手を取り合った。事実、一九二〇年代の両国は、ともに国内的制約を抱えながらも国際関係の安定を目指し、ヨーロッパと東アジアで一定程度協力できた。しかし大戦の勃発からアメリカの参戦まで、また一九三〇年代にはそれぞれの利害が一致せず、英米の軋轢は表面化した。イギリスがヨーロッパやより広い世界の一員であるとの自覚から、軍事あるいは外交上の関与を通じて自国の安全を図ったのに対し、アメリカは大西洋という自然の壁に守られて、対外コミットメントを極力避けながら孤立主義的に自国の繁栄を追い求めたのである。本章では、第一次世界大戦によって国際環境が大きく変動し、覇権の移行しつつあった時代の英米関係を概観することにしたい。

1　第一次世界大戦の衝撃

交戦国と中立国

第一次世界大戦の幕は一九一四年六月二八日、オーストリア・ハンガリー帝国の支配下にあったボスニアの首都、サラエボで上がった。同地を訪れていたオーストリアの皇位継承者が、セルビア系の民族主義者に暗殺されたのである。オーストリアの同盟国ドイツ、そしてセルビアの背後に控えるロシアは、短期決戦を想定して挑発的な外交をくり広げ、ついには宣戦布告へと至った。フランスもロシアとの軍事同盟に基づき、ドイツに戦いを挑んだ。ヨーロッパはわずか一カ月余りのうちに破局へと突き進んでいった。

大戦前にはいかなる大陸国とも同盟関係を結ぼうとしなかったイギリスであったが、八月四日にドイツとの戦争へと踏み切った。その二日前、ドイツはベルギーを通過してフランスへ侵攻すると宣言していた。ベルギーの中立はイギリスが一八三〇年代から保障してきたもので、もし西ヨーロッパが敵対勢力の手に落ちれば、大陸全体の均衡が崩れ、イギリスの独立が脅かされる危険があった。イギリスはヨーロッパの一員として、平和に対するドイツの挑戦を受けて立ったのである。

一方のアメリカは、対岸の火事を冷ややかに見つめていた。一九一四年八月一九日、ウッドロウ・ウィルソン大統領は上院にて中立を守ると宣言する。ヨーロッパの移民から成るアメリカが戦争に加われば、国内の分裂は避けられないと考えたからだ。しかしウィルソンは宣言の中で、いつの日かヨーロッパの公平な仲裁役を果たすつもりだとも明言していた。彼の目には、旧世界の大国が軍備拡張と植民地獲得に血道を上げたことが大戦の真因と映っており、開戦当初からウィルソンはアメリカの仲裁による和平を想定していた。

巻き込まれるアメリカといらだつイギリス

しかし中立国アメリカは、大西洋におけるイギリスとドイツの海上対決に否応なく巻き込まれていく。平時に強大な陸軍を持たないイギリスは西部戦線で苦戦を強いられたが、海上においては大国としての本領を遺憾なく発揮した。交戦国には中立国の船舶に対する臨検および拿捕が認められており、イギリス海軍はドイツの食糧輸入ルートを遮断すべく、ドイツに向かうアメリカの商船を厳しく制限した。イギリスの対独戦略は、ヨーロッパとの貿易に大きく依存するアメリカに少なからぬ被害をもたらした。

一九一五年から翌一六年にかけて、アメリカの中立はドイツからも揺さぶられることになる。一五年五月、イギリスの豪華客船ルシタニア号がアイルランド沖で撃沈されたのを皮切りに、連合国の客船が次々とドイツの標的になり、アメリカ人の死者は一三〇人を超えた。一六年四月、ウィルソンは外交関係の断絶をちらつかせて潜水艦作戦の中止をドイツ政府に迫り、翌五月、ドイツは事前の警告なしに客船や商船を潜水艦攻撃の対象としないことを約束した。一六年は大統領選の年でもあった。一一月、「彼はわれわれを戦争から守ってくれた」をスローガンに掲げるウィルソンは、共和党候補チャールズ・エヴァンズ・ヒューズを破り、再選を果たした。

一九一六年は、イギリスにとって血塗られた一年となった。七月一日、フランス北部のソンムにおいて、イギリス歩兵師団の突撃はドイツ軍の機銃掃射にあっけなく倒れ、この日だけでイギリスは同地に従軍した中の約半数、五万七〇〇〇人の死傷者を出した。その後も四カ月にわたって戦闘は続いたが、両陣営とも決定的な戦果を得られなかった。イギリスに約四二万、ドイツに約五〇万の死傷者を残し、戦いは冬の訪れとともに収束する（Stevenson 2004: 168-70）。

この頃までにはハーバート・ヘンリー・アスキス首相の戦争指導に対し、イギリス政府内から批判の声が強まっていた。その急先鋒に立つデイヴィッド・ロイド・ジョージ陸相は、アスキスに事実上の退陣要求を突きつけ、一九一六年一二月に内閣は総辞職した。新たに首相となったロイド・ジョージは一九日の下院で、ドイツと戦い続けることを固く約束したが、先の見えない戦況を前にイギリス国民は疲れきっていた。同じ時期、ランズダウン侯爵はこう記している。「われわれはイギリスが誇る最良の男子を、ゆっくりと、しかし確実にこの世から葬り去っている。……わが国が現在起こっている人的損失や経済的荒廃、生産手段の破壊から立ち直るには、何世代もの時間が必要となるだろう」（Reynolds 2000: 94）。

ウィルソンがヨーロッパの調停役を買って出るのは、イギリスの疲弊が極限に達したまさにその時であった。一九一六年一二月中旬、ウィルソンは各交戦国に対し、いかなる条件であれば戦争を終結できるのかつまびらかにせよ、と促した。しかしイギリス側の心境は複雑だった。この二年余り、彼らが凄まじい規模の犠牲を払って戦ってきたのは、ヨーロッパの平穏を破ったドイツに軍事的勝利を収めるためであった。それゆえイギリス政府はウィルソンの示唆する和平交渉に容易には応じられなかったし、あたかも人類の道徳を代表するかのようなウィルソンの口ぶりに、イギリスの政策担当者の多くは憤懣やるかたない思いであった。たとえば外務事務次官ハーディング男爵は、アメリカの打診を「無礼千万（impertinent）」という言葉で一蹴している（Harding 1947: 207）。

アメリカの参戦からパリ講和会議へ

一九一七年四月、アメリカはドイツに宣戦布告し、ヨーロッパの戦争に加わった。二月、ドイツが無制限潜水艦作戦を再開し、アメリカ市民の生命が再び危険にさらされたところへ、いわゆる「ツィメルマン電報」事件が発覚する（Column 3-1 参照）。それまで中立を要求してきたアメリカ世論はこれで対独感情を悪化させ、参戦に傾くウィルソンの背中を押す恰好となった。また三月にはロシアで皇帝ニコライ二世が退位し、労働者と兵士に支持される暫定政府が誕生していた。戦争が民主的な連合国と専制的なドイツの対決になったことも、民主的価値を奉じるウィルソンが参戦を決める一つの背景となっていた。

しかし参戦後のアメリカは、講和会議をできる限り有利に進めるべく、味方であるはずの連合国諸国と一線を画そうとした。アメリカの地位は英仏らと同じ「連合国（Allied Power）」ではなく、「協力国（Associated Power）」とあえて名付けられた。また一九一七年夏にはすでにヨーロッパに到着していたアメリカ軍も、翌年春になるまで戦闘に本格的に加わることはなかった。それでも一たび動き出すや、アメリカ軍は西部戦線で大きな威力を発揮した。一八年一一月一一日、交戦国間に休戦が合意されたとき、アメリカは軍事的にも経済的

Column 3-1　ツィメルマン電報事件

1917年1月17日，イギリス海軍情報部はドイツ外相ツィメルマンが駐メキシコ大使に宛てた暗号文を傍受した。内容は，メキシコ政府にドイツとの同盟を打診し，メキシコがアメリカを侵攻する見返りにテキサス・アリゾナ・ニューメキシコの回収を認めるというものだった。すでにドイツは，ウィルソン大統領の要求から一度は断念した無制限潜水艦作戦を2月に再開すると決定していた。これがアメリカの参戦を招くと予期したドイツは，メキシコの軍事行動によってアメリカ軍を西半球にくぎ付けにしようとしたのである。一方，長びく戦争で疲弊していたイギリスは，豊富な資源を有するアメリカの参戦を切望していた。「ツィメルマン電報」を傍受したイギリスは，メキシコがドイツの差配で対米侵略を企てていると発覚すれば，中立に固執してきたアメリカも連合国の側について参戦するかもしれない，と考えた。電報はバルフォア外相からウィルソン大統領に伝えられ，ウィルソンはメディアを通じた公表に踏み切った。3月1日，この一件がアメリカの主要紙でいっせいに報じられると，国民の反独感情は一気に高まった。孤立を好むアメリカの世論がドイツとの戦いを決意し始めた背景には，アメリカの圧倒的パワーを必要とするイギリスの目論見があったのである。

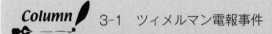

にもヨーロッパの救世主であった。

一九一九年一月に始まったパリ講和会議の焦点は「ドイツ問題」、すなわち大陸の中央に位置し、軍事力の源泉となる豊富な資源と人口を擁するドイツをいかに処遇し、国際秩序を安定させるかであった。フランスのジョルジュ・クレマンソー首相は対独安全保障の確保のため、ラインラントの分離や高額の賠償金など、ドイツ封じ込めのあらゆる手段を模索した。一方、ウィルソン大統領にとっては世界中の国家が参加し、理性的な議論によって平和を維持する国際機構の設立が宿願であった。アメリカの戦後構想はすぐれて民主的であり、ドイツの力と地位を制限することにウィルソンは原則として反対であった。

そんな中、イギリスはドイツの処遇に関して確固たる方針を打ち出せずにいた。国内経済の立場からいえば、ドイツから高額の賠償金を得るのは魅力的な選択であった。大戦前のイギリス経済を支えていた金本位制に復帰するため、内閣は戦争で膨れ上がった財政赤字の解消に急いでいたが、戦中から高い税金を払ってきた国民へのさらなる課税は難しく、そうかといって石炭・鉄鋼・繊維といった主要産業は国際競争力をすでに失っており、輸出の収益で国庫を補う見通しもすぐには立たなかった。そこでロイド・ジョージはウィルソンの反対をよそに、ドイツからできる限り多くの賠償金を得ることを主張するに至った。

他方で帝国やヨーロッパという国際的観点に立てば、イギリスの進むべき道は対独宥和であった。イギリスの安全のみならず、主に中東で拡大した帝国を維持してゆくには、大陸関与が求められぬようヨーロッパに戦争の種をつくらないことが肝要だった。クレマンソーのラインラント分離計画は、軍事的要衝で重工業の中心でもある同地域をドイツから引き離し、仏独間に怨嗟を残すおそれがあった。そこでロイド・ジョージは、民族自決の観点からラインラント分離に反対のウィルソンと協力し、フランスの企てを阻止した。

完成した対独講和条約はかなりの程度、英米仏の妥協の産物となった。ラインラントはドイツ領内の非武装地帯と設定されることで、フランスの安全保障、アメリカの民族自決、イギリスの勢力均衡というそれぞれの目的を満たすかたちとなった。ドイツの賠償総額に関しては、戦勝国内で意見がまとまらず、当面の支払いについてのみ規定された。対独講和条約の核心は、ドイツが大陸で軍事的覇権を握ることのないよう、その力と地位を抑制する点にあったといえる。一九一九年六月二八日、同条約はヴェルサイユ宮殿鏡の間で調印され、ともかくもこれで連合国とドイツの戦争に幕が下りた。

2 復興と安定を目指して

英米間に残された三つの問題

一九二〇年代初頭、イギリスとアメリカの間には大戦によって浮上、あるいは先鋭化した問題が残されていた。第一に東アジア、とくに英米の経済利益が集中する中国における日本の台頭、第二にそれにともなう建艦競争の可能性、そして第三は戦時債務の処理である。

大戦前まで世界の中心であったヨーロッパは、食糧難とインフレ、失業に襲われ、復興の目途すら容易に立っていなかった。欧州各国が世界最大の債権国アメリカから資金を調達するには市場における信用回復が不可欠であり、永続的平和を確立するためにも旧交戦国の和解が求められていた。しかし、その道は険しかった。かつて大国間に見られた勢力均衡は、ロシア、オーストリア、ドイツという三つの帝国の消滅によって崩れ、さらにロシアは一九一七年の革命を経て史上初の社会主義国家へと生まれ変わっていた。資本主義経済の打倒を目指す彼らのイデオロギーは、コミンテルンを通じたプロパガンダ活動と相まって、西ヨーロッパおよびアメリカ政府の不信と警戒を呼ぶことになる。戦間期を通じて、英米がソ連を国際秩序における安全保障上の主要な協力者とみなすことはなかった。

大戦直後のアメリカは、一見すると孤立主義に回帰したかのようであった。一九二〇年三月、アメリカは上院によるヴェルサイユ条約の批准拒否によって、ウィルソンの夢であった国際連盟への参加を見送った。それでも大戦によって軍事経済大国としての地歩を固めたアメリカが世界との関わりを避けるのは難しく、ワシントンの政策決定者もそうした態度に固執するつもりはなかった。二一年三月、ウィルソンの後任として大統領に就任したウォレン・ハーディングは、「平常への回帰」を掲げた前年の選挙戦の中で、大国が自発的に開催する会議であれば、アメリカは十分に自立性を保ったまま国際問題に関与できる、と語っていた（Downes 1970: 577）。ハーディング政権が見据えていたのは、太平洋の向こうに広がる東アジアであった。

ワシントン会議と東アジアの安定

大戦後の日本は、英米に脅威と認識されるほど東アジアで存在感を増していた。一九一四年の開戦時の日本は、すでに軍事経済的に西欧諸国と比肩し得るまでの発展を遂げ、朝鮮半島および南満州の一部を支配する植民地帝国となっていた。さらに一五年一月に発せられた山東省のドイツ権益をめぐる「対華二十一カ条要求」、また英米仏の撤退後も継続されたシベリア駐留など、日本の大陸進出に対する欲求は大戦中も鎮まる気配がなかった。

こうした日本の膨張政策は、フィリピンやグアムを領有し、中国で市場の開拓をねらうアメリカの東アジア政策と衝突した。一九二三年に失効する日英同盟も、アメリカにとってはやっかいな存在であった。もしこれが更新されれば、日本はイギリスとの友好を盾に、東アジアの地域大国としてますます増長するかもしれなかった。一方、アメリカ国内には海軍支出の削減を要求する声が高まっており、「平常への回帰」を掲げて当選したハーディング大統領は、軍事的な対外関与を嫌う世論を無視できなかった。アメリカ政府の課題は、できる限り海軍に金をかけずに日本の台頭を抑えることであった。そのためには日英同盟の更新を阻むとともに、日本はもちろん全関係国を含む多国間枠組みの構築によって、海軍軍縮と東アジアの現状維持に合意するほか道はなかった。ヒューズ国務長官の呼びかけから二一年一一月、ワシントンで東アジアおよび太平洋地域に関する一大国際会議が始まった。

イギリスにとって、アメリカの打診は渡りに船であった。大戦終結直後、海上におけるドイツとロシアの脅威は消失し、六一隻の主力艦を有するイギリスは、三九隻のアメリカならびに一三隻の日本をおさえ、世界最大の海軍国であった（Bell 2000: 8）。しかし巨額の財政赤字にあえぐ大戦後のイギリス政府には大艦隊を維持する余裕などなく、彼らは財政均衡への最も手頃な策として海軍支出の削減を目指していた。一九一九年八月にはいわゆる「一〇年ルール」、帝国を含むイギリスは向こう一〇年いかなる大戦争にも加わらないことを前提に防衛予算を策定する旨、閣議決定している。

問題はイギリス海軍の長期的な脆弱性であった。イギリスは一九一六年以来、ドイツの潜水艦攻撃への対応として駆逐艦の建造に力を注ぎ、主力艦の建造を事実上中断していた。他方、ワシントン会議前夜のアメリカは複数の戦艦を建造予定であり、日本は二〇年に「長門」、翌二一年に「陸奥」という世界最大級の戦艦を竣工したばかりであった。このままイギリスが海軍力を制限するなか日米が艦隊を増強すれば、極東のパワーバランスはイギリスに不利となり、帝国防衛そのものを揺るがすおそれがあった。軍事支出を抑えつつ帝国の安全を守りたいイギリス政府は、アメリカと日本を巻き込むかたちで海軍の規模を制限することに決めた。そのためには、世界第一位の海軍を欲しているとみられたアメリカへの譲歩として、彼らが望む日英同盟の破棄にも応じる構えであった（Nish 1972: 368-77）。

一九二二年二月、ワシントン会議の成果は三つの国際条約に結実する。「五カ国条約」のもとで米英日仏伊は、主力艦（戦艦および航空母艦）について今後一〇年の建造を停止し、各国の保有比率を五対五対三対一・六七対一・六七と設定すること、また米英日は太平洋島嶼に要塞や海軍基地を新たに設けぬことに合意した。中国、ベルギー、オランダ、ポルトガルを締約国に加えた「九カ国条約」では、中国の主権および領土保全を尊重したうえで、既得権益を有する各国に機会均等が認められた。日英同盟の代わりに米英日仏が太平洋の現状を承認した「四カ国条約」では、同地域の紛争を外交協議で処理する旨確認された。

こうして一般に「ワシントン体制」と呼ばれる多国間枠組みのもと、東アジアの関係大国は海軍力に一定の制限を課し、中国および太平洋地域の現状維持を共同で約した。ワシントン会議の成功には、西欧との協調を重視した日本の貢献もさることながら、イギリスとアメリカの原則的立場の一致が大きかった。両国とも国内上の制約（財政赤字への懸念ないしは反軍的世論）を抱えながら東アジアの安定を追求したからこそ、海軍軍縮と対日牽制措置の組み合わせで合意できたのである。

英米戦債問題とヨーロッパの安定

ワシントン条約の締結で海軍および東アジア問題に区切りがついた頃、英米間の戦債問題について解決の見通しは立っていなかった。一九一七年四月の参戦以降、アメリカはイギリスなど連合国に莫大な額の信用を供与していた。最終的に英米間の政府間債務は約四三億ドル（八億八〇〇〇万ポンド）に膨れ上がった（Self 2006: 19）。大戦後のアメリカは連合国の対米債務について減免の可能性を退け、即時返済を主張し続けた。アメリカが融通した資金の大半は戦時国債の売却を通じて国民から得たものであったから、連合国の債務不履行という事態はアメリカ政府にとって忌避すべきシナリオであった。

しかし、財政赤字に苦しむイギリスは、無い袖は振れないとアメリカの返済要求を拒み続けていた。行き詰まった英米戦債問題に転機が訪れるのは一九二二年春、ヨーロッパ国際関係がドイツの賠償金をめぐって一触即発の危機を迎えたときであった。ドイツ政府は賠償金を支払うために紙幣を大量増刷し、前例のないインフレとマルクの急落という経済的苦境に陥っていた。ドイツは連合国に賠償支払いの猶予を願い出るも、フランスはこれを聞き入れず、ドイツ工業地帯の占領を示唆してヴェルサイユ条約の履行を要求した。

賠償問題が泥沼化する中の一九二二年六月、イギリスは一転してアメリカへの戦債支払いに応じると閣議決定した。これ以上返済を先送りすれば、ドイツ経済再建の鍵を握るアメリカの協力はいっこうに望めず、ヨーロッパ全体の復興を先送りするに等しいとの判断からであった。イギリスはともかくもアメリカに返済の誠意を示すことで、蔵相サー・ロバート・ホーンの言葉を借りれば「ヨーロッパ秩序の回復および賠償問題の解決」につながる何らかの介入をアメリカに期待していた（藤山〔二〇一五〕三五頁）。二三年六月に締結された英米戦債協定は、イギリスが六二年かけて総額約四六億ドルを返済すると規定していた。

イギリスが戦債支払いの受諾と引き換えにアメリカでの信用を回復すると、ヨーロッパ経済の再建を目指す点で一致していた両国は、まもなく協力へと動き出す。すでに一九二三年一月から、フランスは賠償金未払いへの制裁としてドイツ西部の工業地帯、ルールを占領していた。英米両国は民間銀行家がドイツ賠償支払いを再検討することに同意するようフランスを説得し、二三年一〇月末、フランスは彼らの提案を受け入れた。

一九二四年四月、アメリカの銀行家チャールズ・ドーズら民間の金融専門家から成る国際委員会は、賠償金についていわゆる「ドーズ案」を発表した。これまでより大幅に緩和された年次支払い額とともに、財政安定化の第一歩として英米の民間資本がドイツに導入されることになった。ドーズ案のもとでドイツ政府は国債を発行し、この募集をモルガン商会ならびにイングランド銀行が引き受け、二四年一〇月の第一次募集は大成功に終わった。これ以降、ドイツ経済は回復の道をたどる。

折しもイギリスでは、ヨーロッパ秩序への関心から大陸関与を重視するオースティン・チェンバレンが外相の座にあった。一九二五年一〇月、スイスの保養地ロカルノに英仏独伊の代表として、チェンバレン、アリスティード・ブリアン、グスタフ・シュトレーゼマン、ベニート・ムッソリーニが顔をそろえ、ドイツ西部国境とラインラントの非武装化を共同で保障した。また仏独両国は相互不可侵をも誓約し、これら規定の「明白な」侵犯に対しては、国際連盟理事会の制裁を待つ間、イギリスとイタリアが被害を受けた締約国に必要な援助を与えると合意された。二六年九月にはドイツが常任理事国として国際連盟に加入し、シュトレーゼマンは国際紛争の平和的解決に尽力することをジュネーヴにおいて表明した。

一九二〇年代中盤のヨーロッパには、戦勝国と敗戦国が対等な立場で協調できる時代が訪れていた。ヴェルサイユ条約において戦勝国による封じ込めが企図されていたドイツも、いまではアメリカの資本に支えられて遅滞なく賠償金を支払い、武力による現状変更の野心を放棄していた。アメリカは米欧間の金融取引を奨励することでヨーロッパの経済的パトロンの役割を演じ、イギリスはアメリカからもたらされる潤沢な資本を前提に、英仏独伊を中心とした大国協調によるヨーロッパの安定を目指したのだった。

ジュネーヴからロンドンへ――二つの海軍軍縮会議

アメリカの経済力とイギリスの外交的影響力によってヨーロッパに平穏が戻りつつあった頃、海軍問題をめぐって英米関係には再び緊張が走った。その舞台は一九二七年六月、ワシントン条約で対象から外された補助艦（駆逐艦、巡洋艦、潜水艦）を制限するため米英日の代表が顔をそろえた、ジュ

Column 3-2　ジュネーヴ海軍軍縮会議

そもそもイギリスとアメリカにはパリティの原則について特段の異論もなく，お互いを海洋戦略上の主敵とみなしていたわけでもなかった。それでもいざ交渉の段になると両国が妥協できなかったのは，巡洋艦の保有数という問題に，海洋大国としての威信が賭けられていると双方が認識していたからであろう。アメリカはイギリスに並ぶ「世界第一位の海軍（Navy second to none）」の建造を目標に掲げており，ジュネーヴで代表を務めたギブソンは，もしイギリスとの「完全な」パリティを満たさぬ条約に署名すればアメリカには帰れないだろう，と書き残していた（倉松〔一九九九〕九一―九三頁）。一方，ワシントン会議ですでにアメリカに譲歩していたイギリスとすれば，帝国防衛の要である軽巡洋艦の優位だけは何としても守り抜きたかったのである。チャーチルやチェンバレンといった保守党の主要閣僚は，これ以上海軍力が制限されればイギリスは二等国の地位に滑り落ちてしまう，と危惧していた（Goldstein and Maurer, eds. 1994: 48-50）。

ネーヴ海軍軍縮会議である。英米間の最大の争点は、巡洋艦の保有数であった（倉松〔一九九九〕）。アメリカはワシントン会議で定められた米英日の保有比率、五対五対三を全補助艦に適用することを要求していた。イギリスは英米パリティ（同等比率）の原則を大枠として認めながらも、帝国内を結ぶ海上路を保護するため、小型の巡洋艦を一隻でも多く保有したかった。そこでイギリスは巡洋艦を大小二つに分類し、一五隻の重巡洋艦と五五隻の軽巡洋艦、計七〇隻でのパリティを提案する（Carlton 1968: 580）。しかしアメリカには小型の巡洋艦を五五隻も有する戦略的意義が見つからなかった。日本の脅威に対する派遣を考えたとき、太平洋上には軽巡洋艦の航海に必要な補給港が乏しかったし、東アジアの通商路を保護するにしても、軽巡洋艦では大戦中にイギリスが行ったような海上封鎖に対抗できない、とアメリカ海軍は考えていた。英米の主張は平行線をたどったまま、会議は暗礁に乗り上げて八月に閉会した（Column 3-2参照）。

補助艦問題がようやく決着をみるのは、一九三〇年一月から三カ月にわたって開催されたロンドン海軍軍縮会議においてであった。その前年、イギリスとアメリカにラムゼイ・マクドナルド首相とハーバート・フーヴァー大統領という新たな指導者が登場し、それぞれが英米関係の修復を目指したことが功を奏した。米英日はワシントンで合意に至った主力艦の建造停止を五年延長し、補助艦の保有比率を一〇対一〇対七に設定することを約束した。アメリカが重巡洋艦で、イギリスが軽巡洋艦でそれぞれ優位を確保し、絶対数ではジュネーヴにおける当初の要求を後退させることで双方が妥協した。こうして大戦後の英米の懸案であった海軍力の制限が、ロンドンで再確認された。

3　しのび寄る戦争の影

大恐慌の嵐の中で

一九二九年一〇月末、ニューヨーク株式市場の暴落に端を発する大恐慌の嵐はイギリスとアメリカを直撃し、それぞれの国内経済は混乱をきたした。三一年五月には、オーストリアの銀行クレディット・アンシュタルトによる支払い停止を機に、大陸の短期資本がいっせいに引揚げられ、ヨーロッパの金融危機は深刻化する。物価の下落と貿易の収縮が進み、世界中で農村は疲弊し、工場の閉鎖や企業の倒産が相次いだ。

アメリカ大統領フーヴァーは、アメリカが富めばそれだけ世界の繁栄に資すると信じていた。また欧州諸国はアメリカの資本によって戦後復興を遂げたのだから、彼らはアメリカのために多少の経済的犠牲を甘受してしかるべき、とも考えていた（Leffler 1979: 194-202）。三〇年六月に制定されたスムート・ホーレー法によってアメリカの輸入関税は大幅に引き上げられ、フーヴァー政権はヨーロッパとの貿易より国内産業の保護を優先させた。

イギリスには一九三一年八月、マクドナルドを首班とする挙国一致内閣が発足した。すでに準備資産の約二倍もの短期債務を抱えていたところへ、シティが重点的に投資してきたオーストリアで銀行破綻が起こり、またたく間にイギリスから大量の金および外貨が流出していった。破産寸前に追い込まれた新内閣がとった政策は、帝国を単位とする保護主義であった。金本位制を離脱してポンドを切り下げたイギリスは、三二年二月、直轄植民地を除いて一律一〇パーセントの輸入関税をいったん設定した。その後、同年七月にカナダの首都オタワで開催された帝国経済会議において、イギリスと自治領諸国は関税率を優遇しあう特恵制度に合意した。アメリカに続いてイギリスも関税障壁の内に閉じこもった。

英米の溝は貿易のみならず、金融の領域でも埋まることがなかった。一九三一年六月、フーヴァー大統領は全政府間債務の支払いを翌七月から一年間猶予すると発表したが、アメリカ政府にとってこの「フーヴァー・モラトリアム」は急場しのぎの措置であり、戦債の帳消しについては相変わらず否定的であった。三二年六月、賠償および戦債問題を討議するローザンヌ会議の開催直前、ヘンリー・スティムソン国務長官はマクドナルド首相に対し、旧連合国に債務履行を求める意向に変わりはない、と伝えた。イギリスはヨーロッパ全体の経済再生のため、全政府間債務の一括破棄を主張したが、アメリカの態度はかたくなだった。結局アメリカ不在のなか行われたローザンヌ会議で、ドイツの賠償ならびに欧州諸国間の戦債帳消しが決定されたが、戦債に関してアメリカと満足のいく合意がなされるまで、これらの取決めは批准されないことになった。

一九三三年三月、民主党のフランクリン・ローズヴェルトがアメリカ大統領に就任した。ローズヴェルトにはウィルソン同様、自由と民主主義に基づく国際協調への信念がたしかにあった。しかし、三二年前後のアメリカは不況の真っただ中にあった。アメリカを大恐慌から脱出させると力説して大統領選に勝利したローズヴェルトは、当面国内経済の回復に専心せねばならず、そのためには欧州諸国に犠牲を強いることもいとわなかった。

アメリカは一九三四年一月、金平価を約四〇パーセント切り下げて管理通貨制度に移行し、四月には対米債務を履行しない外国政府の債券購入を禁じる「ジョンソン法」を制定した。ドルを切り下げ自国の輸出増進を目論んだうえ、戦債を断固として回収しようとするアメリカのやり口に、イギリスは反旗をひるがえす。三四年六月、イギリス政府は一〇年以上にわたって継続してきた対米返済を拒絶し、事実上のデフォルトを宣言した。同じ頃、マクドナルド首相はこう書いている。「私のこれまでの仕事の大部分は、英米間の相互理解を生み出すことに向けられてきた。心から悔やまれるのは、この一年間、ただ大統領の行動だけによってそうした私の仕事がほとんど無に帰してしまったことである」（McKercher 1999: 157）。

修正主義勢力の反乱

一九三〇年代は大戦後に形成された国際政治の枠組みが、日本、ドイツ、イタリアの行動によって瓦解していく時代でもあった。その先陣を切ったのが、対中進出を本格化させた日本である。三一年九月、奉天（現・瀋陽）近郊で南満州鉄道の線路を爆破した関東軍は、たちまち中国東北部一帯に軍事行動を拡大し、翌三二年には満州国という傀儡国家を建設するに至った。満州事変の勃発当時、イギリスは一日当たり一〇〇〇万ポンド以上の流出に直面し、政府は金本位制離脱と総選挙の準備に追われていた。また満州はイギリスの権益が集中する揚子江流域や香港から遠く離れていたこともあり、時のマクドナルド内閣が満州における日本の行動を軍事力で阻止することはなかった（後藤〔二〇〇六〕二三四―二三五頁）。

アメリカも日本との軍事対決を避ける意向であった。大不況にあえぐ国民の多くは東アジアへの関与に否定的だったし、フーヴァー大統領はアメリカの国際秩序に対する責任に武力行使は含まれないと考えていた。一九三二年一月、中国の主権および門戸開放に反する日中間のいかなる合意も承認できないとする「スティムソン・ドクトリン」が発表された。また国際連盟理事会が中国に派遣した調査団は、イギリスのリットン伯爵を団長とし、アメリカ陸軍からはフランク・マッコイが参加した。英米両国は国内経済あるいは世論への配慮から、日本に対する軍事行動よりも、連盟を通じた問題の平和的解決を図った。

一九三〇年代も半ばになると、ヨーロッパの現状修正勢力が動き始める。ドイツ総統アドルフ・ヒトラーは三五年三月、ヴェルサイユ条約の軍縮義務に拘束されることなく、陸軍三六個師団を設立し徴兵制を導入すると宣言した。同年一〇月には、古代ローマ帝国の再興を夢見るイタリアのムッソリーニが、アビシニア（現・エチオピア）を侵略した。こうして東アジアとヨーロッパにつぎ、地中海にも軍事的脅威が出現することになった。

三つの地域が同時に不安定化する中、イギリスに独力で世界秩序を維持するだけのパワーは残されていなかった。すでに一九三四年二月、イギリスの防衛政策を検討するよう内閣から委嘱された小委員会は、当時のイギリスが極東およびヨーロッパで同時に戦争を遂行するだけの軍事力に乏しい点を報告していた。もしイギリスがドイツや日本と戦うことになれば、勝負の行方は先の大戦同様、豊富な資源を有するアメリカの協力次第であった。

だがアメリカ政府は、ヨーロッパ安全保障への関与に背を向け続けていた。一九三四年、上院の調査委員会は、大戦中に銀行と軍需産業が莫大な利益を得ていたことを暴露した。民主主義という大義のためと信じられたアメリカの参戦も、実は一部の資本家を利しただけであったとの失望がアメリカ国民の間に広まり、議会にも世論にも孤立主義の傾向はますます強まっていった。三五年八月、アメリカは交戦国に対する武器および軍需品の輸出を禁じる中立法を制定し、この先起こり得るヨーロッパの戦争に通商の領域から巻き込まれぬよう先手を打った。イギリスはアメリカの援助なしではヨーロッパと東アジアの現状修正国に対抗しがたかったが、アメリカはイギリス独力による対応を望んだのだった。

ふたたびの破局へ

対外政策をめぐる英米のすれ違いをよそに、国際情勢は年を追うごとに悪化していった。一九三六年三月、ヒトラーはヴェルサイユ条約によって非武装地帯と規定されたラインラントに進駐する。同年夏にはスペインで内戦が勃発し、人民戦線政府への反乱を起こしたフランシスコ・フランコ率いる軍部側に、ドイツとイタリアは大規模な軍事支援を行った。東アジアでは日本が三七年七月、現在の北京近郊の盧溝橋における中国との軍事衝突を機に、大陸でその影響力を急速に拡大し始めた。

一九三七年五月にイギリス首相の座を得たネヴィル・チェンバレンは、現状修正勢力との二国間交渉によって彼らの領土要求を満たし、その間にイギリスの防衛力を増強するつもりであった（佐々木［一九八七］三八―四四頁）。この当時、東アジアとヨーロッパ、地中海の三方面で戦争の危険が高まっていたにもかかわらず、イギリス政府はポンドの信用を維持するために財政均衡努力を怠れず、軍事支出の増加に慎重とならざるをえなかった。またイギリスが交戦国となった場合、中立法を制定したアメリカから本格的な軍事援助を得られる見込みも低かった。いくらアメリカがパワーを有していても、ヨーロッパ安全保障に関与する意志がない以上、彼らを頼りにはできなかった。「アメリカからは言葉以外の何も望まないのがいつでも最良かつ最も安全である」とチェンバレンは考えていた（Lukes and Goldstein, eds. 1999: 280）。

一方、アメリカの態度には少しずつ変化が生じていた。一九三六年一一月、ローズヴェルトは国民の圧倒的支持を受けて大統領に再選されると、現状修正勢力への牽制に動き始めたのである。三七年五月には中立法が改定され、現金払いおよび自国船輸送の場合に限り、交戦国にも武器弾薬を除いてアメリカからの購入が認められた。これはドイツと比べて、戦時に大西洋を往復できる規模の商船隊を持つイギリスに有利な措置であった。

だがローズヴェルトにとってより深刻な懸念は、盧溝橋事件以来激しさを増す日本の軍事行動であった。中国における経済上の既得権益もさることながら、フィリピンやグアムを領有するアメリカにとって、東アジアにおける日本の急速な勢力拡大は明白な脅威であった。一九三七年一〇月、シカゴにおける演説でローズヴェルトは、国際連盟規約やワシントン条約を踏みにじる行為が世界中に横行しており、そうした「伝染病」を「隔離」するため各国が協力しなければならない、と訴えた。大統領はイギリスが現状修正国に毅然と立ち向かう意志のある限り、経済的にも道徳的にもイギリスを支える心づもりであった。

しかしイギリスはローズヴェルトの期待に反し、ヒトラーを外交的になだめることで戦争を回避しようとしていた。一九三八年三月、ドイツはヴェルサイユ条約の禁じるオーストリアとの併合を果たした。さらに九月には英仏独伊の首脳が集ったミュンヘン会談において、ドイツ民族の数多く住むチェコスロヴァキア北西部、ズデーテンラントのドイツへの割譲が決定した。チェンバレン首相は、イギリス本土から遠く離れた東欧のために、再軍備を加速させるドイツとの戦争に帝国を巻き込むようなことはしたくなかった。彼はイギリス世論にも背中を押され、ヒトラーの「これが最後の領土要求である」という約束を信じたのである。

ヒトラーに国際条約や指導者間の誓約を守る意志のないことは、まもなく世界中の目に明らかとなった。一九三九年三月、ドイツはチェコ全域を占領し、スロヴァキアを保護国とした。これでミュンヘン会談に代表されるチェンバレンの宥和政策は水泡に帰し、イギリスはいよいよドイツとの軍事対決へ舵を切る。イギリスはフランスのみならず、ポーランドやルーマニア、ギリシャなど独伊両国の侵略対象とみられる国の安全を保証し、五月にはイギリス史上初めて平時における徴兵制を導入した。

イギリスの断固たる大陸関与の姿勢は、ローズヴェルトが望むものであった。彼は一九三九年一月に上院で、もはやアメリカは大海の防壁にとどまっていても安全ではないとして、民主国家の一致した行動を示唆する演説を行った。同年八月、仇敵と思われたドイツとソ連が不可侵条約を結び、ヒトラーが東欧に行動の自由を確保すると、ローズヴェルトは「現金自国船主義」のもとでイギリスが武器弾薬も購入できるよう、中立法のさらなる改定を連邦議会に働きかけた。しかし、同法の根幹を揺るがすこの要求には議会で反対の声が大きく、ローズヴェルトはこれを断念せざるをえなかった。

一九三九年九月一日、ドイツはポーランドに侵攻し、その二日後、英仏はドイツに宣戦布告する。イギリスとアメリカはまたも交戦国と中立国に分かれ、大戦争の幕がヨーロッパで再び上がった。

第一次世界大戦勃発からの四半世紀、世界が戦争と平和の間を揺れ動く中、英米関係も両国の利害に応じてそれまで以上に流動的となった。彼らはパリ講和会議とその後の一九二〇年代には国際秩序の再建に向けて協力できたが、危機の頻発する三〇年代には対外政策上のすれ違いをしばしば経験した。戦間期のこうした冷たい提携を背景として、第二次世界大戦期にイギリスとアメリカは「特別な関係」を作り上げることになるのである。

（藤山一樹）

第4章

「特別な関係」の誕生

●第二次世界大戦期

はじめに

一九三九年九月一日のドイツ軍によるポーランド侵攻作戦の開始と、それに続く戦争の拡大は、英米関係にも巨大な変化をもたらすことになった。これから六年間に及ぶ過酷な戦争の年月が始まることになる。そして、第二次世界大戦における戦争協力の中から、「特別な関係」と呼ばれる英米間の緊密な協力関係が誕生することになった（ベイリス〔一九八八〕四—五頁）。戦後世界は、この「特別な関係」を基礎として、アメリカとイギリスを中核に創られていく。それゆえ、この時代の英米協調の性質を理解することは、戦後世界を理解するうえできわめて重要である。

一九三〇年代には相互不信によって彩られていた英米関係が、戦争の経過とともに次第に変化をしていき、そして緊密な「特別な関係」と呼ばれる連帯が誕生するうえで、二人の政治指導者が歴史的な役割を果たすことになる。それは、一九四〇年五月にイギリス首相に就いたウィンストン・チャーチルと、このときアメリカ大統領として巨大な大国を統治することになったフランクリン・デラノ・ローズヴェルトであった。このチャーチルとローズヴェルトの二人の信頼関係、そして友好関係こそが、ナチス・ドイツとの戦争を勝利に導き、戦後世界の枠組みを形成するうえでの基礎となったのである（水本〔二〇一三〕一一二─一一三頁）。戦争中の、この二人の指導者が交わした書簡の数は一九四九通にも及び、それらが戦争中の両国政府間の意思疎通を円滑なものにした（Dobson 1995: 78）。

「特別な関係」の誕生を考える場合に、この二人のうちでより大きな役割を果たしたのが、チャーチルである。というのも、英米間の「特別な関係」は、あくまでもイギリスにとって「特別」なのであって、アメリカにとってはつねにそうであったわけではないからだ（Reynolds 2006: 65）。英米関係史が専門のケンブリッジ大学教授デイヴィッド・レイノルズは、「戦時同盟は、ウィンストン・チャーチルの創作物である」と明瞭に述べている（Reynolds 1986: 17）。また、歴史家のジョン・チャームリーも、英米間の「特別な関係」が、チャーチルがつくった「人工物」であると論じている（Charmley 1995: 3）。だとすれば、戦時中の英米間の緊密な関係を理解するうえで、チャーチルの果たした役割や、チャーチルのアメリカ観を理解することが不可欠であろう（細谷〔二〇〇八〕六三頁）。

もっとも、両者の関係、あるいは両国政府の関係がつねに良好であったわけでも、友好的であったわけでもなかった。戦争指導と戦後構想の両側面において、両国間の摩擦と対立が繰り返し表出したのである。とりわけ、反植民地主義のイデオロギーを掲げるアメリカと、イギリス帝国の存続に固執していたイギリスとの間で、戦後世界における脱植民地化の行方をめぐって激しい摩擦と確執が繰り広げられた。アメリカ政府は、連合国として地球規模での幅広い戦争協力を進めるうえで、イギリスの帝国主義イデオロギーこそがその最大の障害になるとみなしており、民族自決の理念を連合国の戦争目的として高らかに掲げる必要を感じていた。他方でイギリス政府は、戦後世界においてイギリスが重要な役割を担うためにも、イギリス帝国の結束を維持し、植民地の人的及び物質的資源を活用することが不可欠だと考えていた。そのような帝国としての結束がなければ、イギリスが引き続き世界大国として行動することが困難だったのである。このように、英米関係は戦後秩序をめぐり、いくつかの重要な認識の相違が見られた。

本章では、第二次世界大戦勃発から戦後初期の冷戦対立の萌芽が見られる時期までの英米関係を、「特別な関係」の誕生という視座から概観することになる。そこではこの二国間関係が、いくつかの摩擦や対立を乗り越えながらも、戦争指導と戦後構想をめぐる協力を深めていって、「特別な関係」と呼ばれる、まれに見る協力関係へと発展していく過程を見ることになる。

1　第二次世界大戦の勃発

一九三九年九月一日、ドイツ軍のポーランド侵攻によって戦争が勃発した。二日後の九月三日午前一一時一五分、ラジオ放送を通じてチェンバレン首相は対独宣戦布告を決定したことを告げた。チェンバレンの宥和政策の破綻である。

チェンバレンは悲痛な声で、次のような声明を発した。「今日はわれら全てにとって悲しい日であるが、私自身ほど悲痛な感に打たれていた者はあるまい。今まで私が望みを懸けたすべてのもの、そして私が公的生涯において信じたあらゆるものは、皆水泡に帰してしまったのである。……私自身がいかなる役割を演じうるかは知らない。しかし私は願わくはヒトラー主義がいつか滅亡し、自由にして平和なる欧州が再び蘇る日まで生きることを許されんことを、そして私はそれを確信するものである」（清沢〔一九四〇〕一一頁）。

チャーチルはこのときロンドンの自宅のアパートメントにおり、ラジオを通じてチェンバレン首相の悲壮な開戦の声明を聞いた。いよいよイギリスはドイツとの間で戦争を行うことになった。このときにチャーチルは、屋根の上に昇って何が起きているかを見にいった。空には数多くの防空気球が浮かんでいた。すると突然、空襲警報のサイレンが鳴って、チャーチルは妻のクレメンタインとともに地下の防空壕に籠もった。しばらくしてからそれが誤報であることがわかった。

その後チャーチルは下院議場に行き、チェンバレン首相や、アーサー・グリーンウッド労働党党首が演説を行ったあとに、バックベンチャーの議員にすぎなかったにもかかわらず、演説を行うよう求められた。するとチャーチルは、いつもながらの力強い、雄弁な言葉で、次のように語った。

「ここで問われているのは、ダンツィッヒのための戦いでもなければ、ポーランドのための戦いでもありません。われわれは、ナチスの専制という疫病から世界全体を救済し、最も尊い人々の命を守るために、戦っているのです」（Gilbert, eds. 2000: 623）。

チャーチルの力強い演説に、多くの聴衆は心を打たれた。チャーチルこそが、この戦争を指導するのにふさわしい指導者ではないか。この議場での討議のあとに、チェンバレン首相はチャーチルを自らの執務室に招き、海軍大臣のポストに就くよう依頼した。チェンバレン首相はドイツに対する宥和政策をめぐるそれまでの立場の違いを乗り越えて、チャーチルに海軍大臣として戦時内閣の一員になってもらいたかった。チャーチルはこの要請を受け入れて、チェンバレン戦時内閣を閣僚という立場から支えることになった。

この世界史の転換点において、アメリカ政府はどのような対応をとったのだろうか。イギリスとドイツの間の戦争が開始したことを受けて、九月三日、アメリカのローズヴェルト大統領は国民にラジオでの声明を通じて、アメリカ政府の立場を明らかにした。そして、ローズヴェルト大統領は、一九三七年の中立法に基づいて、「この国が依然として中立国であり続けること」を国民に約束した(Dallek 1979: 199)。アメリカ政府は、ヨーロッパの戦争に参戦することなく、そこから距離を置く姿勢を明らかにしたのである。

他方でローズヴェルト大統領は、そのことによって必ずしもアメリカが完全にどちらの立場も擁護しないわけではないことも付け加えた。すなわち「私は、あらゆるアメリカ国民が、思想においても中立であり続けることを求めることはできない」と述べる。というのも、「中立であったとしても、何が起きているのかを知る権利はあるのだ。中立であったとしても、自らの良心に対して心を閉ざす必要はないのだ」。道徳的な理由からも、国益上の理由からも、ローズヴェルト大統領はアメリカが何らかのかたちでイギリスやフランスを支援する必要を感じていた。すでにこのときには、アメリカ国民の間では、ヒトラーのドイツが巨大な悪であり、また脅威であるという認識が広がっていた。しかしイギリスを支援するためには、一九三七年の中立法を改正しなければならない。

一九三九年九月にイギリスが参戦をしてから、翌年五月一〇日、ドイツ軍がオランダやベルギーへの侵略を開始するまでの間、ヨーロッパ大陸でイギリス軍とドイツ軍が直接戦火を交えることはなく、不気味な静けさが保たれていた。それゆえこのことを、「奇妙な戦争（a phoney war）」と人々は呼んでいた。

ところが一九四〇年五月になると、一転して、ドイツ軍が中立国であったオランダやベルギーの国土を蹂躙しはじめた。「電撃戦」という名の、戦略爆撃と大量の戦車を用いた機動戦力を駆使した新しい戦術を用いて、短期間でこれらの諸国を占領することになる。戦争は新しい段階へと進んでいった。

怒濤のようなドイツ軍の進撃を前にして、チェンバレン首相は自らの戦争指導に自信が持てなくなっていた。労働党は、チェンバレン首相のもとでは挙国一致内閣に協力することはできないと、首相の交代を要求した。チェンバレン首相は、ハリファックス外相およびチャーチル海相と会談を行い、今後の戦争指導について意見交換を行うと同時に、自らが首相を退く意向を告げた。このときすでにチェンバレンは重い病を患っており、戦争指導の重責を担い続けることは困難であった。その後、国王ジョージ六世がバッキンガム宮殿にチャーチルを招き、「貴下に組閣をお願いしたい」と伝えた（チャーチル〔二〇〇一〕三六六頁）。新しい首相の誕生である。

2 チャーチルとローズヴェルト

チャーチル首相の登場

一九四〇年五月一三日、新しく首相となったチャーチルは臨時招集した下院で、新内閣への信任投票を求めた。議会での信任の後に、施政方針演説として次のように語り、イギリス国民の精神を鼓舞した。「私は血と労役と涙と汗のほかに提供するものは、何も持ち合わせていません」(チャーチル〔二〇〇一〕三〇頁)。さらに次のように続けた。「われわれの目的は何か、と諸君は問うでしょう。その答えは、勝利の一語につきます――いかなる犠牲を払っても勝つこと、あらゆる恐怖にもかかわらず勝つこと、また、いかに長い困難な道のりであっても、勝つことであります。なぜなら、勝利なくしては、生きのびる道はないのであります」。

ヒトラーのドイツとの休戦協定を視野に入れていたチェンバレン前首相やハリファックス外相とは異なり、チャーチルは断固として戦争を継続する意向であった。そして、実際にチャーチルは、ナチス・ドイツに対して勝利を収めることができると確信していた。ただし、そのために必要な条件があった。それは、アメリカの協力、さらにはアメリカの参戦を得ることである。アメリカの巨大な工業力と軍事力を加えることができれば、必ずや戦争に勝つことができると信じていた。問題は、アメリカ政府がそのようなチャーチルの期待に応えることができるか否かであった。

歴史家のデイヴィッド・レイノルズは、「一九四〇年」こそが歴史の巨大な転換点であったと論じている。というのも、この年にパリが陥落して、フランスがナチスの占領下に入ったことで、イギリスが存続するためには大西洋の先にあるアメリカとの協力を強化するしか、ほかに方法がなかったからである。レイノルズは、次のように記す。「勝利のためはもちろんのこと、生存のためにも、歴史に類のない規模でのアメリカからの援助がまさに死活的に重要だったのだ」(Reynolds 2006: 29)。チャーチルが、ヒトラーとの和解ではなく戦争の継続を選択した時点で、もはやイギリス政府には英米の強固な同盟関係の構築という選択肢しか残されていなかったのだ。

イギリス国内ではフランスに対する失望、ヨーロッパ大陸に対する幻滅が人々の間で広がっていくと同時に、アメリカに対する希望が鮮明となっていく。ここでイギリス国民の感情に、巨大な変化が生じる。のちに首相となるマーガレット・サッチャーは、この知らせに接した父が、フランスは「上から下まで腐敗しきっている」と罵っていたことを、記憶している(Reynolds 2006: 47)。少女時代のサッチャーは、ヨーロッパ大陸への失望と、アメリカへの希望を、このとき心に刻んだのかもしれない。

武器貸与法

次第にアメリカ国内でも、イギリスと提携してアメリカが責任ある役割を担う必要が説かれるようになった。一九四〇年一〇月八日の『ニューヨーク・ヘラルド・トリビューン』紙では、「自由主義諸国もまた、世界を再編することができるのだ」と論じて、「イギリスとアメリカにおいては、巨大な創造的な活力が溢れており、両国が人類に向けて何を提供できるか、将来に目を向ける時が来ている」と論評した（TNA, PREM4/100/8, October 10, 1940）。

アメリカ国内においても、フランスの降伏と、ナチス・ドイツによるヨーロッパ大陸の占領を、世界にとっての深刻な脅威と受けとめる声が聞こえるようになった。ローズヴェルト大統領は一二月二九日に、炉辺談話において、「米国文明がジェームズタウン、プリマスの岩以来、かくも危険に直面したことはない」と述べて、拡大する脅威に対抗する必要を国民に説いた（佐々木〔二〇一一〕八七頁）。また、ローズヴェルトは「四つの基本的な人間の自由」を語り、「四つの自由」を守るために、アメリカがより積極的な役割を担う必要を説いていた。

アメリカ政府内で、このような認識の変化が生じるうえできわめて重要な役割を担ったのが、ウィリアム・ドノヴァンであった。ドノヴァンは、「アメリカのインテリジェンスの父」とも呼ばれ、のちには戦略諜報局（ＯＳＳ）や、中央情報局（ＣＩＡ）の創設にも携わる。一九四〇年七月には、ローズヴェルト大統領からの要請で訪英をして、はたしてイギリスがこのまま戦争を続けることが可能か否かについて、ロンドンで調査をすることになった（Dobson 1995: 74）。イギリス政府関係者と意見交換を続ける中で、ドノヴァンはイギリスが降伏を選ばず、チャーチル首相の強い指導力のもとで戦争を続ける意志が固いことを確認する。それを帰国後にローズヴェルト大統領に報告したことで、アメリカ政府がイギリスへと本格的な支援を提供する準備が整った。

アメリカ政府はこの時期には、中立法の存在に留意しながらも、他方で水面下ではイギリスとの協力関係の強化へと動き始めていた。たとえば、一九四〇年九月二日に両国政府間で、駆逐艦・基地使用交換協定（destroyers for bases）を締結して、アメリカがイギリスに対して駆逐艦を提供する一方で、イギリス政府はアメリカ政府に対して、ニュー・ファンドランド、バミューダ、バハマ諸島、セント・ルシア、トリニダード、およびイギリス領ギニアにあったイギリスの空軍基地および海軍基地を九九年間にわたって使用する権利を与える（ベイリス〔一九八八〕一八―一九頁）。これによって、アメリカは自国を防衛するための強固な海外拠点を得ると同時に、世界大にその軍事力を展開するための重要な足がかりを得ることになる。さらには、一九四一年一月二九日から三月二九日まで、ワシントンで英米両国軍の参謀が参加する秘密会議を行って、両国の軍事協力を協議することになった（ベイリス〔一九八八〕二〇頁）。これらは、のちにアメリカ参戦後に両国間での軍事協力を発展させるうえでの、きわめて重要な基礎となる。

イギリスの運命は、このようにしてアメリカ国民の意志にかかっていた。一九四〇年五月に、イギリスの陸空軍両参謀長は次のように述べた。「極東におけるわが国の利益を守るためには、アメリカに頼らなければならない」（ソーン〔一九八九〕三二頁）。さらには、外務省で事務次官を務めていたアレクサンダー・カドガンは、同じ年の一〇月に、「アメリカの力と好意に頼ってわれわれの重荷を分担してもらう」と述べている。

とはいえ、アメリカ政府はこのときに参戦する決意をしたわけではなかった。アメリカの国内世論は、イギリスへの援助を強く主張する親英的なグループの「連合国援助による米国防衛委員会」と、ヨーロッパへの軍事的関与を断固として拒絶する孤立主義的な「米国第一委員会」とに分裂していた。前者のメンバーであるヘンリー・ルースが「アメリカの世紀」と題する論説を発表して、孤立主義から決別して指導的な役割を担うべきだと説いたのは、まさにこのようなアメリカ世論の対立のさなかの、一九四一年二月のことである（佐々木編〔二〇一二〕八六―八七頁）。三月一一日には、上下両院を通過した武器貸与法に大統領が署名して、本格的な対英支援をはじめるようになる。アメリカ政府は、イギリスと同じ価値を掲げ、イギリスを支援することよって、ヒトラーの勢力拡大を阻止するよう試みる。

チャーチルは、早急にアメリカが参戦する必要を強く感じていた。一九四一年二月一七日には、「われわれの目的は、アメリカ人を戦争へと招き入れることなのだ」と、簡潔にチャーチルは記している（Reynolds 1994: 132）。それなしには、イギリスには勝利の見通しはなかったからだ。そのようにアメリカの参戦を確保するために、チャーチル首相自らが危険な大西洋を渡って、アメリカ大陸に向かいローズヴェルト大統領との最初の首脳会談に臨むことになった。

大西洋会談

一九四一年八月九日、チャーチル首相をはじめとするイギリス政府代表団を乗せた最新鋭の戦艦、プリンス・オブ・ウェールズが、カナダのニューファンドランド沖に無事に到着した。イギリスからは、アレクサンダー・カドガン外務事務次官、サー・ダドリー・パウンド英海軍元帥、サー・ジョン・ディル英陸軍元帥兼帝国参謀総長、そしてサー・ウィルフリード・フリーマン英空軍元帥ら、戦争指導を司る指導者たちが含まれていた。

ローズヴェルト大統領と顔を合わせて、歓談をした後に、私的な昼食会で二人はインフォーマルに意見交換をすることになった。そこでローズヴェルトは、チャーチルに向かって、両国政府間で、

「同じ道を歩むわれわれの政策の指針となるような、何らかの広範な原則」を共同文書のかたちで示す必要を指摘した（TNA, CAB66/18, WP（41）202, Memorandum by Churchill, August 20, 1941, "Joint Anglo-American Declaration of Principles"）。

結局チャーチルはこれに同意して、イギリス政府としてはカドガンがこれを起草する役割を担うことになる。これが、大西洋憲章としてまとめられることになった。そこでは、八項目の戦後構想についての理念が掲げられて、自由貿易や民族自決、航行自由原則など、戦後世界秩序の骨格となるような重要な基本的理念が掲げられた。ここではじめて、イギリス政府とアメリカ政府の間で戦争目的と戦後構想を共有することとなった。

チャーチルが最も求めていたもの、すなわちアメリカの参戦の確約をこの大西洋会談では得ることはできなかった。アメリカに中立法がある限り、それを大幅に改正しなければアメリカがイギリスの側に立って参戦することは困難であった。その意義について、カドガンは本国のイーデン外相宛の電報で、迅速で驚くべき成果があるわけではないが、その会合が巨大な道徳的な効果を持つ」と述べていた（Cadogan 1971: 393）。またチャーチルは「このような性質の宣言が出されること」によって、「最終的に日本を抑制させることができる」と述べた（TNA, CAB66/18, WP（41）202, Memorandum by Churchill, August 20, 1941, "Joint Anglo-American Declaration of Principles"）。

しかしながら、この大西洋憲章での合意内容について、イギリス政府内での反応はきわめて否定的なものであった。この大西洋憲章の第四項が、英米間の対立が最も顕著に表出したものであった。そこでは、次のように記されている。「両国は、現存する義務に対して正当な尊重を払いつつ、あらゆる国家が、大国小国を問わず、また勝者敗者にもかかわらず、経済的繁栄に必要とされる世界の通商および原料の均等な開放を享受すべく努力する」。（歴史学研究会編〔二〇〇三〕三五二―五三頁）アメリカ政府が、この文言を含めた意図は明確であった。アメリカの貿易にとっての最大の障壁となっていた、イギリスの帝国特恵関税制度を解体することであった。チャーチルはその際に、「現存する義務に対して正当な尊重を払いつつ」という文言を入れることで、イギリスの植民地を、大西洋憲章第四項の貿易自由化原則から除外しようとしていた。ところが、戦争中に英米間の力の関係が大きく変化をすることで、アメリカ政府が掲げる自由貿易の規範が確実にイギリス帝国に浸透していった。

さらに、イギリス帝国の解体に繋がるような帝国特恵関税制度の解体や、脱植民地化に繋がるような民族自決の理念がそこに含まれていながらも、アメリカが参戦へと前進するような文言が見当たらなかった。それに対してチャーチルは、「ナチスの専制の最終的な打倒」という目標を英米両国政府が共有した意義を強調して、その成果を誇示しようとした。チャーチルは、戦争に勝利するために、あまりにも巨大な代償を支払わねばならなかった。それを認識していたのは、チャーチルだけではなかった。同じ頃にイギリス外務省の高官もまた、次のように述べている。すなわち「必要な友好関係を保つためには、基本的には同意しがたい政策でも、アメリカの要求には従わざるを得ない」のだ（ソーン〔一九八九〕六〇―六一頁）。

チャーチル自らも、大西洋会談を通じてアメリカの参戦の確約を得られなかったことに落胆していた。チャーチルは八月二八日にローズヴェルトの側近のハリー・ホプキンス宛に書簡を送り、次のように記した。「大統領が、いかなる関与もしないことを保証して、参戦へと全く近づいていないということについて、閣議において、そしてさらにはその周辺において、怒濤のような落胆が広がっていることを、お伝えせねばならない。私はこのような状況が、議会においても生じることを懸念している。一九四二年が始まり、ロシアが踏みつぶされて、イギリスが再び孤立した状況へと陥ってしまえば、あらゆる種類の危険が迫ってくるであろう」。このような警告を与えたうえで、「もしもあなた方が何らかのかたちで希望を与えてくれるとすれば、本当に感謝したいと思う」と文章を締めくくっている（TNA, CAB65/19, WM（41）86, Churchill to Hopkins, 28 August 1941）。

そのような失望にもかかわらず、この大西洋会談は英米関係の歴史の中できわめて重要な位置を占めることになる。英米両国政府の首脳が会談をして、世界秩序の基本的理念について意見を共有して、それを世界に公表したからである。他方で、本来チャーチルが意図した目的、すなわち日本軍の東南アジアのイギリス領への侵略を阻止することを達成することができなかった。このとき日本政府は、南部仏印へと日本軍を進行させることを決断して、さらには対英米の戦争準備を進めることになるからであった。

真珠湾攻撃

一二月八日の夜。チャーチルは、チェッカーズの首相公邸で、アメリカの駐英大使ギルバート・ウィナントと、大統領の特使のアヴェレル・ハリマンと三人で、夕食をとっていた。夕食を終える頃、午後九時のニュースが流れた。すると、日本軍がハワイに停泊するアメリカの艦艇に攻撃を開始したと報じていた。

Column 4-1 『英語諸国民の歴史』の誕生

1953年に，首相を務めていたウィンストン・チャーチルがノーベル文学賞を受賞したことは，よく知られている。チャーチルは，邦訳（抄訳ではあるが）も出ている戦争回顧録である『第二次世界大戦』にて，この賞を受賞したのだが，それ以外にも多くの著作を著していた。その中でも，最もページ数が多く，最も力を入れて書かれた，もう一つの主著とも呼べるのが，戦後の1956年から58年の間に刊行された，『英語諸国民の歴史（*A History of the English-Speaking Peoples*）』であった。これは，イギリス帝国や，アメリカに住む人々を「英語諸国民（the English-Speaking Peoples）」と呼び，それらを一つの運命共同体であり，文明として位置づけているところにその特色がある。

この『英語諸国民の歴史』には，チャーチルが長年抱いてきたアングロ＝サクソン主義という人種的なイデオロギーが色濃く描かれている。ドイツ民族の偉大さを説く人種主義的なヒトラーのドイツと戦ってきたから，チャーチルはそのようなむき出しの人種主義的な歴史観を描くことはできず，より受け入れやすい「英語諸国民」という言葉を使用していた。そして，この全4巻の著作では，ローマ時代から書き起こし，アメリカ大陸の発展や，イギリス帝国の拡大，そしてアメリカの独立と，英米両国間の提携が描かれており，20世紀初頭で歴史叙述が終わっている。

1939年までに執筆を終わらせる予定であったが，その年に戦争が勃発して海軍大臣に就任したことで，刊行は大きく遅れることになった。ところが，第二次世界大戦で英米協力を中核として戦争指導を進めたことで，むしろ現実の政治と，著作の世界が渾然一体となって，チャーチルは巨大な「叙事詩」を作り上げたのである。

驚いたチャーチルはすぐさま、公邸の電話交換機を使ってアメリカのローズヴェルト大統領に連絡をして、「大統領閣下、日本に関して何か起こったのですか」と尋ねた。それに対し、ローズヴェルトは、「その通りです。彼らは真珠湾で、われわれに対する攻撃を行ったのです」と述べた。そして「われわれはいま、みな同じ船に乗っています」と語った（Churchill 1985: 538）。いよいよアメリカもまた、イギリスの側に立って参戦をする運命となった。チャーチルはこの少し後に、「イギリス帝国がこのような幸運に恵まれるというのは、めったにないことだった」と記している（ソーン〔一九八九〕二六―二七頁）。

その翌日、ローズヴェルト大統領がチャーチル首相に宛てて送った書簡では、次のように書かれていた。「いまやわれわれはみな、あなた方や帝国の人々と同じ船に乗っており、その船は決して沈むことはないでしょうし、沈むことはあり得ないでしょう」（Gilbert 2000: 1580）。

真珠湾攻撃の知らせを聞いたチャーチルは、「われわれはいずれにせよ勝利するのだ」とすぐさま確信した。そして回顧録では次のように書かれている。「残された作業は、われわれの圧倒的な力を、適切に行使するのみである。イギリス帝国、ソ連、そしていまやアメリカ合衆国が、あらゆる精神や勢力とともに結束をし、それは私の知識によれば、敵の力の二倍にも三倍にもなるものであった」（Churchill 1985: 539-40）。戦時中の英米協調を確立するうえで最も大きな要因となったのは、皮肉にも日本の真珠湾攻撃だったのである。

3　「特別な関係」の萌芽

チャーチルのワシントン訪問

一九四一年一二月八日の日本軍による真珠湾攻撃は、英米協調を新しい段階へと発展させることになった。しかしながら、具体的にどのように戦争協力を進めて、どのように政策を調整するべきか、実際には両国政府の間には困難な課題が山積していた。チャーチル自ら、そのような問題意識を持って、内閣と国王の了解を得て自らが大西洋を越えてワシントンDCを訪問することを決断した。四カ月前の大西洋会談に続く、二度目の英米首脳会談となる。

極秘に準備を進めていたアメリカ訪問に出発する直前の下院議会演説で、チャーチルは次のように論じた。

「イギリス帝国のみならず、いまやアメリカもまた自らの生存をかけて戦っている。ロシアも生存のために戦い、中国も生存のために戦っている。これら四つの、交戦状態にある偉大なコミュニティの背後には、敵の残酷な支配のもとに屈服しているヨーロッパのすべての占領された諸国の精神と希望が一列にならんでいる。私が以前に述べたように、人類の五分の四がわれわれの側についているのだ」。そして、さらに続けて次のように論じた。「われわれの敵たちは、自らの野望、そして英語諸国世界（the English-Speaking World）を完璧に壊滅させようとする犯罪の結果によって、結びついている。そして、その英語諸国世界こそが、彼らの計画に対する最大の障壁となっているのだ」

(Churchill 1985: 553)。チャーチルは、「英語諸国世界」という言葉を用いて、英米両国間の協力を表現した。演説の翌日、一二月一二日の夜、チャーチルはロンドンを出発して鉄道と船を乗り継いで、隠密にアメリカ大陸へと旅立つことになった。この訪米計画のコードネームは「アルカディア」、すなわち「理想郷」であった。

船旅を終えてワシントンDCに到着したチャーチル首相をはじめとする訪問団は、一二月二二日夜に第一回目の首脳会談を行った。両国政府の首脳の間で、多岐にわたる問題について率直な意見交換が行われた。首脳のほかにも、両国の陸海空軍の軍事指導者たちもまたそれぞれ会合を開いて、両国の軍の間での戦争協力を緊密に話し合うことになった。まさに「特別な関係」と呼ぶにふさわしい連携が育まれようとしていた。

翌日になると、アメリカのヘンリー・スティムソン陸軍長官が、乾杯の挨拶で「イギリスとの協力という、われわれの生来の夢を叶えることになりました」と語り、「この新しい同盟は、戦争も平和も勝ち取ることになるでしょう」と語った（Bercuson and Herwig 2005: 142-43）。さらには、翌日のクリスマスイブの朝に、ホワイトハウスに宿泊中のチャーチルの寝室の扉を開けたローズヴェルトを前にして、たまたま風呂上がりで全裸であったチャーチルは、「ご覧ください、大統領閣下、私はあなたに何も隠すようなことはありませんよ」と述べた（Gilbert, ed. 2000: 1676）。このような二人の指導者の間の交流が、両国のつながりを強めていった。

一二月二六日、チャーチルはアメリカの議会で演説することになっていた。イギリスの首相として、アメリカの議員たちを前に協力を要請し、ともにヒトラーと戦う必要を説く重要な機会であった。その冒頭で、アメリカ人の母を持つチャーチルは、次のように語りはじめた。「ところで、私は次のように考えざるを得ません。もしも私の父親がアメリカ人で、私の母親がイギリス人であったならば、つまりは実際とは逆ということですが、私はここで自分自身の議席を持っていたかもしれないのです。その場合は、皆さんが私の声を聞くのは、これが最初ではなかったかもしれません」(Gilbert, ed. 2000: 1685–90)。これは、アメリカ人かイギリス人かという違いが、いかに小さなことであるかということを示す、最も効果的で、ユーモアとウィットにあふれたチャーチルらしい表現であった。議場は、笑いと称賛で溢れていた。

ワシントン会談からテヘラン会談へ

一九四一年一二月二二日から、クリスマス休暇を挟んで三週間もの長い期間、チャーチルはワシントンDCのホワイトハウスに滞在した。この間にチャーチルとローズヴェルトの二人の間の友情は着実に育まれて、英米両国間の協調関係も深まっていった。チャーチルとローズヴェルトの二人の間の「特別な関係」が最も緊密になる一九四二年が、始まろうとしていた(Dimbleby and Reynolds 1988: 139)。

チャーチルは、この時期の英米関係について次のように描写していた。「私と大統領の間の関係が、次第にあまりにも強固なものとなっていったために、両国間の主たる業務は、私と彼との間の個人的なやりとりによって、実質的に進められていたのである」(Churchill 1985: 22)。そして、ワシントン訪問を振り返り、チャーチルは次のように述べていた。「われわれはここに、儀礼を越えた深い親しさの中で、大きな一つの家族として生きている」（ベイリス〔一九八八〕二八頁）。

この間に英米関係の重要性は、急速に増していった。一九三九年にはワシントンDCのイギリス大使館は、二〇名程度の館員が駐在するにすぎなかったが、戦争中にはワシントンでのイギリス政府関係者の数は九〇〇〇人ほどにまで膨れあがった（Dimbleby and Reynolds 1988: 139）。緊密な英米間の戦争協力を基礎として、次第に連合国は戦争を有利に進めていく。

戦争中の英米協力の中でもとりわけ独特な重要性を帯びているのが、核兵器開発に関する両国間の提携であった。そもそものはじまりは、一九四〇年秋にイギリス人科学者がアメリカを訪問して原子力分野での意見交換をした際に、アメリカ側の科学者がイギリスよりも研究が遅れていることに危機感を抱いたことにある（Gowing 1986: 119）。アメリカ側が、イギリス人科学者との共同開発を提案するが、この時点でのイギリス側の反応は消極的であった。イギリス政府の科学アドバイザーを務めていたチャーウェル卿は、チャーチル首相に対して、この問題について次のように述べている。「私は、自分の隣人をいかに信用しようとも、またいかに彼に頼ることがあったとしても、完全に彼のなすがままになるような状態に我が身を置くことには非常に抵抗がある」（ベイリス〔一九八八〕三七頁）。

しかしながら、次第に原子力分野の研究における英米の地位が逆転していった。アメリカが潤沢な資金と、亡命科学者などの力に頼って、イギリスを先行するようになる。一九四二年六月には、ニューヨークのハイドパークで英米首脳会談を行った際に、原子力分野での共同協力に関する両国間の合意がなされた。チャーチル首相は、「われわれはただちに情報を一カ所に集め、対等な立場で共同研究を行うべきであり、その成果が出た暁にはそれを平等に分かちあうべきである」と提案した（ベイリス〔一九八八〕三八頁）。

一九四三年八月一九日、英米両国政府間で原子力開発の協力に関する具体的な合意がなされた。それまでアメリカでは「マンハッタン計画」と呼ばれ、イギリスでは「チューブ・アロイ」という暗号で呼ばれていた極秘の核兵器開発計画において、英米両国が協力の合意をしたのである。このケベック協定によって、両国政府が相互に相手に対して核兵器を使用しないこと、第三国への使用の際には両国の合意に基づくこと、そして相互の合意なしに核兵器開発計画に関する情報を他国に漏洩しないことが合意された（Baylis 1997: 28-29）。これ以後、「マンハッタン計画」に参加したイギリス人科学者や技術者は、五〇名ほどになる。あるアメリカ人科学者は、イギリス人の協力を評価して、「その協力がなかった場合に要したと思われる期間を少なくとも一年間短縮した」と述べていた（ベイリス〔一九八八〕四〇—四一頁）。その意味で、核兵器の開発は一定程度、英米協力の果実とも呼べるものであった。

イギリスの影響力の後退

第二次世界大戦全体を見渡したときに、一九四三年一一月の、アメリカ、イギリス、ソ連の「三大国」によるテヘラン会談は大きな転機となったことがわかる。この会談は、ローズヴェルト大統領、チャーチル首相に加えて、ソ連のスターリン首相が参加しており、「三大国」の首脳が集結するはじめての会合となった。アメリカは参戦以後、英米二国間協力を戦争指導における中核に位置づけてきた。ところが、スターリングラードの戦いにおけるソ連の勝利、そしてヨーロッパ大陸でのソ連軍の勇敢な戦いを見て、戦争協力と戦後構想の双方において次第にアメリカ政府は、ソ連とのより緊密な協力の重要性を強く認識するようになる。いわば、それまでの米英協力から米ソ協力へと、戦争指導における中軸を転換させていく。

そのような、連合国内のイギリスの地位の低下をみて、北アフリカのドワイト・アイゼンハワー連合国軍司令官のもとで副官を務めていたハロルド・マクミランは、部下のリチャード・クロスマンに向かって次のように述べていた。「いいかクロスマン、われわれはアメリカ帝国の中のギリシャ人である。あなたはギリシャ人がローマ人を見るように、アメリカ人を見ることになるだろう。彼らは巨大で、野蛮で、騒がしい人々で、われわれよりも勇敢であると同時により怠惰で、腐敗していると同時に美徳が損なわれていない。われわれは連合国軍司令部を、ローマ皇帝クラウディウスの司令のもとでギリシャ人奴隷が働くように、動かしていく必要があるのだ」(Reynolds 2006: 65)。

連合国内でイギリスの地位が低下して、戦争が米ソ両国を中心に進められていくことは、イギリス人にとって厳しい現実であった。戦争指導におけるイギリスの影響力が低下する中で、戦後構想においてイギリス政府は自らの意向を反映させようと試みる。

戦後国際体制をめぐる外交

イギリスとアメリカの両国政府は、戦争の進展とあわせて、戦後にどのような世界を創り、どのように国際体制を再構築するかについても検討と調整を進めていた。それは、一九四一年八月の大西洋会談を契機として、英米両国間での外交議題ともなっていた。

大西洋憲章第八項で「一般的安全保障のための広域的で常設的な体制の成立」を合意してから、イギリス政府内では戦後世界機構の設立へ向けて準備作業を進めることになった。国際政治学者でオックスフォード大学名誉教授のアダム・ロバーツは、「一九四二年以降、新しい国際機構を計画するうえで、イギリスこそが鍵となる役割を担った」と書いている（Robert 2003: 231）。

イギリス政府内でその中心的な役割を担ったのが外務省のグラッドウィン・ジェブであった。ジェブは四二年六月から外務省内に新設した経済復興局長となり、この問題に取り組むことになった。ジェブによれば、アメリカやソ連に比してその国力が小さいイギリスにとって、米ソ両国のみで戦後秩序を形成するような事態を避けねばならない。そのような不安からも、次のようにハリファックス駐米大使宛に、書簡を送っていた。「われわれは、戦争が終結するまでゆっくりと座っていることなどできないし、その前にわれわれは検討を進めなければならない。そうしなければ、協議すべき事項がなくなってしまうからだ」（TNA, FO371/31514, U803/27/70, Jebb to Lord Halifax, 25 September 1942）。そしてジェブは明確に、「世界大国としてのイギリスの地位の維持こそが、このようにして、イギリスの戦後構想を計画する主たる目的であったのだ」と述べている（Jebb 1972: 220）。

国際連合創設へ向けた動きは、英米両国間の協議によって進められた。イギリス政府は「地域評議会」のうえに「世界最高理事会」を位置づけることで、地域主義的な構想を基礎とした戦後世界機構を想定していたのに対して、アメリカ政府はそのような構想が戦前の「ブロック主義」につながることを懸念して、より普遍主義的な機構を求めていた（細谷〔二〇一三〕一一五頁）。一九四三年一〇月のモスクワ外相会談の成果として、一一月二日に「モスクワ四国宣言」を発表する。そこでは、米英ソに中国を加えた「四国の合意によって国際的な協力と安全保障の広範な組織を創設すべき諸原則」を提示して、国連創設への道筋を示すことになった（歴史学研究会編〔二〇〇六〕三六一頁）。それは、アメリカの考えに近い、普遍的な世界機構を想定したものであった。次第に国連創設へ向けての動きも、アメリカ政府が主導するようになる。戦争におけるイギリスの貢献が相対的に小さくなるとともに、イギリスの影響力はアメリカやソ連のそれと比べると確実に低下していった。

一九四四年八月二一日から、アメリカのワシントンＤＣ郊外のダンバートン・オークス邸で、国連創設へ向けたアメリカ、イギリス、ソ連の三国間の外交交渉がはじまった。ソ連政府の強い要望もあり、国連の中心となる「四大国」（のちにフランスを加えて「五大国」となる）が、平和を討議する安全保障理事会で拒否権を有することが想定された。よりいっそう大国主義的な色彩の強い国際機構になる見通しとなった。

このダンバートン・オークス会議で起草された提案は、翌年二月に開催された英米ソの三大国によるヤルタ会談、さらには、一九四五年四月に開催された国連創設のためのサンフランシスコ会議を経て、国連憲章へと結実する。ソ連政府の協力と同意を得ながらも、英米両国を中心として創られた、リベラル国際主義の理念に基づいた戦後国際秩序の枠組みが創られていく。

国連創設以上に、英米間における摩擦の要因となったのは、戦後国際経済体制の形成をめぐる軋轢であった。それは、すでに論じたように、大西洋憲章第四項をめぐる英米両国政府間の対立から始まっていた。これは、無差別で多角的な自由貿易を規定するものであり、アメリカの自由貿易の理念が反映されたものであった。そこでは、前述の通り、「現存する義務に対して正当な尊重を払いつつ」

という留保条件をつけながらも、イギリスの帝国特恵関税制度の崩壊へと道を開く種子を内包するものであった（田所〔二〇〇一〕三四—三七頁）。チャーチル首相の抵抗にもかかわらず、巨大なアメリカの国力を前にして、イギリス帝国は反植民地主義の奔流に飲み込まれていく。時代の趨勢は、アメリカが強く求めたように脱植民地化へと向かっていた。

第二次世界大戦の終結

第二次世界大戦は、イギリスとアメリカとで大きく異なる帰結をもたらした。この戦争を経て「超大国」として世界最大の大国となったアメリカは、戦後世界においても、圧倒的な影響力を行使するようになる。他方で、イギリスは世界最大の帝国として、そして世界最大の債権国として戦争に突入しながらも、戦争の経過とともに圧倒的な資源を有する二つの同盟国、すなわちアメリカとソ連を前にして自らの力の限界を認識するようになる。戦後イギリスは、自らの国際的地位の低下という困難に直面せねばならなくなる。

駐米公使の地位にあったイギリス人外交官のジョン・バルフォアは、次のように記していた。「浮上しつつある新しい認識として、世界大国たるアメリカの周辺に位置するジュニア・パートナーとして、イギリスがみなされつつある。そのようなイギリスが、強大で繁栄した大国としての地位を維持することは、西欧民主主義の価値を擁護して、アメリカの安全保障を確立するためにも、きわめて重要なことであると考えている」（Bullen and Pelly, eds. 1987: No. 1）。

そして、この両国が最も対立したのが、対日戦争と、アジア太平洋地域の戦後をめぐってであった。

イギリス政府が、戦後においてもこの地域における自らの植民地と帝国の権益を維持しようと試みていたのに対して、アメリカ政府はむしろ民族自決の原理に基づいて脱植民地化を進める必要を説いていた。また、イギリス人はこの地域で、一九四一年一二月には最新鋭の戦艦プリンス・オブ・ウェールズとレパルスを日本軍の攻撃で失い、一九四二年二月のシンガポール陥落を経験して、その権威を大きく失墜させていた。さらには、チャーチル自ら、人種的な観点からこの地域を眺める傾向があった。チャーチルの主治医は、この問題を次のように述べていた。

「ローズヴェルト大統領にとっては、中国は明日の世界に重きをなそうとしている四億の民を意味しているが、チャーチルは彼らの皮膚の色のことしか考えない。チャーチルはまさにヴィクトリア朝的人間だと思うのは、彼がインドや中国のことを話すときだった」（ソーン〔一九九五〕二一二頁）。

また、イギリス政府が自国の生存のためにも対独戦争を最優先していたのに対して、アメリカ政府は対日戦争により大きな比重を置いていた。それは、そもそも日本軍による真珠湾攻撃によるアメリカ国土への攻撃によってアメリカが戦争に引きずり込まれたことを考えれば、自然なことでもあった。さらには、イギリスはシンガポール陥落以後、日本軍に降伏して五万人に及ぶ戦争捕虜を生み出したために、アジアでの戦争はきわめて複雑な感情をもたらすことになった。それゆえに、戦後世界をめぐってアメリカとイギリスでは、異なる感情を抱き、異なる世界観を有していた。その摩擦が、戦後世界で英米関係に不協和音をもたらすことになる。

※

おわりに

一九四五年九月二日、東京湾上のアメリカの戦艦ミズーリの艦上で、日本政府代表が降伏文書に調印した。ドイツ敗北後に、単独で戦争を続けていた日本も、広島と長崎の原爆投下、さらにはソ連軍侵攻によって、もはや戦争を続けることが困難となっていた。そして、このときに、すでにローズヴェルト大統領も、チャーチル首相も、政治の舞台から消え去っていた。ローズヴェルトは、四月一二日に過労と病気から死去していた。チャーチルは、七月のイギリス総選挙で歴史的な大敗を喫して、下野することとなったのだ。

戦争終結と前後して、イギリス政府はソ連政府との緊張を強めていった。勝利の美酒によって、動員解除と復員に急ぐアメリカ政府とは対照的に、イギリス政府の場合は東地中海や、イランを中心とする中東、東南アジア、極東で、ソ連の影響力の膨張という脅威と向き合わなければならなかった。戦前に世界最大の債権国であり、世界最大の植民地帝国であったイギリスは、六年間に及ぶ戦争の年月によって国力を疲弊させ、資源を枯渇させていた。

そのようなイギリスにとってきわめて重要となるのは、帝国としての一体性を維持することと、アメリカとの協力関係を再度強めることであった。アトリー首相のもとで労働党政権は、戦後世界で脱植民地化を進める姿勢を示すと同時に、帝国を再建して自らの影響力を固めようとしていた。また、アトリー首相がインドの独立をはじめとして脱植民地化に、強い使命感を有していたのに対して、ベヴィン外相や軍部はむしろ植民地を保有する価値を再確認していた。したがって、ドイツが敗北してヨーロッパでの戦争が終わった翌月の一九四五年六月に作成された「イギリス帝国の安全保障」と題する報告書の中では、次のように書かれている。すなわち、「帝国の安全保障」の本質とは、「対内的および対外的な脅威からの、イギリス帝国の一体性の維持」であり、さらには「帝国の結束を左右する、世界大での海路および空路の確保」であった（細谷〔二〇〇六〕九六頁）。

首相の座から退いて、政治権力を失っていたチャーチルは、一九四六年三月五日にミズーリ州のウェストミンスター大学で、きわめて重要な演説を行うことになる。いわゆる「鉄のカーテン」演説で、ヨーロッパ大陸が東西に分断して、その境界線に「鉄のカーテン」がつくられつつあることを語った。そして、次のような重要な言葉を述べている。

「戦争の確かなる防止も、世界機構の継続的な発展も、私が、英語を話す国の人々の友愛の連合と呼ぶものなくしては、手に入れることは出来ないであろう。つまりそれは、英連邦および帝国、アメリカの間の特別な関係を意味する」（歴史学研究会編〔二〇一二〕六三頁）。

ここでチャーチルは、「英語を話す人々（English-Speaking People）」という興味深い言葉を用いて、英米両国の一体性を示そうとした。さらには、チャーチルは、「特別な関係（special relationship）」という概念をはじめて幅広い聴衆に向かって用いて、その結束を誇ろうとしていた。ところが、チャーチルが野党保守党の党首として「特別な関係」を語ったその頃から、戦後世界においてイギリスとアメリカとの間の戦時中の緊密な関係が、後退していく。そして、戦後の新しい世界においてイギリスはさまざまな局面で、アメリカとの間での摩擦を浮上させる。そこに、イギリスがアメリカとともに直面することになる、戦後世界の困難な問題が残っているのだ。

（細谷雄一）

第5章
戦後世界秩序の共同構築とその限界
●一九四七〜五六年

はじめに

第二次世界大戦の終結は連合国の指導者たちが構想した世界平和の実現にはつながらなかった。同盟国だった米英ソが二つの陣営に分かれて敵対する冷戦時代が到来したのである。拡大するソ連、中華人民共和国の共産主義の脅威にアメリカとイギリスはいかに対処したのか。また、戦後の冷戦の進展と連動した東南アジア、中東地域での脱植民地化、ナショナリズムの台頭にどのように向き合ったのか。本章は戦後直後の約一〇年間を対象に、英米両国が西側同盟の形成を主導し、ヨーロッパと北東アジアで起きた危機、戦争に連携して対処していく姿を描く。また、イギリスの公式・非公式の帝国支配が残る東南アジア、中東をめぐる両国の対立、分裂の危機にも触れることにしたい。

1　ヨーロッパ秩序の共同構築

イギリス帝国の縮小

ドイツのポーランド侵攻から日本のポツダム宣言受諾までイギリスは戦勝国の中で第二次大戦を最も長く戦った。それによって米ソとともに戦勝の栄光と戦後世界を主導する権限を得た。しかし、勝利の代償はあまりにも大きかった。本国と帝国の力を総動員して枢軸国と死闘を繰り広げたウィンストン・チャーチル率いるイギリスは、大戦で国富の四分の一を失い、債務国に転じて終戦を迎えた。イギリスはフランクリン・ローズヴェルト米政権から武器貸与援助を受けて戦争を続けたが、大戦が終結しても国内経済の再建やドイツの占領を行うためにアメリカの支援を必要とした。一九四五年一二月、イギリス政府はアメリカから三七億五〇〇〇万ドルの借款を得る金融協定を締結した。戦勝国でありながらアメリカの支えを得てようやくイギリスは戦後の歩みを始めたのである。

第二次大戦終結時、イギリスは植民地、保護領と委任統治領をあわせると他国を圧倒するグローバルな支配地域を有していた。しかし、アメリカに借金をしなければ自らの財政を賄えない戦後のイギリスに帝国全体を維持していく余裕はなかった。一九四七年二月、クレメント・アトリー労働党政権は帝国の段階的縮小・再編の端緒となる歴史的決断を下す。帝国最大の植民地であったインドを独立させ、委任統治領パレスチナの問題を戦後創設された国際連合に付託して撤退することを決定したのである。

さらに、東地中海に面するギリシャ、トルコに対する軍事経済援助の停止も決断した。ソ連邦成立前のロシア帝国時代からギリシャとトルコはロシアの南下政策、黒海から地中海への海洋進出を阻止する際の拠点であり、地中海からスエズ運河を経由してインド洋、極東へと至るイギリスの帝国海路を防衛するうえでの戦略地域でもあった。

ギリシャ、トルコへの援助を断念したアトリー政権は、ハリー・トルーマン米政権に支援の肩代わりを要請する。当時ギリシャ、トルコはソ連の勢力拡大の標的と目されていた。ソ連指導者ヨシフ・スターリンは黒海と地中海を結ぶ二つの海峡ボスポラス、ダーダネルスでのソ連海軍基地の建設を要求してトルコ政府に圧力をかけていた。同じ頃、ギリシャ国内では共産主義勢力による武装闘争が激しくなっていた。

アメリカ政府内部でも一九四六年初頭からソ連に対する警戒が高まっており、イギリスの突然の援助停止によって東地中海へのソ連の勢力伸長に拍車がかかることをトルーマン政権は恐れた。しかし、当時アメリカ国民は第二次大戦の終結を迎えて一刻も早い兵士の帰国、「平常への回帰」を望んでいた。さらに四六年秋の中間選挙の結果上下両院で優勢になった共和党は、戦費で膨れ上がった財政支出の削減・均衡を重んじ、民主党大統領トルーマンの対外政策に目を光らせていた。

トルーマン・ドクトリンとマーシャル・プラン

一九四七年三月一二日、トルーマンは国内外に衝撃を与える演説を議会で行った。大統領によれば、世界は時々刻々、相対立する二つの社会へと分裂していた。一方は、アメリカが象徴する個人の政治、言論、宗教の自由が保障された多数者の意思に基づく社会である。他方は、個人のあらゆる自由が抑圧され、少数が大多数を支配する社会であり、名指しを避けたもののこれがソ連共産主義であった。世界各国はこの敵対する二つの「生活様式」のいずれかの選択を迫られている。アメリカの使命は国内外からの抑圧に抵抗する自由な諸国民を支援することでなければならない。そして、いままさにその自由の危機にあるのがギリシャとトルコなのだった。やがて冷戦の開始宣言とも見られるようになるこの「トルーマン・ドクトリン」で大統領は、二〇世紀前半の二度の世界大戦で民主主義を守る戦いに勝利したアメリカがソ連共産主義という新たな専制と対峙する善と悪の構図を描き、ギリシャ、トルコに対する四億ドルの援助を議会に要請した。

さらに六月五日、ジョージ・マーシャル国務長官がハーヴァード大学で欧州復興計画（マーシャル・プラン）を発表した。欧州諸国は戦争の荒廃から立ち直れず、フランスとイタリアでは共産党が躍進を遂げ、内部からの共産化が懸念されていた。ヨーロッパ市民の抱く経済的・社会的不安こそが、失業なき平等な理想社会を描く共産主義の誘惑に駆られる原因である。それゆえ、共産主義の防止には経済の復興が急務だった。戦後ソ連が占領地域から多くのものを接収したのとは対照的に、アメリカはマーシャル・プランを通じてヨーロッパの復興を支援した。トルーマンが回顧録で自負するように、第二次大戦後アメリカは勝者、敗者の区別なく双方の復旧と救済に尽力した歴史上稀有な大国だった（トルーマン〔一九九二〕九一―九二頁）。

一九四八年から五一年末にかけてアメリカは、ソ連の圧力によって援助の受け取りを断念したポーランド、チェコスロヴァキアなどの東欧諸国を除いて、西欧諸国一六カ国に総額一三〇億ドルを供与した。イギリスは国別で最大の援助を受け取りつつ、フランスとともに援助受け入れ機関の欧州経済協力機構を創設して関係国の調整に貢献した。

「第三勢力」構想から大西洋同盟へ

戦後ヨーロッパにおける冷戦の本質は、その戦後秩序、とくにドイツの戦後処理をめぐる対立であった。敗戦後ドイツは米英仏ソ四分割の占領体制のもとに置かれた。独ソ戦でドイツ軍にモスクワ近郊まで攻め込まれ、国土の徹底的な破壊と二七〇〇万人もの死者を出したソ連は、戦後ドイツを軍事的に弱体化し、最大限の賠償を取り立てることに固執した。

対する英米は武装解除、非ナチ化を各自の占領地域で断行しつつも、第一次大戦後のヴェルサイユ講和条約の賠償規定がドイツ国民の不満を煽り、一九三〇年代のアドルフ・ヒトラーの台頭を招いたとの反省から、過剰な賠償の取り立てに反対してソ連政府と対立した。東地中海、東欧でのソ連の膨張を恐れたイギリス外務省は、早くも四六年春に将来のドイツの分断を前提とした米英仏占領地区の西側陣営への取り込みを検討し始めた（Deighton 1993: chapter 3）。四七年一二月、ロンドンで開催された米英仏ソ外相理事会が決裂すると、事実上ドイツ統一の可能性は断たれた。

高まるソ連共産主義の脅威にどう立ち向かうのか。イギリス単独では巨大なソ連赤軍に太刀打ちできないのは明らかだった。しかし一九四七年当時、トルーマン政権が西ヨーロッパの安全を保証する確証はなかった。建国以来ヨーロッパの軍事対立に巻き込まれるのを避けるため、いかなる国との同盟締結も避けてきたアメリカの伝統に照らすと、第二次大戦を終えたばかりのトルーマン政権が西欧諸国と新たな軍事的な連携に入ることは容易ではなかった。

アーネスト・ベヴィン率いるイギリス外務省もアメリカ国内の反対を予想して、当面トルーマン政権と軍事的な協力を築くことはできないと考えていた。ソ連との関係修復がもはや不可能と思われた一九四八年初頭の段階になっても外務省は、アメリカとの大西洋同盟ではなく、フランスを中心とする西欧諸国とその植民地を結集した西欧同盟を構築し、米ソにならぶ「第三勢力」を形成しようと試みた。その成果は同年三月一七日にフランス、オランダ、ベルギー、ルクセンブルクとのブリュッセル条約に結実する（細谷〔二〇〇一〕第三章）。

ところが、西欧諸国との連携が始動したまさにそのときにソ連との対立が激化し、ベヴィンは西欧同盟の限界を悟ることになる。一九四八年二月、クーデタによってチェコスロヴァキアで共産党の支配が確立し、これで東欧諸国がすべてソ連陣営に組み込まれることになった。さらにソ連との対決は六月に本格化したベルリン封鎖事件でいっきに軍事衝突の危機に発展した。スターリンは米英仏統合占領地区で断行された通貨改革がドイツの恒久的分断につながることを恐れて、西側占領地区と首都ベルリンの西側地区を結ぶ地上交通路を遮断した。食糧や生活物資、燃料の補給を遮断して西ベルリン市民二〇〇万人を兵糧攻めにする作戦に出たのである。これに対し英米両国は第二次大戦を彷彿とさせる大空輸作戦で物資を補給し、西ベルリン市民の生活を守り抜いた。四九年五月にスターリンが封鎖を解除するまでの約一年間、ヨーロッパは一触即発の危機にあった。

ベルリンで危機が拡大するなか、ベヴィンは次第に第三勢力構想を断念し、西欧同盟とアメリカの巨大な経済・軍事力を結合させる大西洋同盟を模索していった。国際政治学者のゲア・ルンデスタッドによれば、戦後アメリカは自ら進んで西ヨーロッパへの関与を拡大したというより、西欧諸国の求めに応じて軍事関与を次第に拡大していった「招かれた帝国」だった（Lundestad 1986）。アメリカが伝統から逸脱して平時の対外軍事関与を決定するには、こうしたチェコスロヴァキアやベルリンでの危機と西欧諸国側からの時宜を得た積極的な働きかけが必要だった。そして西欧諸国の指導者の中でアメリカの招き入れに最も貢献したのが、イギリス外相のベヴィンだったのである。マーシャル・プランのとりまとめとブリュッセル条約策定でのベヴィンの卓越した指導力は、孤立主義的なアメリカの議会や世論を説得して海外軍事関与への支持を取り付けるうえできわめて重要なものだった。

西欧諸国がアメリカとの同盟を模索するなか、トルーマン政権内でもソ連に対するより強硬な「封じ込め」政策が検討されるようになった。一九四八年初頭の段階では、アメリカの対ソ政策は国務省政策企画室長のジョージ・ケナンが主唱する経済的手段での封じ込めが中心であり、マーシャル・プランはその具体策であった。ケナンは外交問題雑誌『フォーリン・アフェアーズ』（四七年七月号）に匿名「X」で「ソヴィエトの行動の源泉」と題する論文を寄稿するなど封じ込め政策の発案者だったが、ソ連の脅威の本質を政治的・イデオロギー的なものと理解し、経済的手段での対応を重視してきたのである。拙速な軍事的対応はソ連を挑発してその脅威をかえって拡大させることになるとし、西欧諸国との軍事同盟の締結に賛成ではなかった（佐々木〔一九九三〕）。しかし、チェコスロヴァキアとベルリンでの情勢の緊迫化は、トルーマン政権の政策決定者たちにソ連の飽くなき勢力拡大の野心と軍事的脅威を実感させ、四八年から四九年にかけ政権内で西欧諸国との同盟形成が本格的に検討されるようになった。

一九四八年六月一一日、アメリカ議会上院は外交委員長の名を冠したヴァンデンバーグ決議を採択し、自助努力と相互支援に基づく集団防衛へのアメリカの参画を認めた。伝統的な孤立主義との決別である。このアメリカの方針転換が弾みとなり、四九年四月、米英カナダと西欧諸国の一二カ国が北大西洋条約を締結した。締約国のいずれかに対する攻撃を全締約国に対する攻撃と見なしてただちに共同防衛を発動する相互防衛条約が結ばれたのである。こうして、機能不全に陥った国連の集団安全保障でも西欧諸国のみの防衛条約でもなく、核兵器を有し圧倒的な経済力を誇る世界最強のアメリカを組み込んだ大西洋同盟でソ連の脅威に立ち向かっていくことになった。四九年に入るとイギリス政府は第三勢力構想を完全に放棄し、以後アメリカとの同盟を対外政策の基軸に据えるようになる（細谷［二〇〇一］第六章）。

2　北東アジアへの冷戦の波及

北東アジアの分断

ベルリン封鎖事件の収束からドイツが二つの国家――ドイツ連邦共和国（西ドイツ）とドイツ民主共和国（東ドイツ）――へ分裂した一九四九年の夏から秋にかけ、北東アジアも対立する二つの陣営へと分かれていった。八月、アメリカ国務省は『中国白書』を発表し、日本軍の撤退後中国で再燃した国民党と共産党の内戦の調停を断念した。蔣介石率いる国民党主導の連合政府に毛沢東指導下の共産党を糾合して内戦を収束させようとしたアメリカの調停工作は、国民党政権の腐敗、無能と共産党の軍事的支配の拡大によって破綻した。

一九四九年八月末、ソ連が原子爆弾の爆発実験に成功してアメリカの核の独占が失われた。続く一〇月には内戦に勝利した毛沢東が共産党独裁の中華人民共和国の樹立を宣言する。さらに毛沢東はモスクワにスターリンを訪ね、五〇年二月、日本軍国主義の復活と、日本との結託を画策する勢力を仮想敵とする中ソ友好同盟相互援助条約を締結した。いまやユーラシア大陸の大半がソ連と中国の共産主義陣営の支配下に入り、世界の勢力地図が今後さらに共産陣営に有利なかたちで塗り替えられることへの警戒が西側諸国で高まった。

毛沢東の共産中国にどう対処するか。アジア冷戦のこの核心的問題をめぐって英米の立場は大きく異なった。アトリー政権は伝統的な大陸中国との通商や香港の防衛を考慮して、五〇年一月には西側陣営でいち早く共産中国を外交承認した。他方トルーマン政権は、内戦に敗れ台湾に敗走した蔣介石の中華民国政府を唯一正当な政府とする立場をとった。

「二つの中国」をめぐる英米の見解の相違は対日講和問題にも影響を及ぼした。イギリスはオーストラリア、ニュージーランド、インドとともに日本の中国・四国地方の占領にあたり、連合国の対日政策に一定の影響を及ぼした。しかし、占領と対日講和を主導したのは事実上の単独占領と言っても過言ではない存在感を誇ったアメリカだった。当初アトリー政権では対日講和会議に中華人民共和国政府を招請する案も検討されていた。しかし最終的にトルーマン政権の意向にイギリス側が譲歩し、いずれの中国も講和会議に招請せず、二つの中国との講和は独立後の日本の判断に委ねることになった（木畑〔一九九六〕第一部第三章）。一九五二年四月二八日、サンフランシスコ講和条約発効の当日、日本は中華民国政府のみとの講和を選択して日華平和条約を締結することになるが、この決断の背後には吉田茂政権に対するワシントンからの強い圧力があったのである。

朝鮮戦争

一九五〇年六月、東西冷戦をいっきに武力衝突へと発展させる事件が起きた。朝鮮戦争の勃発である。日本の敗戦によって植民地支配を脱した朝鮮半島は、戦後北緯三八度線を境界としたソ連とアメリカの暫定管理下に置かれた。ヨーロッパ冷戦の激化を背景に朝鮮半島ではソ連、アメリカとそれぞれ関係を持つ金日成《キム・イルソン》、李承晩《イ・スンマン》が半島統一の指導権争いを演じるようになる。両者の対立によって南北統一選挙の実施は困難になり、四八年八月に大韓民国、九月に朝鮮民主主義人民共和国（北朝鮮）という二つの対抗国家が誕生した。そしてスターリンと毛沢東の了解を取り付けた金日成が五〇年六月二五日、民族・半島の統一を掲げて韓国に武力侵攻し、朝鮮戦争の火蓋が切られた。

北朝鮮による明白な侵略行為にトルーマン政権は断固たる対応を示した。国連安全保障理事会決議に基づき、アメリカ軍は「朝鮮国連軍」を率いて半島に介入した。仁川上陸作戦（一九五〇年九月）の成功後、後退する北朝鮮軍を追って国連軍は五〇年秋に北緯三八度線を突破し北上を続けた。中朝国境に迫る国連軍の進撃を自国への深刻な脅威と捉えた毛沢東は一〇月下旬、北朝鮮への援軍派兵を決定する。こうして朝鮮戦争は米中の直接対決の場ともなった。

オリヴァー・フランクス駐米大使の活躍

戦争の勃発を受けイギリスは国連軍に加わったが、当初アトリー政権は支援を海軍の派兵に限定する意向だった。しかし、トルーマン政権は地上軍の派遣を含むさらなる協力をイギリス政府に要請した。この要求に迅速に反応して協力拡大を熱心に説いたのが駐米大使のオリヴァー・フランクスだった。オックスフォード大学教授だったフランクスは戦後、欧州復興計画と北大西洋条約の策定で活躍し、大使となってからはディーン・アチソン国務長官と、各国駐米大使の中で最も緊密な関係を築いていた。アチソンにとってフランクスは英米二国間の問題に限らず世界全体について協議できる数少ない相談相手だった。

イギリスにとって死活的重要性のない朝鮮半島に、なぜ関わらなければならないのか。フランクスの回答は明快だった。アメリカとの「特別な関係」の維持、それこそが最大の理由である。アメリカが必要とする地上軍を派遣して初めてイギリスはほかの欧州諸国とは別格の同盟国であることを示せるのだった(Hopkins 2001: 40–41)。

実際、アメリカの期待は高かった。国務省は一九五〇年前半の時点で、イギリスほど同盟国の資質を備えた国はないと考えていた。イギリスはアメリカと基本的な目的を共有しているうえに帝国とコモンウェルスを通じた国際的な影響力を有し、世界規模の軍事展開能力を持つ「最も信頼できる同盟国」だった。朝鮮戦争の勃発によって封じ込めの対象が拡大するにつれ、アメリカにとってイギリスとの世界レベルでの協力がいっそう必要となったのである(Dobson 1995: 98–99; Burk 2007: 578)。

フランクスの進言も影響を与え、一九五〇年七月二五日、アトリー内閣は一個旅団の派兵を決定し、のちに香港からの派兵も行った。五三年七月に朝鮮休戦協定が締結されるまでイギリスは国連軍構成国一六カ国の中でアメリカに次ぐ貢献を行っていった。

朝鮮戦争は英米の協調を実践する機会となったが、その後極東問題をめぐってたびたび表面化する両国の見解の相違を浮き彫りにする出来事ともなった。朝鮮戦争の衝撃でアメリカが軍事的な安全を最優先する安全保障国家《ナショナル・セキュリティ・ステート》に変貌を遂げ、極東地域への軍事関与を拡大していくなか、アメリカの反共政策に巻き込まれて過大な軍事的・財政的負担を背負わされる懸念がイギリス政府内で高まった。

一九五〇年一一月末、トルーマンは中国人民解放軍の参戦を受け、記者会見で核爆弾の使用を示唆して世界を驚かせた。アトリーは即刻ワシントンに飛んで大統領に翻意を促した。共産陣営に対するアメリカの決然たる態度こそ西側世界の平和の基盤である。しかし、共産陣営の不安と敵意を煽るアメリカの過剰な政策は西側諸国を危険に陥れる要因にもなる。したがって、冷戦の大規模戦争への転化を防ぐには、中ソ共産陣営のみならず同盟国のアメリカも抑制していくことがイギリス政府にとって重要になった。

3　西側同盟体制の完成

アイゼンハワー政権の誕生

一九五三年一月、第二次大戦で連合国遠征軍最高司令官としてノルマンディー上陸作戦（四四年六

Column 5-1　南太平洋と大西洋をめぐる角逐

チャーチルはアメリカとの「特別な関係」を誰よりも強く信じていたが，1950年代にはイギリスの世界的地位を脅かす競争相手としてのアメリカに直面することになった。チャーチルは政権に復帰するとアトリー前政権がアメリカに譲歩した二つの問題で再交渉を試みた。問題のひとつは，1951年9月にアメリカ，オーストラリア，ニュージーランドが締結したアンザス条約からイギリスが除外されていたことであった。アンザスが南太平洋におけるイギリスの影響力を弱め，旧自治領のオーストラリア，ニュージーランドが「母国」を裏切ってアメリカへの依存を深めていく様は屈辱的であった。

もうひとつの問題は大西洋連合軍最高司令官（SACLANT）の地位をめぐる対立であった。SACLANTは欧州大陸の防衛にあたる欧州連合軍最高司令官（SACEUR）とともに，大西洋防衛を任務とするNATOの軍事部門である。問題はアメリカがSACEURに加えてSACLANTも独占し，その指揮下にイギリス海軍が取り込まれることにあった。生涯に二度海相を務め，海軍力をイギリス帝国の力の源泉と見るチャーチルにとって，これは耐えがたい侮辱だった。

チャーチルはこの二つの問題でアトリー政権がアメリカに与えた同意の撤回に執着したが，トルーマン，アイゼンハワーの両政権とも変更に応じなかった。結局イギリスのアンザス加盟は実現せず，大西洋を英米が対等な立場で共同指揮するというチャーチルの提案も受け入れられなかった（Marsh 2012）。この二つの問題は南太平洋地域と大西洋における英米間での覇権の交代を象徴する出来事となった。

月開始）を指揮した英雄であり、北大西洋条約機構（ＮＡＴＯ）の初代欧州連合軍最高司令官も務めたドワイト・アイゼンハワーが第三四代合衆国大統領に就任した。それに先立つ五一年一〇月には、イギリスでチャーチルの保守党が政権に復帰していた。

チャーチルは旧知の仲であるアイゼンハワーの大統領就任を英米の特別な関係を再構築する好機と捉えて就任直前に訪米した。アイゼンハワーは両国の連帯を熱心に説くチャーチルに耳を傾けつつも、英米の連携さえあればどんな問題でも解決できるとするイギリス首相の「無邪気」な考えに内心冷ややかだった（Dimbleby and Reynolds 1988: 206）。国務長官に就任予定のジョン・フォスター・ダレスもイギリスとの特別な関係に前向きではなかった。ダレスもイギリスが他国とは「全く異なる範疇」の同盟国であることを認め、イギリスと「非公式」または「秘密裡」に世界の問題を協議することにやぶさかではなかった。しかし、朝鮮戦争以来対外関与が急拡大するにつれ、アメリカとて単独で共産陣営に対峙していくことは困難となり、同盟諸国の力を結集する必要があった。中ソとの長期的な競争の負担を単独で背負うことを、アメリカの議会や有権者・納税者はもはや許さないと思われたのである。

一九五三年、アイゼンハワー政権は負担可能なコストで最大限の抑止を企図する「ニュールック戦略」を策定し、核抑止の拡充と同盟国の最大限の活用を目指していく。アイゼンハワーとダレスは西側諸国の結束を重んじ、イギリスを特別扱いすることを控えた。西側諸国の力を結集するには少なくとも形式上同盟国を平等に扱うことが重要だったのである。しかし、チャーチルはイギリスをこのように「数ある同盟国のひとつ」として軽く扱うアイゼンハワー政権の姿勢に強くいらだった（Dobson

1995: 101-106; 水本〔二〇〇三〕四八、六五頁)。

チャーチルの大国の地位への固執は、一九五三年五月一一日、米英ソ首脳会談の開催提案となって現れた。直前の三月、ソ連の絶対的指導者スターリンが死去して冷戦は転機を迎えていた。チャーチルのねらいは、ソ連を封じ込めて孤立させるのではなく、外交対話と経済的接触を通じてソ連の内部変化を促すことにあった。それには、ソ連に大国としての然るべき地位を与え、彼らが抱く安全保障上の懸念に配慮することが不可欠だった。具体的にはポーランドをソ連の「緩衝国」と認めたうえで東西ドイツを統一し、ロカルノ条約のような集団安全保障条約によって統一ドイツによる再侵略を防止することで、ソ連との関係回復を図ろうとしたのである。

チャーチルの提案は大胆に過ぎ、アイゼンハワーは頂上会談の呼びかけに応じなかった。当時アメリカ国内ではジョゼフ・マッカーシー上院議員による容共主義者の摘発運動「赤狩り」がいまだ収まらず、ソ連との対話に乗り出せる雰囲気ではなかった。またチャーチルの提案はヨーロッパ諸国の市民に平和への淡い期待を抱かせ、西側陣営の結束を乱す危険があった。結局チャーチルの構想はイギリス政府内と同盟諸国の反対によって頓挫した。チャーチルが夢見た東西首脳会談が実現するのは、イーデンに政権を移譲した後の一九五五年七月になってからのことだった(Young 1996)。

西欧統合の危機と再建

チャーチルの首脳会議提案が同盟諸国の賛同を得られなかったのは、そのタイミングの悪さにも原因があった。一九五〇年代初頭、西欧諸国は共産陣営に対抗する防衛力増強の最中にあった。朝鮮戦争の発生後、アメリカと西欧諸国は軍備拡大に乗り出した。五〇年後半、トルーマン政権は欧州駐留米軍の増強を決定し、北大西洋条約は実体的な軍事機構NATOへと発展を遂げた。建国以来の伝統を破って平時の海外駐留という大決断を行ったトルーマン政権は西欧諸国にも同様の軍備増強を要求し、西ドイツのNATO参入を提案するようになった。

しかし、これにフランスが待ったをかけた。ソ連の脅威に対処するためとはいえ、いまだ大戦時のドイツ占領の記憶が鮮明な時期に、西ドイツに再び独自の軍隊を持たせることになるNATOへの加盟をフランスの国民は決して許さなかった。代案としてフランス政府は一九五〇年一〇月、首相の名を冠したプレヴァン・プランを発表する。欧州防衛共同体（EDC）構想として知られるようになるこの計画は、西欧諸国が国家の主権の垣根を越えて合同部隊を編制するという過去に類を見ない構想だった。フランスのねらいは、自らが主導するEDCに西ドイツの兵力を取り込んで共産主義の封じ込めに寄与させつつ、西ドイツ単独の再軍備を抑えてその軍事大国化を防ぐことにあった。

EDCは欧州石炭鉄鋼共同体の創設によって始まった西欧諸国の地域統合の流れに位置するものだった。一九五一年四月、フランス、西ドイツ、イタリア、オランダ、ベルギー、ルクセンブルクの六カ国は独仏の長年の対立要因であった石炭鉄鋼資源の共同管理を行う超国家的な共同体の設立に合意したが、EDCは統合を安全保障の分野に拡大する大胆な構想だった。トルーマン、アイゼンハワーの両政権ともこの大陸六カ国の試みを支持し、イギリスにも地域統合への参加を期待した。

しかし、アトリー労働党政権もチャーチル保守党政権も世界大国の地位との決別を意味するヨーロッパ統合への参加を拒否した。政権発足直後チャーチルは、イギリスの対外政策の優先順位としてコモンウェルス・帝国地域との団結を最優先に挙げ、次いでアメリカを含む英語圏諸国との連帯を位置づけた。そして最後の三番目に統合ヨーロッパとの関係を据えた。友邦として統合ヨーロッパと緊密な関係を保ちつつも、チャーチルにはそれと一体になる意志はなかったのである（Reynolds 2000: 183）。

チャーチルが混成部隊と批判したEDC構想は、一九五四年八月末あえなく破綻する。構想の提案国フランスで国民議会がEDC関連諸条約の批准を拒否したためである。議会内の左右両勢力とも西ドイツとの軍事統合を拒絶した。EDC構想の破綻によって西欧諸国の軍備増強は推進力を失った。同時にヨーロッパ冷戦は流動的な情勢にあった。スターリンの死去後、ゲオルギ・マレンコフ、ニキータ・フルシチョフ、ニコライ・ブルガーニンらのソ連新指導部は西側への平和攻勢に打って出て朝鮮戦争の休戦に応じた。こうしたソ連政府による緊張緩和政策とチャーチルの首脳会議提案があいまって共産主義に対する西欧諸国の結束が緩む危険があったときにEDC構想が頓挫したのである。

アイゼンハワー政権はEDC創設の失敗に失望した。一九五三年末以来ダレス国務長官はヨーロッパへの軍事関与の見直しを示唆する発言を行っていたが、そのアメリカ軍の削減、撤退のシナリオがいよいよ現実味を帯びたのである。この危機に西欧防衛の再建を主導したのがイギリス外相のアンソニー・イーデンだった。五四年秋イーデンが西欧諸国の歴訪と国際会議の運営に奔走し、五五年五月、ついに西ドイツのNATO加盟が実現した（細谷〔二〇〇五〕一五七―六四頁）。この過程で西ドイツの再軍備に対する大陸諸国の警戒を解くべく、イーデンはヨーロッパ大陸でのイギリス軍の駐留継続を保証した。こうして英米の恒常的な軍事関与を基盤とする西ヨーロッパの安全保障体制が完成したのである。

4　「きわめて困難な四年間」――東南アジアと中東をめぐる対立

フランクスの後任として駐米大使を務めたロジャー・メイキンズによれば、英米両国にとって第一次アイゼンハワー政権期は、重大な問題に相次いで見舞われた「きわめて困難な四年間」となった（Hopkins, Kelly and Young eds. 2009: 91）。その主な原因は、イギリスがいまだ帝国の一部として権益と影響力を有する東南アジアと中東にかかわる問題をめぐって、両国の政策が大幅にくいちがったことにあった。本節では第一次インドシナ戦争とスエズ戦争をめぐり同盟分裂の危機に至った英米関係の展開を見ることにする。

第一次インドシナ戦争

一九四六年末に始まった仏領インドシナ（ヴェトナム、ラオス、カンボジア）での独立戦争、すなわち第一次インドシナ戦争は、五四年三月、その最終局面を迎えていた。ラオス国境に近いヴェトナム北部の軍事的要衝ディエン・ビエン・フーをめぐる現地独立勢力のホー・チ・ミン軍との戦いで、フランス軍は敗北の瀬戸際にあった。

四月七日、アイゼンハワーは記者会見でかの有名な「ドミノ理論」を披歴する。大統領によれば、中ソと連携したホー・チ・ミン軍の勝利はインドシナ半島の共産化にとどまらず、ドミノが次々に倒れるようにインドネシアやフィリピン、さらには台湾、日本、オーストラリア、ニュージーランドまでもが共産化の危機に瀕することになる。こうした全面的な極東の共産化を防ぐには、インドシナで最初の一駒を倒さないことが肝心である。そのためにはダレス国務長官が三月末に西側諸国に呼びかけたように、インドシナでの「統一行動」、すなわちフランス軍を救援するための集団介入が必要になったのである。そして集団防衛を実施するうえでアイゼンハワー政権が最も重視したのがイギリスの協力だった（松岡〔一九八八〕六五頁）。イギリスは、植民地のマラヤとシンガポールに軍事基地を有する東南アジアの大国であって、インドシナへ介入する際の必須のパートナーだったのである。

しかし、アメリカ政府の呼びかけにチャーチル政権は断固反対の姿勢を貫いた。チャーチルは訪英したアーサー・ラドフォード米統合参謀本部議長にきっぱりと語った。インドシナ戦争はフランスが自助努力で解決すべき問題だ。インドが帝国から独立したいまとなってはイギリスにとってインドシナの戦略的重要性は大幅に低下した。フランスの帝国を救うためにイギリスが派兵する根拠はもはやない。インドシナでの敗北によってフランスが世界大国の地位を失おうとも、それはイギリスの関心事ではない（水本〔二〇〇三〕五八頁）。

同時にイーデンもダレスとの会談で統一行動への協力を拒み続けた。ダレスが英米同盟は「終焉間近」と語るほど一九五四年の春から夏にかけて両国の関係は悪化した。関係悪化の一因はイーデンとダレスの相性の悪さに求められるが、英米間に横たわる共産主義の脅威認識やその対処手段の相違に深く根ざしていた。アイゼンハワー政権は西側陣営のリーダーとして同盟諸国を守る決意の信頼性を維持するには、フランスの敗北を座視するわけにはいかなかった。他方チャーチルは、冷戦の「周辺

Column 5-2　イーデンとダレスの人間関係

戦後英米外相の人間関係で最も相性が悪かったのは，おそらくイーデンとダレスのそれであろう。外交官として戦後モスクワとボンに勤務し，チャーチル政権下で外務事務次官代理を務めたフランク・ロバーツによれば，両者の険悪な関係は，イーデンが豊富な国際経験を自負するダレスを外交世界の「新参者」として軽く扱ったことにその一因があった（Frank Roberts Papers, Box 8）。

ダレスは決して外交の素人ではなかった。第一次大戦後のパリ講和会議や第二次大戦後の国際連合の会議に出席し，1950年代初頭にはアメリカ政府の特使として対日講和条約の策定で重責を果たした。しかし，弱冠38歳で戦間期のボールドウィン内閣の外相に就任し，第二次大戦で再度外相としてローズヴェルト，スターリンの両巨頭と関係を切り結んだイーデンからすれば，ダレスの経験など取るに足らないものだったのかもしれない。

地域」にすぎないインドシナをめぐって中ソとの全面戦争の危険を冒す愚行を指摘した。チャーチルは水素爆弾による世界の破滅を恐れていたが、核戦争はソ連の核開発の追い上げに焦るアメリカの先制攻撃によって始まる可能性が高いと考えていたのである（水本［二〇〇三］五二、五六、五八頁）。

アメリカの反発にあいながらもイーデンはソ連外相ヴァチェスラフ・モロトフと共同でジュネーヴ会議を開催し、七月二〇日、インドシナ休戦協定の調印にこぎ着けた。アメリカの軍事介入と東西全面対決の危機はこうして回避された。休戦協定によってインドシナからのフランス軍の撤退、インドシナ諸国の完全独立、北緯一七度線を軍事境界線とするヴェトナムの南北暫定分割、二年以内のヴェトナム統一選挙の実施が決まった。しかし、第7章で見るように、インドシナでの武力紛争は一九六〇年代にはヴェトナム戦争となって再燃し、その対処をめぐって英米両国は再び深刻な対立を迎えることになる。

スエズ危機

英米の対立は東南アジアにとどまらず、中東問題をめぐっても生じた。イギリスは第二次大戦後も中東で非公式の帝国を維持し、石油などの経済権益と軍事基地を保持していた。戦後アメリカの影響力は中東でも次第に拡大を遂げたが、グローバルな冷戦を戦ううえで中東地域はいまだイギリスの責任範囲であるとする役割分担認識が英米両政府内に存在していた（Smith 2012: chapter 1）。一九五一年五月にイランのモハメド・モサデク政権が英国策会社アングロ・イラニアン石油を国有化する事件が起きると、英米両国の諜報機関（ＭＩ６とＣＩＡ）は共同で転覆工作を実施して五三年八月にモサデクを打倒した。

しかし、モサデクの打倒は中東におけるイギリス非公式帝国の安寧にはつながらなかった。モサデクとの対立に続いてチャーチル政権はエジプトで強力な反英ナショナリズムに直面していたのである。一九五二年七月、エジプトでムハンマド・ナギブとガマル・アブドゥル・ナセル率いる自由将校団がファルークの王政を打倒した。その後、この革命運動は反英運動に発展し、一九世紀末からスエズ運河地帯に駐留するイギリス軍の撤退要求へとつながっていく。帝国の存続に固執するチャーチルを抑えてイーデンは五四年一〇月、スエズ運河に関するイギリス＝エジプト条約を締結し、有事の際の再駐留を条件に五六年六月までのイギリス軍の全面撤退に応じた。いっさいの譲歩を嫌って結果的にエジプトから追い出されるより、戦時の再駐留権を得て撤退するほうが中東での影響力を維持するうえで得策であるとイーデンは判断したのだった。

一九五五年に入るとチャーチル政権はスエズからの撤退を前提に、ソ連周辺諸国のトルコ、イラク、イラン、パキスタンとの提携強化を目的とするバグダッド条約を締結した。しかしナセルはソ連の脅威を口実にしたバグダッド条約をイギリスによるアラブ諸国とイスラム教徒の分断の陰謀と批判した。ナセルにとってアラブ諸国の真の敵はソ連共産主義ではなく、第一次中東戦争（一九四八年）で戦火を交えたイスラエルであった。今後さらにシリア、ヨルダンなどがこの条約に取り込まれるとエジプトは孤立し、イスラエルに単独で立ち向かわなければならなくなるのだった（佐々木〔一九九七〕第二、三章）。

イギリスの期待に反してアイゼンハワー政権はバグダッド条約への正式な加盟を見送った。かわりにアメリカはイスラエルとアラブ諸国の和平の斡旋を優先課題に据えた。バグダッド条約に加入してナセルの敵意を煽ると、エジプトをソ連陣営に追いやってしまいかねない。またエジプトとソ連の連携に不安を抱いたイスラエルを、エジプトとの国境地帯での対決に駆り立てる危険もある。アイゼンハワー政権は時期尚早なナセルとの対決に慎重だった。

一九五六年三月、英米のエジプト政策は転機を迎える（佐々木〔一九九七〕一四三―四七頁）。一日、ヨルダンでアラブ軍団司令官の地位にあったイギリス人ジョン・グラブ将軍が解任された。イーデンは解任劇の背後にナセルの暗躍を悟って対決姿勢を強めていく。同じ頃、中東和平の仲介を試みてきたアイゼンハワー政権もナセルを和平の障害と見なすようになり、エジプトへ圧力をかけ始めた。他方ナセルはイギリス軍のスエズ撤退完了間近の五月一六日、中華人民共和国を外交承認して共産陣営への接近を示した。六月にはエジプト政府によるチェコスロヴァキア経由でのソ連製武器の購入も発覚した。

これに対し英米両政府はエジプトのアスワン・ハイ・ダム建設支援の停止を発表して対抗した。ナセルは英米が約束済みであった建設費の融資を反故にしたことに反発し、七月二六日、国王ファルークを退位させた記念日にあわせてスエズ運河株式会社の国有化を突如発表し、同社の通行料収入をダム建設に充てる計画を発表した。

危機から戦争へ

イーデンにとってスエズ運河会社の国有化は、超えてはならない一線をナセルが越えたことを意味した。運河会社株式を多数保有するイギリス政府にとって同社の収益は貴重な資産だった。しかもスエズ運河は地中海から紅海、インド洋、極東へと至る帝国の軍事・通商ルートの要衝であり、中東からの石油の輸送ルートでもあった。まさにイギリスと帝国を結ぶ大動脈、経済の生命線だったのである。イーデンは「中東のムッソリーニ」ナセルの打倒を決意し、アイゼンハワーに親書をしたためて武力行使を含む強硬策への支持を求めた。イーデンは、西側勢力を一掃してアラブ諸国を自らの「衛星国」にしようとするナセルの野望と、この混乱に乗じた中東でのソ連の影響力拡大に注意を喚起して大統領の理解を得ようとした（Boyle, ed. 2005: 153-68）。

武力介入に突き進むイーデンをアイゼンハワーとダレスは懸命に引きとめた。平和的な解決手段を尽くすまでアメリカの議会や世論は武力行使を決して支持せず、ましてやイギリスへの支援に応じるはずがなかった。しかも武力によるナセルの打倒は、中東、北アフリカだけでなくアジア、アフリカの民衆を反西側で団結させて将来「取り返しのつかない」事態を招きかねなかった。ナセルの行動は独立を求める人々の「白人」支配への抵抗を象徴していて、こうしたナショナリズムへの対処を誤れば西側諸国は「ダカールからフィリピンに至る世界」の人々と敵対することになるのだった（Boyle, ed. 2005: 163; Nicholas 2011: 140）。

一〇月下旬、イーデンはフランス、イスラエルと極秘に共謀を図り、ついにナセルの打倒に着手した。二九日、事前合意に沿ってイスラエル軍がエジプト・シナイ半島に侵攻し、戦端が開かれた。英仏はスエズ運河の自由航行の保障を名目に介入の意向を示し、三一日、停戦要求を無視した咎《とが》でエジプトへの空爆を開始し、一一月五日にはポートサイドに上陸した。

この間、英米関係は戦後最悪の危機に直面する。アイゼンハワーは事前協議なしでの軍事侵攻に驚愕し、イーデンの裏切りに激怒した。アメリカ大統領選投票日（一一月六日）を間近に控えたタイミングでの侵攻に憤慨したアイゼンハワーはイギリスに対して容赦ない対応をとった。英仏が国連安保理で拒否権を発動すると、アメリカ政府は緊急総会を招集して即時停戦と撤兵を要求する決議を採択した。ＮＡＴＯの同盟国である英仏をアメリカが国連で非難するという冷戦史上きわめて稀な事態が起きたのである。

英仏が停戦決議を無視し、ソ連首相ブルガーニンが核兵器による脅迫を含む中東への介入を示唆すると、アメリカはさらなる圧力をイギリスにかけた。イギリス政府にとって決定的な打撃となったのはアメリカの金融的な圧力であった。エジプトへの侵攻開始以降、ナセルのスエズ運河封鎖によってイギリスへの石油輸入が妨害されていた。また、外国為替市場でイギリスの通貨ポンドが大量に売られ、イギリスは外貨準備の急激な減少に見舞われた。中東からの石油の輸入が困難になったイギリスは代替として中南米からの輸入の可能性を検討したが、それにはアメリカ政府とアメリカが主導する国際通貨基金の金融支援が必要だった。ところが、アイゼンハワー政権はこのイギリスの泣き所を突いて支援を拒絶し、エジプトに上陸したばかりのイギリス軍を停戦の受諾と撤退に追い込んだのだった（佐々木〔一九九七〕第四、五章; Nicholas 2011: chapters 9–12）。

スエズでの失態によって中東でのイギリスの影響力が一掃されたわけではない。しかし、エジプトへの侵攻は旧態依然たるイギリスの帝国主義支配に対する世界的な批判を引き起こして、一九六〇年代に加速するアフリカでのイギリスの帝国解体の序曲となった。そして何より、スエズ戦争はアメリカの支持を得ない単独行動が招く悲劇をイギリス政府指導者に痛感させる出来事となった。イギリスが今後も世界で影響力を維持していくには、アメリカと袂《たもと》を分かつ選択を二度と繰り返してはならないとの苦い教訓を得ることになったのだった。

（水本義彦）

第6章

「特別な関係」の危機と再構築

●一九五六〜六三年

はじめに——米ソ冷戦の常態化と拡散

ヨーロッパ地域で始まった米ソ冷戦の対立は、一九五〇年代半ばまでに常態化の様相を呈し、一九六〇年代にかけて、やがて非ヨーロッパ地域へと〝拡散〟していくことになった。一九五八年一一月から始まった第二次ベルリン危機は、その例外である。一九五〇年六月からの朝鮮戦争で、ヨーロッパ地域での冷戦はアジア地域にすでに波及していたが、一九五六年七月から一一月の中東地域でのスエズ危機は、冷戦の〝拡散〟の本格的な始まりをもたらすこととなった。

このスエズ危機と一九六二年一〇月のスカイボルト危機で、英米同盟は〝漂流〟した。しかし、スエズ危機後とスカイボルト危機後、英米の「特別な関係」はすぐに再構築されたのである。その修復のスピードは、英米の「特別な関係」の〝特別さ〟の一つの要素であると言うことができよう。ではなぜ、またいかにして、英米の「特別な関係」は、短期間で再構築されたのか――。

1　スエズ危機後の「特別な関係」の再構築

スエズ危機からスエズ戦争へ

前章で見たように、アメリカのアイゼンハワー政権はスエズ危機で、英仏の軍事介入に強く反対した。アイゼンハワー大統領は、事前に相談されなかったことに腹を立てたのである。しかも、アメリカ大統領選挙の直前であった。また、ハンガリー動乱へのソ連軍の介入の直後というタイミングでもあり、ソ連の軍事介入を批判しづらくなってしまったのである。アイゼンハワーは、一九五五年七月のジュネーブ首脳会議以降、「雪解け」ないし「緊張緩和（デタント）」の象徴的な人物となっていた。くわえて、アイゼンハワー政権は、英仏の軍事介入に反対しなければ、第三世界でのアメリカの評判が著しく低下するのではないか、と危惧したのである。

アイゼンハワー政権は、スターリングを売却し、イギリスが国際通貨基金（ＩＭＦ）から融資を受け取ることを妨害した。これは、イーデン政権のハロルド・マクミラン蔵相が最も恐れていたことであった（Macmillan 1971: 122; Kunz 1997: 85-87）。こうした結果、イギリス経済は破綻の寸前に陥った。イギリスとしては、中東地域から撤退するしか選択肢がなかった。Ｒ・Ａ・バトラー外相は、ウィンスロップ・オルドリッチ駐英アメリカ大使に、「アメリカと国連が公平に対応しないのであれば、イギリスは国連から脱退し、イギリスのアメリカ軍基地も使用不能とする」と強い不快感を示したが（Dobson 1995: 118）、その背景には、「ガマール・アブドゥル＝ナセル大統領がスエズ運河を国有化したのは、そもそもアメリカがアスワン・ハイ・ダムへの援助を停止したからではないか」というバトラーの認識があった。イギリスが中東地域から撤退すると、アイゼンハワー政権はただちに、石油、アメリカ輸出入銀行からの五〇億ドル融資、ＩＭＦからの融資を提供した。

スエズ危機直後の動き

スエズ危機（と戦争）は、一九世紀以降の英米関係で最大の衝突となったが、わずか四カ月あまりで、英米の「特別な関係」は再構築されることとなる。

スエズ危機の直後、イーデンは体調不良のため首相の座から降りた。一九五七年一月に、代わってマクミランが首相となった。マクミラン首相は、英米の「特別な関係」の再構築に最適な人物であった。個人的な要因となるが、（彼にとって英雄であったチャーチルと同じく）母親がアメリカ人であり、かつ第二次世界大戦期からのアイゼンハワーとの個人的な信頼関係があった。アイゼンハワーも、チャーチル元首相からの手紙で、英米関係の重要性を再認識していた。「中東地域での関係悪化を放置しておくことは愚行となりましょう」と、チャーチルはアイゼンハワーに手紙を送っていた（Baylis 1984: 88-89）。このチャーチルの手紙は、マクミランの回顧録によれば、英米両国の関係修復に実質的な手助けになったようである（Macmillan 1971: 176）。

アイゼンハワーは、一九五七年三月はじめに、マクミランとバミューダで英米首脳会談を開催することを決定した。こうして、英米間の「特別な関係」の再構築の動きが始まった。

一九五七年三月のバミューダ英米首脳会談にいたるまで、三つの重要な動きがあった。

第一に、一九五七年一月、ダンカン・サンズ国防大臣が、ドイツ・ライン駐留のイギリス軍を四〇パーセント縮小し、徴兵制を廃止し、核防衛により重きを置く防衛構想を明らかにした。これは核抑止に大きく依存した「ニュールック」戦略のイギリス版と言える。これに対して、アイゼンハワーとダレス国務長官は、西側のヨーロッパ防衛に支障が生じることを強く懸念した。スエズ危機後、フランスのNATOへのコミットメントは、揺れ動いていた。西ヨーロッパ地域でイギリス軍が縮小すれば、アメリカ軍で補塡するしかなかった。

第二に、「アイゼンハワー・ドクトリン」が一九五七年一月に発表された。アイゼンハワーはアメリカ議会に対して、「国際共産主義の支配下にあるいかなる国家による軍事的侵略行動にも対抗するため」、中東諸国からの求めに応じ、これらの諸国に経済的かつ軍事的援助を送る権限を与えるよう、アメリカ議会に要請したのである（同年三月に、アメリカ議会で「中東決議」が可決される）。アイゼンハワーとダレスは、アメリカ軍の負担が大きくなることに対して懸念を強めていた。

第三に、アイゼンハワーが、イギリスの戦略的重要性を再確認したことがある。「イギリスと同じく、アメリカも同盟国を必要としている。アメリカが単独で行動するよりも、イギリスと協調して行動したほうが、国際的なリーダーシップをより発揮できる。また、イギリスはNATOで、アメリカに次いで軍事貢献をしている」という認識である（Dobson 1995: 119–20）。

アイゼンハワー政権の封じ込め政策は、一言で言って、「より安上がりな」封じ込め（cheaper containment)を追求するものであった。軍事的要請と供出可能な資源との間に適当な均衡(「大いなる均衡」)を保つためである(佐々木〔二〇一一〕九三頁)。核兵器による抑止に依存した「ニュールック」戦略と「大量報復」理論を中核とし(一九五三年一〇月の国家安全保障会議文書第一六二―二号〔NSC一六二/二〕による)、地域紛争に対しては「瀬戸際」政策をとった。同盟のネットワークを構築し、これら核戦略を補完した。また、戦略物資の輸出統制やCIAによる秘密作戦、心理作戦など非軍事的なオプションを重視したのも、「より安上がりな」封じ込めのためである(Dockrill 1996: 19-71; 佐々木〔二〇〇八〕一二―一五頁)。

同盟国イギリスの重要性を再確認することは、「より安上がりな」封じ込めを模索するアイゼンハワー政権にとって、大きな意味を持っていた。同盟のネットワークを重視するアイゼンハワー政権は、(フランスは頼りなく感じ)イギリスこそ同盟国の中でも最も大きな重要性を持っていることを再確認したのである。しかも、その重要性は、グローバルなインプリケーションを持っていた。

英米原子力協定の進展

スエズ危機後の英米の「特別な関係」の再構築は、まず核協力を軸として進められた。アメリカからの和解のシグナルとして、一九五七年一月、アイゼンハワー政権はマクミラン政権に対して、中距離弾道ミサイル(IRBM)のイギリスへの配備を提案した(Baylis 1984: 89-90)。これは、ソ連による核攻撃の威嚇に対抗し、抑止する目的もあったという(Dobson 1995: 120)。

アイゼンハワーとマクミランが一九五七年三月に、バミューダで英米首脳会談を開催した。六〇基のソア・ミサイルがイギリスのイースト・アングリアに配備されることになった（Horne 1986: 89）。「第二次世界大戦の終結以降に自分が出席した国際会議の中で最も成功したもの」である、とアイゼンハワーは回顧録で回想している（Eisenhower 1965: 124）。カサブランカ会談やカイロ会談など、第二次世界大戦中の首脳会談を彷彿とさせたのである。

イギリスは一九五七年五月に、クリスマス島で水爆実験に成功した。イギリスは、独自の核抑止力を保持することにこだわりを見せていた（Macmillan 1971: 329）。また、ソ連のニキータ・フルシチョフ政権は一九五七年一〇月に、アメリカに先駆けて、人工衛星スプートニク一号の発射実験に成功した。この「スプートニク・ショック」によって、米ソ冷戦は、核ミサイル時代へと突入した。

アイゼンハワーとマクミランは一九五七年一〇月に、ワシントンで英米首脳会談を開催した。会談後に発表された「共通目的に関する宣言」には、「イギリス、アメリカおよび他の友好諸国の科学者や技術者の間の緊密かつ有意義な協力のために必要であり、また望ましい場合には、議会に対し一九五七年の原子力法の改正を要請する」という大統領の約束が含まれていた（Macmillan 1971: 756–59）。

ワシントンでの首脳会談を受け、アメリカで一九五八年七月、新原子力法が成立した。これによって、英米間の原子力協力を阻んできたマクマホン法が廃止されたのである。アイゼンハワーとダレスは、マクマホン法は「時代遅れになった」と認識していた（Macmillan 1971: 316）。イギリスは、核分裂物質とともに核弾頭の設計と製造に関する情報をアメリカから得ることが可能となった。イギリスは、これに対して、ポラリス潜水艦のためのホリー・ロッチ基地やフライングダールズのスパイ基地を提供した（Macmillan 1972: 254）。また、イギリスの水爆に関する技術は、アメリカ側を驚かせた

Column 6-1 英米間での戦略的議論の応酬

1950 年代半ばから後半にかけて，英米間では戦略的思考に関する議論の応酬が見られた。とくに 1957 年 10 月のスプートニク・ショック後は，アイゼンハワー＝ダレス流の「ニュールック」戦略と「大量報復」理論を基礎とする西側の核戦略は，その信頼性を急速に失ってしまった。ソ連が核ミサイルで西ヨーロッパのみならず，アメリカをも攻撃する能力を開発したためである。核ミサイルの脅威による降伏か，それとも「大量報復」に戦略的基礎を置く自滅か，どちらかを選ばざるを得ないような事態に陥ることを回避し，より柔軟性のある段階的抑止政策をとる必要性が生じた。こうして，「抑止」をめぐる複雑な議論や「限定核戦争」という概念に注目が集まったのである。

たとえば，アメリカでは，ヘンリー・キッシンジャーが『核兵器と外交政策』（1957 年）を出版した。彼以外にも，バーナード・ブロディー，アルバート・ウォールステッター，トマス・シェリング，ハーマン・カーンらが，同じ問題に取り組んだ。イギリスでは，アリスター・バッカン，デニス・ヒーリー，リチャード・クロスマン，P・M・S・ブラケット，アンソニー・バザード，ジョン・ストラッチェリーらが，新しい核戦略論を展開した（Baylis 1984: 94）。

こうした戦略的思考に関する応酬は，たしかにアメリカでより活発であったが，英米間で一方通行ではなかったのである。ジョン・ガーネットによれば，「大西洋の双方の論者は相互の個人的交流から多くのものを得たし，また彼らはアングロ・サクソン世界の防衛問題研究者によって書かれた，核戦略に関する急増する出版物から多くの刺激を受けた」という（Garnett 1977: 162-64）。

(Baylis 1984: 92-93)。また一九五八年七月には、英米間で「相互防衛目的のための原子力エネルギー使用協力協定」も締結された。こうした核兵器をめぐる英米協力は、両国の安全保障政策に幅広い協力と親密さをもたらした(Pierre 1972: 143-44)。

さらに、スエズ危機での軋轢は、中東地域での英米軍事協力という点でも修復された。一九五八年七月に、レバノンとヨルダンで英米合同軍事行動が実施された。イラクでの反西側の革命によって、中東地域が不安定になることを防ぐため、アメリカの海兵隊がレバノンに、イギリスの落下傘部隊がヨルダンに派遣されたのである。

第二次ベルリン危機と英米関係

一九五八年一一月に、第二次ベルリン危機が勃発した。ソ連のフルシチョフ首相が、米英仏の西側三カ国に対して、ベルリンに関する「最後通牒」を突きつけてきた。その内容は、ベルリンの自由都市化であり、六カ月以内というデッドラインつきであった。こうした国際的な危機は、英米の「特別な関係」をよりいっそう強化することとなった。

マクミランとフルシチョフは一九五九年二月に、モスクワで英ソ首脳会談を開催した。マクミランは、このモスクワ訪問でベルリン問題の解決を模索したのである。少なくとも、ベルリン問題の棚上げを図った(Macmillan 1971: 598-626)。マクミラン政権としては、ベルリン問題のためにソ連と戦争をするつもりはなかった。ただし、アメリカにとって、マクミランの単独行動は、西側同盟の結束を揺るがせる行為にほかならなかった(青野〔二〇一二〕三三一―三四頁)。

またアイゼンハワーとフルシチョフは一九五九年九月に、キャンプ・デーヴィットで米ソ首脳会談を開催した。アイゼンハワーは、ベルリン問題の解決を模索した。マクミランのモスクワ訪問と同じく、少なくとも、ベルリン問題の棚上げを図った（Eisenhower 1965: 422-48）。しかし、U２型偵察機の撃墜事件が一九六〇年五月に起こり、米英仏ソのパリ首脳会談が流産してしまう。米ソ関係は悪化し、ベルリン問題の解決は遠のいた。英米仏ソの四大国の多国間首脳外交の終わりとなった（Macmillan 1972: 237-38）。一九六〇年七月には、イギリスの基地を飛び立ったアメリカ空軍ＲＢ47型機の撃墜事件も起こっている。

2　経済的要因

ようやく軌道に乗る西側の国際経済

イギリスは一九五八年一二月、ポンドの兌換性を完全に回復した。チャーチル政権期、バトラー蔵相がポンド兌換性の回復を示唆したが、この時点では時期尚早であった。また一九六〇年には、アイゼンハワー政権のイニシアティブで、自由貿易の拡大のため、関税及び貿易に関する一般協定（ＧＡＴＴ）のディロン・ラウンドが開始された。こうして、西側の国際経済は、第二次世界大戦中に構想された形にようやく近づきつつあった（Kunz 1997: 97-99）。

一九五〇年代、自由貿易の拡大は、きわめて困難であった。なぜならば、アメリカ国内で、慎重な保護主義が高まったからである。少しさかのぼるが、一九五三年の英米蔵相会談で、バトラー蔵相が

「援助でなく貿易を」と訴えたが、アメリカ側の反応は鈍かった。アイゼンハワーは同情的であったが、アメリカ議会が反対していたのである。また一九五四年一月には、対外経済政策委員会委員長のクラレンス・ランダルが穏健な自由貿易の拡大を提言したが、それですら、実現は困難であった。アイゼンハワー政権は、アメリカ議会で互恵通商協定法（RTAA）の延長を民主党議員の協力を得て、なんとか実現した。アイゼンハワー大統領は、非関税障壁の撤廃を大統領権限で実現した。一九五六年には、イギリスにとって、オーストラリアに代わり、アメリカが最大の輸出国となったが、イギリスは巨額の貿易赤字を抱えたままであった。

「チャイナ・ディファレンシャル」とイギリス

英米両国は、一九五〇年代から一九六〇年代にかけて、対共産圏輸出統制委員会（COCOM）で対立した。朝鮮戦争時に設定された中国への輸出統制は、ほかの共産圏諸国への輸出統制よりも厳格であり、一九五三年七月の休戦協定後も、そのギャップは残った。いわゆる「チャイナ・ディファレンシャル」である（Dobson 1988: 599-616）。

マクミラン政権は一九五七年六月に、中国との通商拡大のため、「チャイナ・ディファレンシャル」を単独で撤廃した。フランスなど、アメリカ以外の国家は追従した。一九五八年にも、マクミラン政権は通商拡大のためのさらなる措置を講じた。アイゼンハワー政権は、イギリスのこうした動きをこころよく思わなかった（加藤〔一九九二〕一八五―九〇頁）。

ヨーロッパ経済共同体と英米関係

一九五〇年代後半まで、マクミラン政権は経済的に、アメリカと英連邦を主要なパートナーと見ていた。一方で、フランスや西ドイツを中心としたヨーロッパ経済共同体（EEC）による共通関税が、イギリス経済に及ぼすであろう影響を無視できなくなりつつあった。イギリスは、デンマークや北欧諸国と欧州自由貿易連合（EFTA）を創設したが、EECに対抗できるものではなかった。

一九六〇年代はじめ、イギリス経済は競争力を失い、巨額の対外負債と債務を抱え、国際収支の赤字に直面して、ポンドの兌換性を維持することが困難な状態にあった。アメリカ経済は、イギリス経済ほど深刻ではなかったが、一九五七年から一九六三年の間に、七〇億四〇〇〇万ドル相当の金保有を失っていた。総計では少額だが、このペースで金保有が失われていくのであれば、中長期的にブレトンウッズ体制の安定性に深刻なダメージになるはずであった。

こうして、イギリス経済が悪化すると、イギリスは防衛負担を縮小する。そのことは、アメリカの軍事負担を増大させ、経済的にも負担となる。こうした結果、ブレトンウッズ体制の安定性に不安が生じることになる。つまり、イギリス経済の悪化と西側の防衛政策、アメリカ経済の苦境、そしてブレトンウッズ体制の安定性は、すべて密接に連関（リンケージ）していたのである（Dobson 1995: 125)。

一九六〇年代はじめまでに、マクミランは、英連邦とのつながりがイギリス外交の中で占める比重が低下するであろうことを認識していた。とくに一九六一年五月の南アフリカの英連邦からの離脱が、象徴的であった。マクミランは一九六一年一月、「変化の風」演説を行い、アフリカの植民地独立を

Column 6-2 イギリスのEEC加盟をめぐる応酬

アメリカのケネディ政権は，イギリスのEEC加盟に一貫して支持を与えた。イギリスのEEC加盟が大西洋同盟とヨーロッパ統合との懸け橋になることを期待したのである。ケネディ政権は，「大西洋経済共同体」など，一定の大戦略（grand strategy）を描いていた。

またケネディ政権は，イギリスのEEC加盟の障害にならないよう，できるだけ低姿勢の政策を推進していた。しかし，水面下での動きは実は活発であり，ジョージ・ボール国務次官がイギリス側と積極的に協議し，EFTAとしてのEEC加盟を断念させている。アメリカは中立諸国とのイギリス加盟を嫌ったのである（Dobson 1995: 126）。

英米両国は，EECがフランスを中心に排他的な経済ブロックになるのではないか，と恐れた。

さらにイギリスのEEC加盟に立ちはだかったのが，フランスのシャルル・ド・ゴール大統領であった。ド・ゴールは，イギリスのEEC加盟に反対であった。イギリスが真のヨーロッパ国家となるのか，懐疑的であったためである。つまり，ド・ゴールは，イギリスがヨーロッパではなく，アメリカとの大西洋関係をより重視するのではないか，と危惧したのである。彼は，イギリスがアメリカの「トロイの木馬」になるのではないか，といぶかった。こうしてド・ゴールは，イギリスのEEC加盟で，フランス外交の影響力が低下することを懸念したのである。

促していた。イギリス政府内では、ＥＥＣの発展を見て、ヨーロッパに将来を見る意見や、「アメリカへの依存を断ち切るべきである」という意見が出始めた。しかし、依然として、対アメリカと対英連邦との経済的なつながりは、基本的に強固なままであった。

一九六一年四月の英米首脳会談で、ジョン・ケネディ大統領はマクミランに対して、イギリスのＥＥＣ加盟を歓迎する旨を伝えた。アメリカは一貫してイギリスのＥＥＣ加盟を支持し続けていた。ケネディ政権は、イギリスが加盟した形で、強力で統合されたヨーロッパを目指すべきである、と考えていたのである。アメリカは、「大西洋経済共同体」の実現まで、視野に入れていた（Dobson 1995: 126）。

3　スカイボルト危機後の「特別な関係」の再構築

マクミラン要因と「二人のデイヴィッド」

民主党のケネディ政権の成立は、当初、英米の「特別な関係」にマイナスになるのではないか、と危惧されていた。若いカトリックのケネディと、老獪なマクミランとの組み合わせではうまくいかないと思われたからである。マクミランは一九六〇年一一月、アイゼンハワーへの手紙で、英米間の「特別な関係」は維持するが、ケネディとの間で、「われわれとの関係ほど緊密な関係は築けないでしょう」と述べていた（Macmillan 1971: 284）。ただし、このマクミランの発言は、間違いであった。

二人の間には当初、ラオス問題で意見の食い違いがあったが、まもなく個人的な信頼関係が生まれた。「特別な関係の中の特別な関係（special relationship within special relationship）」である（Horne 1986: 94）。ケネディが最初に会談した外国の首脳は、マクミランであった。また一九六一年の一年間で、マクミランとケネディは四回も首脳会談を実施している（Dobson 1995: 124）。マクミランのユーモアのセンスは、ケネディを魅了したという（Horne 1986: 91）。

米ソ関係の緊張は、英米同盟を強化させた。一九六一年五月のウィーン米ソ首脳会談でのケネディの厳しい立場に、マクミランは同情した。ソ連は、最後通牒を再びつきつけてきた。第二次ベルリン危機の再燃である。ベルリン問題はまさに「米ソ関係の喉に刺さった骨」であった（*FRUS, 1961–1963, Volume XIV, Berlin Crisis, 1961–1962*, doc. 32, pp. 71–75）。

こうして、マクミランとケネディは、一九六〇年代はじめ、個人的な信頼関係を構築した。アーサー・シュレジンガー・ジュニア特別補佐官によれば、「生涯の友のようであった」という（Schlesinger 1965: 490–91）。デイヴィッド・オームズビー・ゴア駐米イギリス大使は、首脳会談は「家族会議のようであった」と振り返っている（Horne 1986: 91）。

またオームズビー・ゴア自身も、ケネディと緊密な関係にあり、ケネディ政権の政策決定にしばしば関与した。彼のユーモアもケネディを魅了したという。彼はしばしば、ワシントンの政策決定プロセスの比較的に早い段階で、イギリス側の視点を滑り込ませることに成功した。これに対して、デイヴィッド・ブルース駐英アメリカ大使も、マクミラン首相との間で、緊密な関係を構築した。アリステア・ホーンは、「二人のデイヴィッド」が英米間の「特別な関係」をより円滑にした、と指摘している（Horne 1986: 92）。

独自の核抑止力をめぐる問題

ケネディ政権の封じ込め政策は、アイゼンハワー政権の核抑止に依存した「ニュールック」戦略から、「柔軟反応」戦略ないし「多角的オプション」戦略へと大きく転換した。これは、抑止力を高めるために、核戦争から通常戦争、ゲリラ戦まで、それぞれのレベルを想定した国家安全保障戦略を追求していくというものである。ケネディは、スプートニク・ショック後の「ミサイル・ギャップ」論争を利用して、核兵器と通常兵器の両面で軍拡を図った（Freedman 1981: 227-56）。核戦略をめぐってアメリカにとって残された問題は、イギリスやフランスなど同盟国の独自の核戦力をいかに捉えるか、であった（Freedman 1981: 303-29）。

一九六二年六月のアン・アーバーでのNATO閣僚理事会で、ケネディ政権のロバート・マクナマラ国防長官は演説し、各国が独自に運用する限定的核戦力は「危険で、高価で、時代遅れとなりやすく、また抑止力としては信頼性に欠ける」ものである、と指摘した（Pierre 1972: 208-209）。アメリカはこれ以降、「核共有（nuclear sharing）」を目指していく。つまり、ケネディ政権は、同盟国の独自の核抑止力を危険視し、同盟国の核兵器を統合された指揮・命令系統にまとめる方策を検討し始めていた（Baylis 1984: 102）。

こうした政策はやがて、「多角的核戦力（MLF）」構想へとつながっていった。マクミラン政権のピーター・ソーニークロフト国防大臣は、MLF構想を「ナンセンスな構想」である、と認識していた。MLF構想は、ケネディ政権では、ジョージ・ボール、ウィリアム・テーラー、ウォルト・ロストウ、ボブ・ボーウィー、ヘンリー・オーウェンら国務省の高官たちと、マクジョージ・バンディ国家安全保障問題担当大統領補佐官などが推進していた。西ドイツの核保有を阻止することも、MLF構想の大きな目的の一つであった（*FRUS, 1961-1963, Volume XIII, Western Europe and Canada, 1961-1962*, doc. 402, p. 1097）。

キューバ・ミサイル危機と英米関係

一九六二年一〇月には、一三日間のキューバ・ミサイル危機が勃発する。ここでは、米欧間の利害の不一致が明らかとなった（青野〔二〇一二〕第五章）。アメリカは直接、ソ連の核ミサイルの脅威にさらされるが、西ヨーロッパ諸国は必ずしもそうではない。バンディは、最初の国家安全保障会議執行委員会（EXCOM）で、ヨーロッパの同盟国を政策決定に参画させないことを提案した（May and Zelikow, eds. 1997: 62）。

しかしながら、マクミランは回顧録で、ケネディから定期的な電話連絡があったことや、駐米大使のオームズビー・ゴアを通じて、イギリスが「アメリカの諸決定に密接に関与してきた」と主張していた（Macmillan 1973: 182, 219-20）。ケネディの肉声を記録したテープが四半世紀後に公開され、こうした事実は裏づけられた。とくにマクミランは、定期的な電話連絡で、ケネディのカウンセラーとしての役割を担ったと言えよう（May and Zelikow, eds. 1997: 283-87, 384-92, 427-30, 480-84）。またイギリスは、キューバ・ミサイル危機においてNATOの「警戒態勢」を発動しないこととするという決定に関与した。くわえて、ソ連のフルシチョフに考える時間をできるだけ与えるため、「隔離線」を八〇〇マイル先から五〇〇マイル先に引き戻すという決定にも参画した（Macmillan 1973: 220）。

こうした国際危機下での英米間の協力関係は、「特別な関係」のピークであった、と解釈できる（Horne 1986: 93）。しかし当時は、ヨーロッパ同盟諸国が核戦争の可能性がある状況下で、アメリカの政策決定に関与できなかったことが大きな問題となった。「英米の『特別な関係』も終わった」という意見も、当時は存在した（Baylis 1984: 106）。

スカイボルト危機とナッソー会談

マクナマラとソーニークロフトは一九六二年一二月に、ロンドンで英米国防相会談を開催した。この会談で、スカイボルト・ミサイル開発計画の将来に不確実性があることが明らかになった。しかし、この事実は、英米国防相会談の前にリークされており、会談の雰囲気は明らかに、「当惑させるほど冷たい」ものであったという（Nunnerley 1972: 146）。

キューバ・ミサイル危機直後というタイミングは、無視できない。セオドア・ソレンセン大統領補佐官は、「キューバ危機の後では、それは小さい問題に見えた。いや、どんな問題も小さく見えた」と回想（言い訳）している（Sorensen 1965: 564-65）。

アイゼンハワーとマクミランは一九六〇年三月に、ワシントンで英米首脳会談を開催し、「スカイボルト・ミサイルおよびポラリス・ミサイルに関する貴重な交換公文」をとりまとめていた（Macmillan 1972: 252-55）。それにもかかわらず、アメリカは二年後には、スカイボルト開発計画の断念を伝えてきたのである。

こうして、スカイボルト危機が、英米間で勃発した。マクナマラとソーニークロフトの不仲に加えて、二人の視点の相違もあった。マクナマラが「費用対効果」の観点からこの問題を見ていたのに対して、ソーニークロフトは軍事予算の経済的コストの削減など、まず国内政治の観点からこの問題を捉えていた（Horne 1986: 96)。

一九六二年一二月に、アチソン元国務長官がウェスト・ポイントでの演説で、「イギリスはすでに帝国を失い、いまだ新たな役割を見出していない」と発言した。このアチソンの発言をめぐっては、イギリスで当時、強い反発が起こった。そのため、ディーン・ラスク国務長官が、「英米の『特別な関係』に変化はない」と言及することとなった。フランスのド・ゴールは、イギリスの「ヨーロッパ性」にますます懐疑的となった（Dobson 1995: 127)。

マクミラン政権は、イギリス経済の苦境に直面しており、政権の閣僚交代もあった。さらに、イエメン、アデン、ブルネイ、コンゴ、ローデシアで問題を抱え、中印紛争があり、第二次ベルリン危機があり、イギリスのEEC加盟問題もあった（Baylis 1984: 99-100)。陽気なマクミランもさすがに、「困難な決断の時期であった」と深刻に回想している（Macmillan 1973: 354)。

ケネディとマクミランは一九六二年一二月に、ナッソーで英米首脳会談を開始した。その結果、「核防衛態勢に関する宣言」が発表され、アメリカはイギリスに対して、「継続的に」核弾頭抜きでポラリス・ミサイルを提供することになった（Baylis 1984: 104-105; 橋口〔二〇〇二〕五八―五九頁)。

この会談で、マクミランは、スカイボルト・ミサイルの共同開発の提案に対して、同ミサイルの「処女性は疑わしい」と、皮肉のユーモアで答えた（Macmillan 1973: 358)。マクミランのディカップリング（中距離核戦力をめぐって米欧同盟間の欠かざるべき政治的及び軍事的なつながりが切り離されてしまうこと）に対する懸念もあり、イギリス独自の核抑止は必要である、と認識していた。アメリカの「核の傘」を含む拡大抑止に関して、「次の大統領は信頼できるであろうか」とマクミランはケネディに詰め寄っている（Horne 1986: 98）。

なぜケネディ大統領は、側近たちの反対を押し切って、ポラリス・ミサイルを提供することを決定したのであろうか。

第一に、イギリスのEEC加盟の困難さがある。マクミランは、英米間の核ミサイル問題は「ド・ゴールを刺激しない」と発言したが（Macmillan 1973: 354）、イギリスのEEC加盟はすでに困難な段階に差しかかっていたので、アメリカはド・ゴール要因を無視できる立場にあった。

第二に、マクミラン政権が直面するさまざまな苦境から、イギリスで政権交代が起こる可能性があった。マクミランとオームズビー・ゴアは、この点を強くケネディ大統領に訴えた。ケネディとしても、親友のマクミランを政権交代に追い込むことは本意ではなかった。また国務省も、覚書で事前にイギリス国内政治への影響を懸念していた（*FRUS, 1961–1963, Volume XIII, Western Europe and Canada, 1961–1962*, doc. 398, pp. 1083–1084; Dobson 1995: 129）。

ケネディ政権は、イギリスにポラリス・ミサイルを提供するにあたり、ヨーロッパ地域でのよりいっそうの軍事貢献をイギリス側に求めていたことは、注目すべきである（Marsh 2013: 180）。

NATOの同盟内政治に先行しての英米での合意は、政治学者のリチャード・ニュースタッドによれば、「王から王へ」の合意であった（Horne 1986: 99）。もしケネディとマクミランとの間に個人的な信頼関係がなかったとしても、スカイボルト危機は回避できたであろうか――。アベレル・ハリマンは、ローズヴェルトとチャーチルよりも、ケネディとマクミランはより広く深い関係を築いていた、と認めている（Horne 1986: 100-101）。ナッソー英米首脳会談の前日、ケネディとマクミランは、二人で散歩しながら、ざっくばらんに議論した。ケネディ政権の側近たちは、イギリス側の狡猾さを警戒した（Horne 1986: 98）。

同盟内政治の論理

こうして、英米関係は二度、深刻な危機に陥ったが、「特別な関係」はすぐに再構築された。イギリスの保守党のマクミラン政権期（アメリカでの共和党のアイゼンハワー政権期と民主党のケネディ政権期）の、英米間の「特別な関係」の〝漂流〟とその修復の過程を見ると、国際交渉においては、米ソ間に限らず、同盟内政治や「ヨーロッパの次元」の重要性をあらためて認識することができる。それぞれの国内交渉や指導者間の個人的な関係まで射程に入れれば、国家間関係はきわめて複雑な相互作用を経て成立していると言える。

たとえば、青野利彦は、『「危機の年」の冷戦と同盟』で、「アイゼンハワー政権期の東西交渉は、東西関係と西側同盟内部の政治力学が交錯する中で行われた」と指摘しつつ、個人的な要因にも分析の射程を広げている。さらに、複数の争点を取り上げ、それらの相互関係を明らかにしている。たとえば、「アイゼンハワー政権末期までにドイツ統一、ベルリン、核不拡散、東西不可侵協定、核実験という五つの問題が、相互に絡まり合いながら、東西交渉の争点として浮上してきた」という指摘がある（青野〔二〇一二〕三六頁）。

またソ連側も、実は同盟内政治が深刻なまでに重要であった。ソ連外交史家のアダム・ウラムは、『膨張と共存』で、一九六〇年代に潜在化した中ソ対立は、「モスクワの権力闘争と密接に連動していた」と論じている。一九六一年に入り、第二次ベルリン危機がにわかに深刻化し、米ソ両国が大規模な核実験を再開するが、ソ連の指導者たちは、アメリカに対抗するためというよりも、同盟国であった中国を黙らせる必要性がより重要であったのではないか、という仮説まで立てている（Ulam 1974: 609, 610–11, 654）。

第一のエピソードであるスエズ危機後の英米の「特別な関係」の再構築では、ソ連による核攻撃の脅しや、スプートニク・ショックとその後のミサイル・ギャップ論争など、米ソ関係の悪化が、英米の「特別な関係」の再構築に大きく寄与した。同盟内政治では、核兵器とその運搬手段であるミサイルをめぐる協力が軸となり、英米間の「特別な関係」の再構築が図られたと言える。また、アイゼンハワーとマクミランの第二次世界大戦期からの個人的な信頼関係が、英米の「特別な関係」の再構築に大きく作用した。国内交渉では、アメリカ側でもイギリス側でも、東西関係の悪化を背景に、英米の「特別な関係」を再構築すべきである、という意見が無視できなかったと言えよう。

第二のエピソードであるスカイボルト危機後の英米の「特別な関係」の再構築でも、第二次ベルリン危機やキューバ・ミサイル危機をめぐって米ソ関係が悪化し、英米の「特別な関係」を再構築する機運が高まった。しかしながら、そもそも、英米間でスカイボルト危機が生じたのは、アメリカのケネディ政権が、とくにキューバ・ミサイル危機を経験した直後であっただけに、同盟国イギリスが独自の核抑止力を維持する必要性を見落としてしまったからである。結果として、核兵器とその運搬手段のミサイルを軸とした英米協力で、関係修復が図られた。ケネディとマクミランが世代を超えた親友であったことは、アイゼンハワー＝マクミラン期よりも大きく作用した。さらに、国内交渉では、スカイボルト危機を乗り越えなければ、マクミラン政権が倒れ、労働党政権が誕生する蓋然性が、アメリカ側で強く認識されたことがとくに重要であった。マクミランも、オームズビー・ゴアも、英米間の国際交渉で、この政権交代の可能性を強調した。いわば弱者の脅迫である。国内の苦境を逆手にとって、強力なバーゲニング・パワーを発揮した事例である（Evans, Jacobson and Putnam, eds., 1993: 453）。

※

おわりに――「特別な関係」の終わりの始まり？

一九六二年一二月のスカイボルト危機が収束した直後、英米の「特別な関係」が再構築されたが、この時期を英米「特別な関係」の全体的な流れの中でどのように位置づけるべきかについては、歴史家の評価は必ずしも定まっていない。

たとえば、ベイリスによれば、「戦後英米両国間の防衛協力は、一九六〇年代初期に頂点に達した。しかし他方で、両国間の力の不均衡は拡大し、アメリカがソ連との関係にますます心を奪われるようになったことは、英米同盟全体の将来に、またある程度両国の防衛協力関係に重大な暗示を与えるものとなった」という（Baylis 1984: 107）。ケネディ政権が、マクミラン政権の苦境に気がつかなかった、十分に配慮できなかったという事実が、アメリカにとってイギリスの防衛上の役割が小さく見えるようになっていたことの証左なのかもしれない（Dobson 1995: 131）。

一九六三年八月に、英米ソの三カ国は、部分的核実験禁止条約（ＰＴＢＴ）に調印した。核不拡散の動きである。ＰＴＢＴをめぐる交渉では、マクミランが果たした役割が大きい。マクミランとしては、アメリカの消極的な交渉姿勢に不満があったが、ＰＴＢＴを自分の政権の最大の成果と考えた（Horne 1986: 100）。

論文を締めくくるにあたり、「歴史のイフ」を考えるのは不適切かもしれないが、もしマクミランが早く引退せず、かつケネディが暗殺されなければ、米英ソ関係でさらなる緊張緩和の成果が実現できたのではないかと考えるのは、筆者だけではあるまい。

（島村直幸）

第7章

力の凋落と変容する国際秩序への対応

●一九六三〜七五年

はじめに

本章が扱う一九六〇年代半ばから七〇年代の前半は国際秩序が大きく変化した時期である。東西間ではデタント（緊張緩和）が模索されていた。西側同盟内ではド・ゴール仏大統領がＮＡＴＯの存在意義に挑戦し、また通貨や石油といった国際経済をめぐる対立も目立ってきていた。さらに、戦後国際秩序の形成・維持に重要な役割を果たしてきた英米の力も大きく低下しつつあった。このような変化に両国はどのように対応しようとしたのか。また、それは英米関係にどのような影響を与えたのだろうか（なお英米が直面した経済的な問題について、より詳しくは第10章を参照のこと）。

1　変容する戦後秩序とイギリスの力の凋落

指導者たちの交代

一九六三年の秋、英米では相次いで指導者が交代した。一〇月にマクミラン首相が病気で辞任し、前政権で外相を務めたアレック・ダグラス＝ヒュームが首相に選出された。その翌月、アメリカではケネディ大統領がテキサス州ダラスで暗殺され、リンドン・ジョンソン副大統領が憲法の規定に従って大統領に昇格したのである。

しかしジョンソンとダグラス＝ヒュームが、前任者達のように親密な関係をつくることはなかった。とくにイギリスが、アメリカが敵対視するキューバへの経済制裁を拒否し、貿易を継続したことは、両国関係を悪化させた。結局六四年一〇月のイギリス総選挙で保守党は敗北し、ダグラス＝ヒューム政権は英米関係に大きな足跡を残さないまま退陣した。そして一三年ぶりにハロルド・ウィルソンが率いる労働党政権が誕生したのである（Dumbrell 2006: 69）。

ウィルソン政権とイギリスの力の凋落

第二次世界大戦後のイギリスは、米ソに続く軍事大国であった。一九六〇年代前半にフランスと中国が核開発に成功するまで、核兵器を保有していたのは米英ソだけであった。また戦後イギリスは世界各地に兵力を展開していた。それは西ドイツを中心としたＮＡＴＯ地域と、かつて大英帝国の支配下にあった、中東から南アジアを経て東南アジアへと至る「スエズ以東」地域である。スエズ以東におけるイギリス軍の存在感は米ソよりも大きかった。この地域への軍事的関与はイギリスの「世界的役割」とも呼ばれ、西側の対ソ戦略におけるイギリスの担当地域とみなされていたといえる（山口〔二〇一四〕二七〇頁）。

しかし六〇年代までにはイギリスの力は低下し、世界的役割の維持は難しくなってきていた。ウィルソンは、首相就任当初から深刻な国際収支赤字と財政問題に悩まされ続けた。その理由の一つは巨額の防衛費である。イギリス経済を守るためには、世界的役割から撤退して防衛費を削減するか、イギリス通貨ポンドの価値を切り下げるか、もしくはその両方を行わなければならない。しかしウィルソンは、いずれも望んではいなかった。高いポンドの価値も世界的役割も、世界大国イギリスのシンボルだと考えられたからである。

だが財政状況を考えれば、核抑止・西欧防衛・スエズ以東防衛のすべてにこれまでと同じように携わるべきではない。この問題については政権発足直後の防衛政策に関する臨時会議で議論がなされている。ここでは、スエズ以東関与の維持を最優先すべきという見解が支持を得た。また核抑止力の維持は既定事項とされた。では、西欧防衛についてはどうか。西欧はイギリスの安全保障上最も重要な地域であった。しかしキューバ危機後、ソ連はヨーロッパでは穏健な態度をとっていた。それゆえ、NATOの結束が維持される限り西欧で戦争が起こる可能性はないと判断された。西欧防衛費の削減が目指されることになったのはそのためである（Dockrill 2002: 55-59; 芝崎〔二〇〇九〕一五四―一五九頁）。

Column 7-1　駐米イギリス大使館と英米関係

英米関係を見る際には，政府首脳を支えた外交官たちの活動にも目を向ける必要がある。ワシントンの駐米イギリス大使館は，外交官たちにとって最も重要な活動拠点であった。ここでは大使を筆頭に，公使，書記官といった多くの外交官が働いていた。彼らは，アメリカ政府や議会，マスコミ関係者と日常的に接触し，情報や意見を交換していた。そこには二つの重要な目的があった。一つ目は，国際問題に関するアメリカ政府や議会の立場，世論の動きを正確に把握することである。イギリス政府は大使館の情報を用いながら，どのようにアメリカ政府に働きかけるかを決定していた。二つ目は，イギリスの政策方針や利害関係などをアメリカ側に伝えることである。概してアメリカの外交政策は，国務省などの官僚が原案をつくり，それを国務長官や大統領が承認することで決定される。アメリカ側との接触を通じてイギリスは，しばしば自国の考えや利害をアメリカの政策原案に反映させることができた。またこれはアメリカにとっても，自国の政策に対するイギリスの支持を得やすくなるという利点があった（Hopkins 1998）。こうした見えにくいが重要な役割を通じて，イギリス大使館は英米関係を支えていたのである。

またウィルソンは英米関係を重視していた。超大国アメリカとの緊密な関係は、イギリスの大国としての地位を守るうえで有益であった。ウィルソンは、第6章で見たマクミラン＝ケネディ時代のように、自身がジョンソンと頻繁に電話や会談を行い、駐米イギリス大使も自由にホワイトハウスに出入りするような関係を望んでいた。しかしジョンソンはそのようには考えていなかった。そもそも彼はイギリスに限らず、必要な場合を除けば、他国の首脳との会談などに大きな意味を見出してはいなかった（Colman 2009:

151-54)。しかしながら、ジョンソン政権も多くの問題でイギリスの協力を必要としていた。その一つが、当時NATOが直面していたさまざまな問題への対処だったのである。

西側同盟の動揺

前任者のケネディと同じく、ジョンソンもデタントを模索し続けた。ジョンソン政権期の五年間に米ソは、宇宙空間の軍事利用禁止に関する条約や民間航空協定など、いくつもの政府間合意を成立させた。

このように超大国間でデタントが進む一方、西側同盟はいくつもの問題に直面していた。その一つが、アメリカの「核の傘」の信頼性の問題である。一九五〇年代後半にソ連は大陸間弾道ミサイルの開発に成功し、アメリカ本土を直接核攻撃することが可能となった。そのため西側内部では、核の傘が本当に機能するかどうかが問題となった。万が一の場合にアメリカは、ソ連の核攻撃にさらされる危険を冒してでも西欧諸国を防衛する意思があるのか。とりわけキューバ危機後に米ソがデタントを模索する姿は、そのような西欧諸国の懸念を強めたのである。とくに西ドイツの懸念は大きかった。そのため英米は、核の傘に不安を抱いた西ドイツが、独自の核兵器保有に踏み切ったり、NATOを離脱してソ連に接近するのではないかと恐れたのである。

アメリカは、イギリスとともに西ドイツに兵力を展開していた。この在独米軍の存在は、アメリカの西欧防衛関与のシンボルであり、NATOの礎石であった。しかし六〇年代に入ると、アメリカの力も徐々に低下し始めた。アメリカは戦後、NATOをはじめ世界中の同盟国防衛に関与してきた。

それゆえイギリスと同じく、財政問題と国際収支赤字が問題となっていた。これに対して西欧諸国は、国防をアメリカに依存することで、多くの資源を経済活動に向けることができ、いまや繁栄を享受していた。それゆえアメリカ議会は、NATO諸国が経済力に見合った防衛努力や駐留経費の負担を行わないのであれば、在独米軍の削減や撤退を行うべきだと主張していたのである。

六六年七月にこの問題はさらに悪化した。深刻なポンド危機に直面したイギリスが、西ドイツが駐留経費を負担しなければ、在独英軍の大幅な削減は不可避だと発表したのである。これはジョンソン政権にとっても問題であった。イギリス軍が削減されれば、議会は在独米軍の削減や撤退をさらに強く求めるだろう。しかしそれが実施されれば、西ドイツも核保有や対ソ接近へと走るかもしれない(Zimmerman 2002: 179-99)。

こうしたなか、NATOに重大な挑戦を突きつけたのがフランスのド・ゴール大統領であった。彼は、もはやアメリカには核戦争を冒して西欧を防衛するつもりはないので、アメリカから独立した「ヨーロッパのためのヨーロッパ」が必要だと主張していた。またド・ゴールは「大西洋からウラル」という新しい枠組みをつくることも提案した。それは東西ヨーロッパ全体を覆う安全保障体制であり、その中でドイツ再統一と在欧米軍の撤退を実現するのである。六四年以降ド・ゴールは、自身の構想を実現すべく、中国やソ連、東欧諸国への接近を図った。さらに彼は、六六年三月、フランス軍をNATO軍の指揮下から離脱させることを宣言したのである。

英米の対応

このような西側内部の問題に英米両国はどのように対応しようとしたのか。両国は、NATOを維持し、西ドイツの核武装を防止せねばならないという点で一致していた。この問題に英米は協力して取り組んだ。具体的には、フランス以外のNATO一四カ国の結束を維持して、西側内部でド・ゴールを孤立させようとしたのである。ド・ゴールがNATO軍からの撤退を表明した約一〇日後、一四カ国はNATOの重要性を再確認する共同声明を発している。これはイギリスがアメリカに提案し、両国が協力してNATOでの採択に向けて準備したものであった（Ellison 2007: 34-43）。

NATO内の諸問題を解決する努力も行われた。たとえば在独米軍・英軍の駐留経費について、六六年八月、ジョンソン政権は米英独三国の交渉を提案している。このときイギリスは、イギリス軍の大幅削減を行う寸前まで追い込まれていた。イギリスの経済問題はそれほど深刻であった。そこでアメリカは三国の利害を調整してイギリス軍を維持し、NATOを安定化させようとする。交渉は難航した。しかし六七年四月までに、西ドイツが駐留経費の一定額を負担し、英米はその額に応じて兵力を維持することが合意された（Zimmmerman 2002: 194-233）。

また英米は、ベルギーのピエール・アルメル外相の提案で六七年初めに開始された「同盟の将来に関する研究」（アルメル研究）の推進にも注力した。これはド・ゴールの挑戦で揺らいだNATOの存在意義を再確認しようとするものであった。

ところで六七年五月にイギリスは、二回目のEEC加盟申請を行っている。六六年三月ごろまでにウィルソン政権は、世界政治におけるイギリスの影響力を維持するためEECに加盟すべきとの結論に達していた。ＥＥＣから排除されれば西欧と大西洋同盟（ＮＡＴＯ）の中で影響力を失い、その結果対米影響力も低下しかねない。さらに六六年七月のポンド危機も、ＥＥＣ加盟へ向けた政府内の雰囲気を後押しした（Young 2003: 142-48; 芝崎〔二〇〇九〕）。

英米にとってイギリスのＥＥＣ加盟申請は、ド・ゴールへの対抗手段でもあった。第一次加盟申請のときと同じく、ド・ゴールがこれを拒否する可能性は高かった（第6章）。しかし両国は、フランス以外のＥＥＣ五カ国に積極的に働きかけた。イギリス加盟への支持を取り付けることでフランスを孤立させ、ド・ゴールの影響力を切り崩そうとしたのである。

この試みは成功した。一一月にド・ゴールはイギリスの加盟を拒否することを発表した。しかしこの問題で孤立したフランスは、西側内部でのさらなる孤立を回避したいと考えた。そのため翌月のＮＡＴＯ外相理事会では、それまで反対していたアルメル研究について妥協したのである。こうして六七年一二月に「アルメル報告書」が採択された。それは「抑止」と「デタント」の二つをＮＡＴＯの目的と位置付け、同盟の意義を再確認するものとなった。こうしてＮＡＴＯの結束は再強化された。ＮＡＴＯに対するド・ゴールの挑戦は、その目論見とは反対の結果を生んだのである（Ellison 2007: 170-83）。

このように英米は協調してド・ゴールの挑戦に対処することに成功した。しかしその背後では、ヴェトナム問題をめぐる対立が進行していた。

ヴェトナム戦争をめぐる英米の軋轢

第5章で見たように、南北二つのヴェトナム国家が成立したのは一九五四年である。六〇年には南ヴェトナムで、北ヴェトナム政府の支援を受けた民族解放戦線によるゲリラ戦が始まった。アメリカは南ヴェトナム政府を存続させようとしたが、情勢は悪化し続けた。ついに六五年二月、ジョンソン政権は北ヴェトナムへの爆撃（北爆）を開始し、七月にはアメリカ軍派兵を決断した。本来ならヴェトナム問題は交渉での解決が望ましい。しかし北ヴェトナムと交渉すれば、アメリカ国内のタカ派や同盟国から共産主義に対して弱腰だと批判されるかもしれない。このように考えたジョンソンは交渉を選択できなかったのである。

実際のところイギリスを含む多くの同盟国は、交渉をアメリカの弱腰の表れとは見ていなかった（Logevall 1999）。むしろウィルソンは、ジョンソンに対して強い危惧を抱いていた。交渉を拒否して軍事力の行使に固執すれば、アメリカは国際社会、とくに第三世界における道義的権威を失うと予想されたからである。しかし一方的に批判するだけではアメリカの政策を変えることはできない。そのためイギリス政府は、公にはアメリカ政府の軍事行動を支持する姿勢を示した。しかしその一方でウィルソンは、ジョンソンへの書簡や電話、また首脳会談で、交渉によるヴェトナム和平の必要性を繰り返し説いたのである。ウィルソンはまた、ジョンソン政権とも連絡をとりつつ、和平交渉を開始するための仲介外交を行った。六六年には、二度訪ソして和平努力を行うようソ連側に働きかけたほか、さまざまな仲介工作を実施している。しかし、それらはいずれも失敗に終わった。

そもそもジョンソンは、ウィルソンの仲介に大きな期待を抱いていなかった。むしろジョンソンが求めていたのはイギリス軍のヴェトナム派兵であった。アメリカは単独介入しているのではなく、同盟国とともに「自由世界」防衛のために戦っていると世界にアピールしたかったからである。それゆえジョンソンは、派兵を拒否して交渉を訴え続けるウィルソンにいらだった。実際のところアメリカは独自の和平工作を行っていたが、その情報をイギリス側には提供していなかった。そしてそのことに気づいたウィルソンは、ジョンソンへの不信感を強めたのである。こうしてヴェトナムをめぐって英米関係は悪化していった。

六七年六月には、ソ連のアレクセイ・コスイギン首相が訪米して米ソ首脳会談が行われた。その後、アメリカ・北ヴェトナム間でも秘密交渉が開始されると、イギリスが仲介を行う余地はなくなってしまう。しかし、アメリカも事態を打開することができなかった。結局、六八年三月三一日の記者会見でジョンソンは、北ヴェトナムに対して和平交渉を呼びかけた。そして次期大統領選には出馬しないことを表明したのである（水本〔二〇〇九〕第六—七章）。

イギリスのスエズ以東撤退と英米関係

イギリスのスエズ以東撤退も、英米対立をもたらした。すでに見たように、当初ウィルソンはスエズ以東関与とポンドの価値の両方を維持するつもりであった。しかしイギリス経済の苦境は続いた。そのため六五年後半までにイギリス政府内では、スエズ以東撤退は不可避であるとの考えが強まっていた（Young 2003: 42-45）。

一方ジョンソン政権にとって、スエズ以東におけるイギリス軍の存在はより重要なものになりつつあった。イギリスが撤退すれば西側の対ソ戦略には大きな損失となり、在独米軍撤退を求める議会の圧力も強まるかもしれない。またこの地域でイギリスの存在が維持されれば、アメリカはヴェトナム情勢への対応に専念することもできた。そのためヴェトナム戦争が本格化した六五年以降、ジョンソン政権は、イギリスにスエズ以東関与を維持するよう説得を続けると同時に、ポンド防衛のための経済支援を繰り返し行ったのである（Dumbrell 2006: 82–84; Dockrill 2002: 105–21, 220–21）。

しかし六六年七月のポンド危機は、スエズ以東撤退へ向けたイギリスの動きをさらに後押しした。そして翌六七年七月には「防衛政策に関する補足声明」が発表された。これは「七〇年代半ば」までに極東地域への関与を大幅に削減し、中東地域からは完全に撤退するとの姿勢を打ち出すものであった。さらにこの年の秋、ウィルソン政権はポンドの切り下げを決定し、翌年一月にはスエズ以東からの撤退を正式に表明した。

スエズ以東撤退の決断は、前年のＥＥＣ加盟申請とともに、戦後イギリス外交の大きな転換点となった。イギリスの力は凋落し、世界的役割を果たし続けるための経済力はもはや残っていなかった。そのためウィルソンはスエズ以東から撤退し、ヨーロッパのみで主要な役割を果たす道を選んだのである。この決断は英米の「特別な関係」にも影響を与えた。世界的役割を果たせなくなったイギリスの、アメリカにとっての価値は大きく低下してしまったからである。一方でド・ゴールへの対処の例が示すように、イギリスは依然としてヨーロッパにおけるアメリカの重要なパートナーでもあった（Ellison 2007: 183–87）。しかし六九年にアメリカで新政権が誕生すると、その外交政策の方向性も大きく変化する。それがまた英米関係にも影響を与えていくのである。

2　超大国デタントと英米関係

アメリカの凋落とニクソン政権のデタント政策

一九六〇年代末のアメリカは大きな困難に直面していた。ヴェトナム戦争が泥沼化して国内では反戦運動が盛り上がり、議会では在独米軍撤退への支持が強まっていた。また国際経済におけるアメリカの地位も低下していた。ヴェトナム戦争の費用を海外で支払うため国際収支は悪化し、しかも西欧諸国や日本の経済力が拡大したため、アメリカの貿易黒字は縮小していたのである。さらには軍事面においてすらアメリカの優位は揺らいでいた。キューバ危機後のソ連は大規模な核軍拡を行った。その結果、六〇年代末までに米ソの核戦力は「均等（parity）」に達したと考えられるようになっていたのである。

このようななか、六九年一月に共和党のリチャード・ニクソン新大統領が就任した。ニクソンは、ハーヴァード大学で国際政治学の教鞭をとっていたヘンリー・キッシンジャーを国家安全保障問題特別補佐官に任命し、外交政策の刷新に取り組んだ。彼らはアメリカの力の低下を明確に認識していた。そのためアメリカの同盟国防衛への関与を縮小し、同盟国により多くの防衛負担を求める「ニクソン・ドクトリン」を発表した。またヴェトナム戦争終結へ向けて、アメリカ軍を南ヴェトナムから段階的に撤退させ、南ヴェトナム軍に防衛の責任を移していく「ヴェトナム化」政策も進められた。しかしアメリカ経済の悪化はとまらなかった。結局、七一年八月にニクソン政権は、対米輸出品に輸入課徴金を課し、金・ドル兌換を停止する「新経済政策」を発表した。これはブレトンウッズ体制を根幹から覆すものであった。

対ソ政策も刷新された。ソ連封じ込めという目標は、戦後の歴代政権から引き継がれた。しかしニクソンはその方法を大きく変えようとしていた。それが「デタント政策」である。これは米ソ間の交渉を通じて緊張を緩和し、ソ連がアメリカの利益を損なう行動をとれば不利益をこうむり、逆に、アメリカと協調すれば一定の利益を得るような状況を作り出そうとするものであった。そうすることでソ連に「危険」な行動を自制させようというのである。

ニクソンとキッシンジャーは、ソ連がアメリカとの協調に利益を見出すと判断していた。たとえば、ソ連の核戦力はすでにアメリカと均等に達しているので、核軍拡競争に歯止めをかけることに関心を持っていると考えられた。また六九年には、国境問題をめぐる中ソの軍事衝突が発生していた。そのため米中関係を改善すれば、米中の挟み撃ちを恐れたソ連が、対米関係の改善を求めるようになるとも予想された。

七一年七月、キッシンジャーは極秘裏に北京を訪れた。キッシンジャーの帰国後、ニクソンは翌年初めに訪中することを発表し世界を驚かせた。七二年二月にアメリカ大統領として初めて中国を訪問したニクソンは、その三カ月後にはソ連を訪問する。そして会談を終えた米ソ首脳は、核ミサイルの保有数に上限を課す戦略兵器制限条約（SALT、Column 7-2参照）や、核戦争の防止や第三世界における現状維持に努力することをうたった「米ソ関係基本原則」、経済交流協定などの締結を発表したのである（大嶽〔二〇一三〕）。

Column 7-2　SALTの顚末

ニクソン政権は，SALTの締結をデタント政策の成果として喧伝した。しかしSALTは最初から大きな問題をはらんでいた。SALTは，米ソの保有する核ミサイルの数に上限を課すものである。しかし核ミサイルに搭載可能な核弾頭の数は制限の対象とされなかった。SALTが締結されたとき，アメリカは一発のミサイルに複数の核弾頭を搭載する技術を開発済みであった。米ソの保有するミサイルの数が同じなら，この技術を持つアメリカは核弾頭の数＝核攻撃力でソ連より優位に立つことができる。つまりSALTはアメリカに有利な条約であった。しかしSALT締結後，ソ連も75年には複数の核弾頭を搭載するミサイルの配備を開始した。これはアメリカの予想よりもかなり早かった。さらにソ連は，より多くの核弾頭を搭載できる大型ミサイルの配備も進めた。アメリカもこれに対抗し，70年代後半には新たな核軍拡競争が始まった。これが一つの原因となって米ソ関係は「新冷戦」と呼ばれる激しい対立へと至ったのである（第8章を参照）。米ソ・デタントの象徴ともいえるSALTが，結局，緊張を高める理由となったのは皮肉である。

英米関係と二つのニクソン・ショック

大統領に就任した際ニクソンは、英米関係を「特別な関係」と呼んでイギリスを重視する姿勢を見せた。ウィルソンの側でも、前政権との間で悪化した英米関係を立て直そうと努力した。しかし彼らは個人的な関係を築くことができなかった。ニクソンは、七〇年六月のイギリス総選挙で保守党が勝利してエドワード・ヒース政権が誕生したことを喜んだ。同じ「保守主義者」が政権を奪取したからである。またヒース政権に対しても、ニクソンとキッシンジャーは英米関係を重視する姿勢を示した（Hathaway 1990: 94; Young 2003: 22-23）。

しかしこのようなニクソン政権の態度は、さまざまな外交問題に関するイギリスとの協議を保証するものではなかった。イギリス側がニクソン訪中について知らされたのは、その発表のわずか三五分前であった。実は同じころイギリス政府も、西側首脳では初となるヒースの訪中を模索していた。ところがこれを知ったキッシンジャーは、ヒース訪中を延期するよう要請した。イギリス側はこれを受諾し、アメリカ政府の発表で出し抜かれたことを知ったのである。これはイギリス側に大きなショックを与えた（Scott 2011: 51-69）。

新経済政策の発表は第二のショックであった。ニクソンはジョン・コナリー財務長官を中心とした少数の経済顧問とともに密かにこの決定を下し（このことはキッシンジャーすら知らされていなかった）、八月一五日に突如発表した。これに激怒したヒースは「ダラスでは間違った奴が殺された」と口走ったという。六三年にケネディが狙撃された際、当時テキサス州知事だったコナリーは、ケネディの前の座席に座っていたのである（Scott 2011: 70-7）。

アメリカの対ソ・デタント政策もまた、イギリスやNATO諸国に大きな懸念を与えた。SALTで米ソ核軍拡競争を制限することは、同盟国にとっても望ましい。しかしイギリスは、超大国間の合意を優先した米ソが、西欧やイギリスの安全を損なうような合意——たとえば、在欧米軍基地の撤退や、五〇年代末に始まったイギリスへの核兵器技術供与の停止——を結ぶことを恐れていた。最終的にニクソンが締結したSALTはイギリスやNATO諸国が恐れたようなものとはならなかった。しかし、二つのニクソン・ショックとSALT交渉の経験は、ニクソン政権が同盟国の利害を軽視して一方的に行動しがちであるとの懸念を強めたのである（橋口〔二〇一〇〕一五五—五七頁; Scott 2011: 114-26）。

クローマー駐米イギリス大使は、ニクソン政権はもはや、スエズ以東から撤退したイギリスを協議すべき「世界大国」とはみていないと分析していた。アメリカがイギリスと協議するのは、アメリカにとって役に立つときのみであった（Spelling 2009: 192）。しかしイギリスにとって対米関係は依然として重要であった。なぜならヒース政権は、英米関係と英・EC関係の両立を目指す新たな構想を追求していたからである。

ニクソン、ヒースと米・英・EC関係

七〇年代初め、ヨーロッパは大きな変化を経験していた。西ドイツでは六九年にヴィリー・ブラント社会民主党政権が誕生して「東方政策」を開始した。ブラントは戦後歴代政権の政策を転換し、ドイツ分断を「暫定的」に承認して東側との関係改善を目指した。そうすることで長期的にドイツ再統一を実現しようとしたのである。また六七年には、EEC、欧州石炭鉄鋼共同体、欧州原子力共同体の三つが合併されて欧州共同体（EC）が発足していた。イギリスの加盟を二度阻止したド・ゴールもすでに退陣し、後任のジョルジュ・ポンピドゥ大統領はイギリスのEC加盟に前向きであった。

EC加盟はヒース政権にとって最も重要な外交課題であった。ヒースは、スエズ以東から撤退したイギリスに、ECの指導的国家という新しい世界的役割を与えようとしていた。また彼は、アメリカとECが対等な「二本柱」となるような大西洋同盟を構築することを目指していた。しかし米欧が対

等になるためには、ヨーロッパが独自の防衛力を持たなければならない。そのためヒースは、核保有国である英仏が防衛協力を行い、長期的には英仏がヨーロッパに核抑止力を提供することを考えていた。

もっともヒースや外務省は、このような構想をアメリカに対抗するためのものとは考えていなかった。米欧を二本柱とする新秩序に対してはアメリカの支持が必要であった。また英仏防衛協力の基盤となるイギリスの核抑止力を維持するためにも、アメリカの技術支援が不可欠である。その一方、イギリスがEC内で指導的な地位を得れば、ECの支持を背景にアメリカに影響力を行使できるはずであった。つまり英米関係と英・EC関係の両立こそが、この構想を実現する鍵なのである（Rossbach 2009: 16–31; 岡本〔二〇一〇〕）。

このようなヒースの構想は、ニクソンの考えと合致するものであった。デタント政策を推進するためには、強い立場からソ連と交渉せねばならない。そのためにはド・ゴールの挑戦によって弱体化した同盟を強化する必要があった。それゆえ、イギリスがECを内側から安定化させることは望ましかったのである（Rossbach 2009: 31–41, 84–121; 合六〔二〇一二〕）。そして七一年からの交渉を経て、七三年一月にイギリスはECに加盟した。

ヒースとニクソンは、デタントについても似通った考えを持っていた。彼らは、西側同盟をかく乱することがソ連のデタント政策の目的だと判断していた。東西関係が改善したという誤解が広がると、NATO諸国が防衛力の増強を拒否したり、アメリカ議会が在独米軍撤退圧力を強めるかもしれない。それゆえデタントはNATOの結束やECの発展を乱すものであってはならなかったのである（Rossbach 2009: 161–91)。

このようにニクソンとヒースの米欧関係に関する見解は一致していた。それゆえ彼らは互いにその政策を支持していた。一方キッシンジャーは、ヨーロッパに対するアメリカの優位の確立をより重視していたが、大統領の意向に従って政策を実施していた。そのため、もしニクソンが外交政策をリードし続けていれば、ヨーロッパをめぐる英米関係は良好に保たれたかもしれない。しかし七二年のウォーターゲート事件（ニクソンの側近が大統領選挙のために起こした盗聴事件）が状況を変化させた。この事件が大スキャンダルになり、ニクソンは国内政治に忙殺されるようになった。そして七三年春までに、キッシンジャーが外交政策の主導権を握るようになったのである（Rossbach 2009: 142–46）。

キッシンジャー外交と「ヨーロッパの年」をめぐる軋轢

七三年四月二三日にキッシンジャーは「ヨーロッパの年」と題する演説を行った。これはイギリスを含めて九カ国に拡大したECとアメリカの関係を再定義する「新大西洋憲章」の制定と、米欧間の貿易・通貨・防衛問題を「包括的」に解決することを求めるものであった。さらにこれは、米・ECを平等な二本柱とするニクソンやヒースとは異なり、ECをアメリカに忠実な「ジュニア・パートナー」と位置づけようとするものでもあった。

実のところキッシンジャーは、演説の作成過程でイギリスに協力を求めていた。そうすることで「憲章」に対するイギリスの支持を取り付けようとしたのである。しかしヒース政権は、キッシンジャーの意図に不信感を抱いていた。アメリカは、在独米軍の削減をちらつかせて、ヨーロッパに経済問題で譲歩させようとしているのではないか。そのためイギリス側は、演説の草案を作成するための英米協議を通じて、その内容を修正させようと試みる。しかしキッシンジャーは、イギリスの意見に関心を示さなかった。

キッシンジャー演説後、NATO諸国、とくにフランスは激しく反発した。イギリスは多くの点でNATO諸国の批判を共有していた。しかし米欧間の軋轢が長引けば、ヒースの米・EC二本柱構想に悪影響を与えかねない。またアメリカ議会を刺激して在欧米軍撤退を求める圧力を強める恐れもあった。そこでイギリスは、米・EC間の妥協を模索した。そのためにはEC諸国が反対する、包括的な単一の「憲章」をつくるという考えをアメリカに放棄させなければならない。そこでイギリスは、防衛に関する「NATO宣言」と経済・通貨問題に関する「米・EC宣言」の二つの宣言を作成するという考えを提示した。さらにEC共通の立場を確立してアメリカと対峙するため、「欧州アイデンティティ」宣言を表明するという方針を打ち出した。しかしこのようなイギリスの動きはキッシンジャーを激怒させたのである（Rossbach 2009: 142-60; 齋藤〔二〇〇六〕、橋口〔二〇一〇〕一六七―一六九頁）。

中東と石油危機をめぐる英米関係

状況をさらに悪化させたのが中東情勢であった。一〇月六日、アラブ諸国であるエジプトとシリアがイスラエルを攻撃し、第四次中東戦争が始まった。ちょうど同じ頃、第一次石油危機が発生した。石油輸出国機構（OPEC）が原油価格を引き上げ、アラブ石油輸出国機構（OAPEC）も原油生産量を減らしたからである。そしてOAPECは、石油問題と中東戦争をリンクさせた。石油消費国を、アラブへの支持の程度に応じて「友好国」と「敵対国」に分け、前者への石油供給を優先するというのである。

このころイギリス国内では炭鉱や発電所でのストライキが頻発し、エネルギー危機が発生していた。それゆえヒース政権は、中東からの石油供給を確保するため、親アラブ的な姿勢をとった。これに対してアメリカは、中東情勢を米ソ冷戦の観点から見ていた。中東でアラブ諸国がイスラエルに大敗すれば、反イスラエル的なアラブ急進派が勢いづき、それを支援するソ連が中東での影響力を拡大させるかもしれない。そのためキッシンジャーは、イスラエルとアラブ諸国の勢力を拮抗させようと考えていた。ソ連の影響力拡大を阻止し、米ソ・デタントを維持することがそのねらいであった。

米ソ関係を重視して、同盟国の石油問題を軽視するアメリカにヒースは不信を強めた。一方キッシンジャーは、アメリカの方針を支持しないイギリスにいらだった。そして事態はさらに悪化する。イスラエル軍に包囲されたエジプトのアンワル・サーダート大統領は、一〇月二四日、停戦監視団を派遣するよう米ソ両国に要請した。これに対してソ連側は、もしアメリカがサーダートの要請に応じなくても、ソ連は単独で介入する用意があるとの態度をとった。キッシンジャーにはソ連の軍事介入は間近だと思われた。そこで彼は、核兵器を含めた全アメリカ軍の警戒態勢を、防衛準備段階Ⅲへと引き上げる決定を下したのである。段階Ⅲはキューバ危機の際に発令された段階Ⅱに次ぐものであった。

イギリスをはじめ西欧諸国はこの決定に激しく反発した。この決定は、同盟国を核戦争に巻き込む可能性を持つものであった。にもかかわらずアメリカは、同盟国と協議せず一方的に決定を下したからである。しかも西欧諸国は、実際のところソ連には介入するつもりはなく、アメリカが過剰反応しただけと見ていた。中東戦争と石油問題は、「ヨーロッパの年」をめぐる英米・米欧の対立に油を注いだのである（高安〔二〇〇五〕、Scott 2011: 166–95）。

3 修復される英米関係

石油危機の顚末と第二次ウィルソン政権の外交

一一月六日、「中東問題に関するEC宣言」が発表された。イギリスは、フランスと協調してアラブ寄りの姿勢をEC共通の方針とすることに成功した。これに対してアメリカは、ソ連とともに一二月のジュネーヴ中東和平会議開催を主導し、アラブ諸国とイスラエルの間の兵力引き離し協定の締結にも成功した。またキッシンジャーは西欧諸国、カナダ、日本に石油消費国として共同行動をとるための会議に参加するよう呼びかけた。

しかしフランスはこのアメリカ案に反対した。フランスはECの共通エネルギー政策の必要性を唱えていた。そして共通政策ができるまでの間EC各国は、石油輸出国と個別の二国間交渉を行うことで石油問題に対処すべきだと主張したのである。ヒース政権は、この米仏対立の矢面に立たされた。しかし時間のかかる二国間交渉では、イギリス国内の逼迫したエネルギー問題に対処できない。そのためヒース政権は、アメリカの方針を支持することを決定したのである（Robb 2013: 104–105）。

こうしてイギリスは、石油危機後、再び対米関係を重視する方向へと向かった。このような方向性は、政権交代によってより明らかなものとなる。七四年二月の総選挙では労働党が勝利し、ウィルソンが首相に返り咲いた。ウィルソンと外相のジェームズ・キャラハンは、ヒース政権下で英米関係が損なわれたと考え、その修復に力を入れた。ウィルソンとニクソンの関係は、第一次ウィルソン政権期にはうまく言ったとはいえなかった。しかしヒース政権との軋轢を経験したアメリカ側はウィルソンの首相復帰を歓迎した。そしてキャラハンはキッシンジャーと、また七四年八月にウォーターゲート事件で辞任したニクソンの後任となったジェラルド・フォード大統領とも個人的に親しい関係を築いたのである（Dumbrell 2006: 94-95）。

英米関係の変化と連続性

六〇年代後半から七〇年代前半にかけて英米両国の力は大きく低下した。それは両国に外交政策の刷新を迫るものであった。ウィルソンはスエズ以東からの撤退を決断した。その後を継いだヒースは、新たな米・EC関係を構築し、その中でイギリスをECの指導的国家とする構想を追及した。アメリカの力の凋落を認識していたニクソンも、デタント政策や新経済政策によって難局に対応しようとした。

両国の外交政策の変化は、英米関係のありかたにも影響を与えた。スエズ以東撤退は西側防衛における英米の役割分担に決定的な変化をもたらし、アメリカにとってのイギリスの重要性は大きく低下した。その結果ニクソン政権は、イギリスを必ず協議すべき重要な同盟国とは見なくなった。この意味で本章が扱った時期は、英米関係の転換期であった。

英米の新しい政策は、ヴェトナム戦争や中東戦争、石油危機といった、国際秩序の変化に対応するためのものでもあった。また「ヨーロッパの年」演説は、米欧関係の変化に対するキッシンジャーなりの対応策であった。このように国際秩序の変化とそれへの対応の試みが、しばしば英米対立の原因となったのである。

その一方で国際秩序の変化が英米に協調や協力を促したこともあった。ジョンソン＝ウィルソン期のＮＡＴＯ政策はその例である。しかも、ある問題で対立しているときでも両国は、別の問題では協力することができた。六〇年代にド・ゴールに対して共同歩調をとった英米は、ヴェトナムに関しては激しく対立していた（Schwartz 2003: 232-34）。またデタントや経済では対立していたニクソンとヒースは、ヨーロッパについては互いに政策を支持していた。分野や領域ごとに、対立と協調が使い分けられていたと見ることもできるだろう。

スエズ以東撤退によりアメリカがイギリスを軍事的に必要とする度合は縮小した。しかしその前後の時期を通じて、双方にとって協調や協力が望ましい地域や問題は存在し続けた。七三年の激しい対立の後、英米関係が再び修復へと向かったのはそのためである。対立と協調の並存を可能にする英米関係のユニークさは、軍事面での「特別な関係」が縮小しても維持されたといえるだろう。

（青野利彦）

第8章 新自由主義時代の協調と緊張

●一九七五～九〇年

はじめに

本章は、一九七〇年代後半から、七九年のソ連軍のアフガニスタン侵攻を契機とした「新冷戦」の開始を経て、さらに八〇年代末のベルリンの壁崩壊、そしてドイツ統一に至るまでの時期を扱う。この時期の全体像を簡潔に表現すれば、米ソのデタントが崩壊し、両国間で新たな対立や摩擦が生じる一方で、地球的規模で経済のグローバル化が劇的に進んでいった時代であった。また英米両国は、第7章に引き続き、国際政治における力の凋落に直面しており、国際政治にどのように関わっていくべきかを模索していた。

英米はこの時期、マーガレット・サッチャー英首相とロナルド・レーガン米大統領の関係が象徴するように、緊密な関係を築いていった。しかし、そのような英米関係をもたらしたのは、両首脳の個人的信頼関係の強さだけではなく、ソ連の新たな軍事的脅威の出現を背景に、グローバル化を牽引した「新自由主義（ネオリベラリズム）」という政治経済上の理念の共有を土台として、自らの力の凋落を食い止めるという目的が合致した結果であったと考えるべきであろう。

ただし、緊密さを強めていったとはいえ、両国関係は協調が所与ではなく、英米はさまざまな問題をめぐって対立してきた。本章で明らかにするように、英米は戦略的価値観や理念を共有し、協力関係を維持することを前提としつつも、自らの国益を守るためには、相手と衝突することもいとわなかった。英米はグローバルな問題では協調できても、ヨーロッパやラテンアメリカなど地域的な問題や自国の国益が関わる問題となると、時に相手と激しく対立したのである。

1　新自由主義の時代へ

一九七〇年代以降、世界的規模で経済のグローバル化が急激に進み、それによって国家間関係が質的転換を迎えていた。こうした流れの思想的基盤となったのが、新自由主義であった。結果的に冷戦後の国際関係の秩序原理となった新自由主義は、サッチャー、レーガン両政権が国内改革に取り組む際の指針となったアプローチであった。英米を含め、先進諸国経済は七〇年代に入り、成長の鈍化、高インフレ、高失業率に見舞われ、第二次大戦後の（市場経済を基本原理としつつも、福祉国家、大きな政府を標榜する）「混合経済体制」は岐路に立っていた。

イギリスは第二次大戦後、ケインズ主義的経済理論を土台に、高福祉と産業国有化を進めてきた。ケインズ主義によれば、不況になれば、減税と政府支出の増大によって総需要を刺激し、経済が加熱すると逆に増税と財政支出の削減でインフレを防いでいく。また福祉国家論は、「ゆりかごから墓場まで」と表現されるように、徹底した福祉計画と公共サービスの提供を目指すもので、一九四二年の「ベバリッジ報告」で掲げられた労働党主導の政策路線がもととなっている。チャーチル率いる保守党が四五年の総選挙で労働党に敗北を喫したのも、政府による手厚い保護を求めていた国民の声がもたらした結果であった。それ以来、高福祉・産業国有化、財政政策による有効需要の創出という路線は、各論部分では対立があっても、保守党であれ労働党であれ、歴代政権によって継承されてきたのである。政党にかかわらず「コンセンサスの政治（consensus politics）」が存在していた（Kavanagh 1987）。

しかし一九六〇年代以降、「コンセンサスの政治」がいよいよ限界に来ていた。「英国病」（物価高騰、産業停滞、重税、財政赤字）の発症である。「コンセンサスの政治」によって公共支出が拡大し、国債を大量発行してそれを賄った。それによってインフレが拡大し、さらには労働組合の権力の肥大化とともにストが多発していた。七八〜七九年に公共サービス部門のストライキによって社会が大混乱に陥った「不満の冬」は、まさにイギリスが抱える問題の深刻さを示していた。賃金高騰は企業による投資意欲を削ぎ、経済成長をさらに鈍化させていった。そして七〇年代の「オイルショック」は、あえぐ国内経済に「とどめ」を刺した。

一九七九年にイギリス首相に就任したサッチャーは「コンセンサスの政治」と決別し、民営化と規制緩和を通じて、長い間放置されてきた「個人の自由の侵害」に終止符を打ち、「国家の権力の拡大」を止めようとした（カリル〔二〇一五〕二一八頁）。彼女は「当時のイギリス社会は懐疑と誤りと絶望にすっかり覆われていた。だから、その状態を克服するには、なにがしかの不和をも辞さない手段に訴えなくてはならなかったのである」（サッチャー〔一九九三〕上巻二二頁）と振り返っている。サッチャーはケインズ学派の理論を退け、マネタリズムや自由主義を掲げて、通貨の安定、労組の規制、金融の規制緩和、企業への優遇税制、国有産業の民営化などを積極的に推し進めた。

戦後のアメリカも、政権や時の思想に関わりなく、ケインズ主義的経済政策を採用してきた。トルーマン政権は一九四六年二月、「雇用法」を制定し、国民に完全雇用を保証していた。アメリカにとっては、戦後の国際経済システムにおける基軸通貨ドルの価値を守るためには、同政策の採用は不可避であり、またそれを強く求めたのはほかならぬイギリスであった（猪木〔二〇〇九〕一一九頁）。

しかし一九六〇年代以降、ジョンソン政権による福祉プログラム「偉大な社会」実現のための巨額の財政支出や、ヴェトナム戦争による軍事費増大によって、アメリカはもはやインフレに歯止めをかけることはできなくなっていた。続くジミー・カーター政権下でも、経済政策の失敗とイラン革命後の「オイルショック」の影響により、アメリカは不況と高インフレが同時にやってくる「スタグフレーション」に陥ったまま、そこから抜け出すことができなくなっていた。

レーガンは一九八〇年一一月、アメリカ大統領選挙で現職のカーターを破り、第四〇代合衆国大統領に就任した。「強いアメリカ」の復活を唱えるレーガンは、とくにサプライサイド経済学とマネタリズムの観点から、減税、財政支出の削減、規制緩和、金融引き締めなどを進め、アメリカ経済の回復を目指した。

サッチャーとレーガンは、戦後多くの国々が採用してきたケインズ主義的経済政策、もしくは「大きな政府」としての福祉国家論を否定し、市場経済、規制緩和、合理化を中心とした「小さな政府」の新自由主義を積極的に推進していった。一国の指導者として、国内改革を果敢に進め、自国を苦境から救い出し、国際関係における大国としての自信を取り戻し、ソ連の共産主義と戦っていくという固い信念が二人を結びつけ、信頼関係を強固なものとした。二人の指導者をして新自由主義政策を採用させたのは、一九七〇年代前半に訪れた「オイルショック」や先進諸国経済の深刻な状況であったが、西側世界をリードする英米両国が同じ政策志向を持っているということは、自らの政策の正当性を国内世論に訴えるうえでも大きなメリットであった。二人の指導者は、互いの政策に対して積極的な支持を表明していった（Cronin 2014: chapter 4）。

超大国アメリカとその最も強力な同盟国イギリスが新自由主義を掲げたことによって、市場原理主義を基調とした新自由主義の大きな流れが世界経済に生まれていった。これこそが、冷戦を終焉に導く原動力の一つとなり、さらには「ポスト冷戦時代」における秩序原理の一つとなっていったのである。

2 紛争をめぐる協調と軋轢

ソ連軍のアフガニスタン侵攻と「新冷戦」

ソ連は一九七九年一二月二七日、情勢不安定が続いていたアフガニスガンに軍事侵攻した。一二月下旬、アフガニスタンでのクーデタ発生を契機に、ソ連兵約八万人が首都カブールや主要都市に侵攻し、ソ連軍と反政府軍ゲリラとの戦いである「アフガニスタン戦争」が始まった。

当時のカーター政権はこれに強く反発した。アメリカは、ソ連の行動をペルシャ湾岸地域への影響力拡大をねらったものと捉え、対ソ穀物輸出延期、モスクワ五輪ボイコット、そしてSALTⅡ批准延期を発表した。さらに一九八〇年一月、「カーター・ドクトリン」を発表し、ソ連によるペルシャ湾への進出を阻止するためには軍事力の行使も辞さない姿勢を示した。

カーター政権の対ソ強硬路線に対する欧州諸国の反応はおおむね冷淡であった。欧州諸国は、デタントを通じて実現された安定を、アフガニスタンで台無しにするつもりはなかったのである。またカーター政権による経済制裁にもかかわらず、ヨーロッパの東西経済交流は拡大していった。独仏両首脳はそれぞれ一九八〇年五月と六月、ソ連を訪問している。欧州諸国は、アフガニスタン軍事侵攻による米ソ関係の悪化とヨーロッパ国際関係を切り離して考えていたのである。

一方、サッチャーはデタントそのものに懐疑的であり、首相就任前からソ連の対外行動に不信感を持っていた。彼女がまだ野党党首だった七六年一月の演説では、ソ連は「バターよりも大砲を優先する」と言い放ち、また「世界支配を目論み、世界がこれまで見たこともない最も強大な帝国になるために必要な手段を急速に獲得しつつある」として、「イギリスよ、目覚めよ」と訴えていた。サッチャーによれば、西側諸国はソ連とのデタントという幻想に惑わされ、むしろ自分たちの利益を損ねていた。冷戦は勝たねばならない闘いであり、そのためには西側諸国が対ソ警戒心を解かぬことが必要である。サッチャーが「鉄の女（Iron Lady）」と呼ばれるようになったのは、この演説がきっかけである。

サッチャーにとって、アフガニスタンへの軍事侵攻は、自らの対ソ評価の正しさを証明する出来事であったろう。彼女は一九八〇年二月の保守党大会の演説で、自らはアフガニスタンの軍事侵攻が発生する以前から、ソ連の軍事的脅威に警告を発していたとし、「ソ連は政治的にも、イデオロギー的にも、道義的にももはや破綻しているが、軍事的には強大であり、その脅威は拡大している」と述べ、西側諸国が団結し、カーター政権の対ソ強硬路線を支援する必要性を訴えていた。

こうしたサッチャーの姿勢は、ほかの欧州諸国の対ソ政策との温度差を際立たせた。アメリカのリーダーシップを支えるサッチャーの明確な姿勢は、イランのアメリカ大使館員人質事件やアフガニスタン軍事侵攻で大きな政治的ダメージをこうむったカーター政権を勇気づけるものであった。また、サッチャーの態度はイランの金融資産凍結問題をめぐって生じたアメリカとの対立を修復して、同盟国としての存在感を高めるねらいもあった。両首脳は軍事侵攻の翌日には電話会談を行い、サッチャーはこれを受けて、アメリカを全面的に支持するよう欧州各国に積極的に働きかけていた。一九八〇年夏に予定されていたモスクワ五輪のボイコットを対ソ制裁として「最も効果的」と信じるサッチャーは、積極的にカーターを支持していたのである（サッチャー〔一九九三〕上巻一一六頁）。

ポーランドでの戒厳令発令、対ソ経済制裁

ポーランドのヤルゼルスキ政権は一九八一年一二月、ポーランド全土に戒厳令を発令した。七〇年代後半、国内経済状況が急速に悪化する中で、政府は八〇年七月、食肉価格の引き上げを発表した。これをきっかけに、全国規模で労働者によるストが発生し、八月にはグダニスクの造船所で労働者約一五万人が集結し、価格引き上げの撤回と自主的な労組結成の承認を求めた。

こうした中で一九八〇年九月には、レフ・ワレサ率いる非共産党系の自主管理労働組合「連帯」が誕生した。同組織の組合員総数は当時のポーランドの労働人口の約六割を占めると言われ、その存在感は絶大であった。ポーランド政府は、情勢悪化を憂慮し、軍事介入も辞さない態度で圧力を強めていくソ連と、ゼネストの脅しで急速な変革を求める「連帯」との間で板挟み状態に陥っていた。ポーランド政府が戒厳令を布告し、ヤルゼルスキをトップとする「救国軍事評議会」の力による支配を始めたのにはこうした背景があった。

アメリカは戒厳令の発令を受けて、ポーランドに加えて、ソ連に対しても経済制裁措置を発動した。しかし対ソ経済制裁をめぐって、米欧間には深刻な軋轢が生じる。アメリカはソ連国営アエロフロート航空のアメリカへの乗り入れ禁止、新長期穀物協定の交渉中止、アメリカ製品の対ソ禁輸などを講じた。禁輸措置にはすでに着工していたシベリア横断天然ガスパイプラインのための建設資材も対象となっており、これには独仏だけでなくサッチャー政権も異議を唱えた。

レーガンが欧州諸国を「原則よりもカネのほうが大切だと考えている」と批判したように、西欧諸国はこの経済措置によって大量の返り血を浴びることを恐れていた（レーガン〔一九九三〕三九七頁）。西シベリアからアイルランドへとつながる総延長約五〇〇〇キロの天然ガスパイプラインプロジェクトは、ソ連と西ドイツの間で一九七八年に合意され、オイルショックで苦しむ西欧諸国がソ連からエネルギーを確保する重要な手段として大きな期待が寄せられていた。プロジェクトが頓挫すればイギリス企業を含めた多くのヨーロッパ企業が多大な損失をこうむる危険があった。アメリカの制裁措置により、ヨーロッパ企業がアメリカ製もしくはライセンス生産した装備の供給ができなくなるからである。

サッチャーは、ポーランド情勢を深く憂慮しつつも、この経済制裁がもたらすマイナス効果を冷静に分析していた（サッチャー〔一九九三〕上巻三一六―三二二頁）。それによれば、経済制裁はソ連を利することになると考えられた。第一には、すでに述べた通り、経済制裁によって西欧諸国がこうむる経済的損失である。カーター政権時代の対ソ穀物禁輸措置が、アメリカ経済にも大きな損失を与えたように、今回の対ソ経済制裁はとくに西欧諸国に多くの犠牲を強いるものであった。サッチャーによれば、イギリス企業も当時で二億ポンド以上ものビジネスチャンスを失い、多くの雇用を喪失することが危惧された。同プロジェクトでソ連にタービンの輸出契約を結ぶジョン・ブラウン・エンジニアリング社は中でも深刻な打撃を受けることが懸念されていた。高失業率に苦しむイギリスにとっても打撃は小さくなかったのである。デタントを通じて活発化した東西ヨーロッパの経済交流の継続を、西欧諸国は強く望んでいた。

第二に、経済制裁をめぐって米欧の結束力が弱まってしまう点である。この点は、サッチャーにとってはとくに、ＩＮＦ（中距離核戦力）のヨーロッパ配備とも関連して重要な点であった。ＩＮＦの実現には、何よりもアメリカと西欧諸国の強固な信頼関係がなければならない。経済制裁はこのように大きなインプリケーションを持つ問題であったのである。しかしアメリカは、パイプライン計画によって西欧諸国のソ連に対するエネルギー依存度が高まること、またこれがソ連の外貨獲得手段になることを嫌って、このプロジェクトに当初から反対であったのであり、ポーランド問題を口実にプロジェクトの頓挫をねらっているのではないかという不信感さえも欧州諸国の間で生まれつつあった。しかもレーガン政権は、アメリカ国内の農家への配慮から、対ソ穀物禁輸措置を解除する一方で、パイプライン問題では強硬な姿勢をとっていたのである。この問題は大西洋を隔てたアメリカと西欧諸国の団結を弱くすることにつながっていった。

サッチャーは「イギリスはすでに、ヨーロッパの仲間以上の努力をしてアメリカの要請に応えてきた。もう譲歩の時期ではない。アメリカの友人たちに率直に意見を言う時期に来た」として、レーガン政権の説得に動く（サッチャー〔一九九三〕上巻三二〇頁）。一九八二年一月末、ロンドン訪問中のアレクサンダー・ヘイグ国務長官に、この問題が米欧間に深刻な亀裂を生み出す危険があり、そうなればソ連の思うつぼであることを説いた。さらに彼女はヘイグのすすめで、レーガンに書簡を送り、経済制裁の解除を求めた。

しかしレーガンの決意は固く、サッチャーをひどく失望させた。さらにレーガン政権は六月、同盟国との事前協議なしに、対ソ経済制裁がアメリカ企業だけでなく、そのライセンスを使って部品を製

Column 8-1　サッチャーとレーガンの「特別な関係」

サッチャー女性男爵（Baroness Thatcher）は 2013 年 4 月 8 日，病気療養のため滞在していたロンドンの老舗高級ホテル「リッツ」で脳卒中で倒れ，そのまま亡くなった。87 才だった。彼女は 2002 年以来，数回にわたって脳卒中を繰り返し，認知症も患い，公の場に姿を見せることはなくなっていた。

サッチャーの告別式は 4 月 17 日，セントポール大聖堂で厳かに執り行われた。彼女の棺は英国旗「ユニオン・ジャック」で包まれ，その上には真っ白なバラが置かれていた。軍隊の栄誉礼を受けて，参列者が別れを告げた。その模様は国営 BBC で全国にむけ生中継された。

告別式ではサッチャー本人の遺言で弔辞はなかったが，政治家，官僚，元スタッフ，知人など，多くの人々が，彼女との思い出をメディアに語った。そのなかには，ナンシー・レーガン元大統領夫人もいた。

自身も病気療養中であるレーガン夫人は，記者の電話での問い合わせに応じて，サッチャーについて回想している。明確なビジョンを持ち，批判を恐れず，自分の信念を貫く強い決意をもった人物であったと，政治家としてのサッチャーを称賛した。そして最後に，次のように語った。「皆さんは私とサッチャー元首相には何の関係もないと思っていらっしゃるでしょう？　でもそれは真実とほど遠いの。サッチャー氏と私は，『特別な関係』だったんです」。

造していている海外の子会社や外国企業にも適用されると発表したのである。サッチャーは、レーガンがこの問題がもたらす国際的影響の大きさに気づいていないと覚ったという。それはアメリカと西欧諸国の協調関係の重要さであった。ＩＮＦミサイルのヨーロッパ配備が間近に控える中で、この問題で両者の関係がこじれることは絶対に避けるべきであったのだ（サッチャー〔一九九三〕上巻三二一頁）。

一九八一年夏、両首脳の間で書簡のやりとりが繰り返された。サッチャーはアメリカの法律がイギリス企業に適用可能かという点についてアメリカの姿勢を問いただした。彼女は対抗措置として、貿易利益保護法を適用し、イギリス国内の事業者に対して、貿易上の利益に損害を与える恐れのある外国法の域外適用を禁止する考えを示したのである。アメリカがソ連への穀物販売を再開しようとしているとの情報が流れ、欧州諸国の反発はいっそう高まっていた。レーガン政権が対ソ経済制裁の解除を発表したのは、八二年一一月のことである。

フォークランド戦争

アルゼンチン軍が一九八二年四月初旬、イギリスと領有権を争うフォークランド諸島のサウス・ジョージア島に本格的な上陸作戦を開始した。アルゼンチン軍は英部隊を撃退、英総督を追放して、フォークランド諸島の領有を宣言した。これに対してサッチャー政権は二隻の空母「ハーミーズ」「インヴィンシブル」が率いる機動部隊を派遣し、同島奪回作戦を展開した。両軍は五月初旬、本格的な交戦状態に入った。

フォークランド戦争におけるイギリス軍の勝利は、アメリカの支援なくしては不可能であったと言われている。レーガン政権による対英軍事協力は戦争勃発の直後から「目立たぬように、迅速に、広範囲に」行われていた（Cradock 1997: 55）。こうしたアメリカの対英協力姿勢は、親英派といわれたキャスパー・ワインバーガー国防長官の存在が大きかった。彼の積極的な働きにより、アメリカはイギリスに対し、アセンション島のアメリカ軍施設の使用を認め、兵器、燃料、その他の装備品、さらにアルゼンチン軍の機密情報も提供し、イギリスを軍事的に支えたのである。

レーガン政権は対英軍事協力とは裏腹に、政治外交の舞台では戦争回避、紛争の平和的解決の道を模索していた。イギリスとアルゼンチンの領有権争いに巻き込まれないように中立的立場をとりながら、ヘイグ国務長官のシャトル外交を通じて紛争調停に積極的に取り組んでいた。レーガン政権内には、対英同盟関係を重視し、イギリスを政治的にも軍事的にも積極的に支援すべきだと主張するグループと、ラテンアメリカ諸国との関係を重視し、イギリスの支援要請には慎重になるべきだと考えるグループが併存していた（Aldous 2012: 78）。ジーン・カークパトリック米国連大使は、ラテンアメリカ派の急先鋒で、グローバルな冷戦を戦ううえではイギリスとの関係は確かに重要であるが、ラテンアメリカにおける共産主義勢力の拡大を阻止するためには、独裁政権であれ反共のレオポルド・ガルティエリ政権の存続はきわめて重要だと考えていた。そもそもガルティエリ大統領がフォークランド諸島奪回を目指したのも、経済失政で政府への不満を募らせる国民の関心をそらし、政権を浮揚させるねらいがあった。諸島奪還に失敗すれば、政権維持が困難になることは容易に想像できた。イギリスとアルゼンチンの間で板挟みになったアメリカにとって、紛争の平和的解決が最善の道であった。

サッチャーはレーガン政権の戦争回避の努力に一定の理解を示しつつも、中立的態度をとり続け、イギリスにより多くの譲歩を求める姿勢に不満を持っていた。原状回復を重視しないアメリカに対して、イギリスはアルゼンチン軍が侵攻する前の状態に戻すことがすべての前提であると考えていた。アメリカはアルゼンチン、さらにはラテンアメリカ諸国の顔色ばかりをうかがっているように思えた。そもそもアルゼンチンを軍事行動に駆り立てたのは、アメリカのラテンアメリカでの反共政策ではないか。アメリカの態度が、彼らを過信させたのである（サッチャー〔一九九三〕上巻二二三頁）。くわえてフォークランド紛争において重要なのは、どちらに領有権が帰属するかではない。ガルティエリ政権がこの問題を、話し合いによってではなく、軍事的手段で解決しようとした点である。この戦争は民主主義国と独裁国家の戦いであった。

レーガン政権はイギリス＝アルゼンチン両軍の本格的交戦が五月に始まったあとでも、アルゼンチンを見捨てることは結局できなかった。レーガンは一方で、上院による対英支援決議（四月二八日）を受けて、イギリスを支持する態度を明確に示した。彼はアメリカの和平調停案に対するガルティエリ大統領のかたくなな姿勢を批判し、アルゼンチンに対する経済制裁措置も発動した（Dumbabin 2008: 161）。しかしながら他方で、レーガンはラテンアメリカ諸国が提唱した、即時停戦を求める国連決議を通じて、アルゼンチンの全面的敗北、イギリスの軍事的勝利を回避しようとしていたのである（レーガン〔一九九三〕四六七頁）。これに対してサッチャーがレーガンに投げかけた言葉が、「もしアラスカが似たような脅威を受けたら、あなたはどのように行動するのか」であった。レーガンは最後までラテンアメリカとの関係に配慮した姿勢を崩さなかった。

イギリスは百隻以上の船と二万五〇〇〇人を越す人員をフォークランドに派遣した。フォークランド戦争はサッチャー政権の初期に発生し、政治的基盤が弱かったサッチャー政権が長期政権への道を歩んでいく重要なきっかけとなった。この戦争による勝利で、イギリス国内はナショナリズムに酔いしれ、「鉄の女」サッチャーにイギリスの大国としての復帰の夢を託したのである。サッチャーに対する人気は急上昇していった。一九八三年六月総選挙での保守党圧勝の原動力となった。

グレナダ侵攻

アメリカがグレナダに軍事侵攻した際にも、英米間で摩擦が生じた。グレナダでは一九八三年一〇月中旬に、グレナダ人民軍司令官のハドソン・オースチン将軍によるクーデタが発生し、オースチン将軍を中心とした革命軍事評議会政府（ＲＭＣ）が誕生した。レーガン政権は、ソ連とキューバがグレナダを拠点に共産主義拡大をねらっていると考え、グレナダに在住するおよそ八〇〇人のアメリカ人留学生の安全確保を口実に、カリブ海諸国六カ国とともに軍事介入を行った。

このクーデタとほぼ同じ時期に、ベイルート（レバノン）のアメリカ海兵隊本部に爆弾を積んだトラックが突入する自爆テロ事件が発生、アメリカ兵二四二名が犠牲となった。アメリカ国内がどん底に突き落とされたまさにそのとき、グレナダで急進的な左派政権が誕生したのである。

アメリカによるグレナダへの軍事侵攻は、サッチャー＝レーガン時代における「英米関係の試練」の一つであったとサッチャーは回顧している（サッチャー〔一九九三〕上巻四〇五頁）。旧植民地、そしてコモンウェルスの一員であるグレナダに対して、アメリカがイギリスへの事前通告なく軍事介入を行ったことは、ジェフリー・ハウ英外相（当時）が回顧するように、まさに「グレナダの屈辱」であった。侵攻作戦開始の直前、アメリカの動きを知ったサッチャーからの電話に応じたレーガンは、彼女が「かんかんに怒っている」ことをすぐに察知したという（レーガン〔一九九三〕五九五頁）。電話口で彼女に「申し訳ない」を繰り返すレーガンの姿が目撃されている。サッチャーは、アメリカの裏庭であるカリブ海の小さな国家の政府が受け入れがたい存在であっても、それを軍事力によって排除しようとすることは認められなかった。そして何よりもサッチャーは、アメリカの軍事行動が、数日後に控えた巡航ミサイルの国内配備に関するイギリス国内での議論に悪影響を及ぼすことを強く懸念していた（サッチャー〔一九九三〕上巻四一二頁）。

グレナダ侵攻にあたって、アメリカ側に対英配慮はほとんど見当たらない。レーガン政権は侵攻作戦を確実に成功させるためには、奇襲作戦を隠密に進めることが不可欠だと考えていた。したがってレーガンは軍事侵攻への反対を唱えるサッチャーに対して、作戦がすでに始まっていることすら伝えなかったのである。レーガンは「われわれの緊密な関係から言って、それは心苦しいことだった」と述懐したように、英米の特別な関係があるからと言って、アメリカ側があらゆるケースにおいてイギリスに配慮、事前に相談するつもりはなかったのである（レーガン〔一九九三〕五九五頁）。アメリカの死活的な国益が関わる場合において、イギリスに拒否権がないのは当然であった。ジョージ・シュルツ米国務長官はサッチャーの批判に対し、グレナダはイギリスの植民地ではもはやなく、カリブ海全体がアメリカの裏庭であるとし、事前協議の必要性すら認めようとしなかった。

対リビア経済制裁と軍事報復

レーガン政権下のアメリカは数多くの国際テロに直面した。地中海での「アキレ・ラウロ号ハイジャック事件（八五年一〇月）」、「ローマ空港・ウィーン空港同時テロ事件（同年一二月）」など、アメリカ国民がテロ行為の犠牲になる事件が多発していた。これら一連のテロ事件には、リビアのカダフィ政権が関与していたとされ、レーガン政権は八六年一月、対リビア経済制裁に踏み切っていた。

レーガン政権が軍事的報復もやむなしと判断したきっかけとなったのが、八六年三月に発生した「西ベルリン・ディスコ爆破事件」である。このディスコはアメリカ軍人のたまり場で、この事件でアメリカ軍兵士の多数の死傷者が出た。この事件にカダフィ政権が関与しているとの確証を得たレーガンは同年四月、軍事的報復を行うことを決定した。レーガンは次のように回顧する。「われわれはカダフィに対し、この種の行為について彼が代価を支払わねばならぬこと、罰を受けずに逃げおおせるようなことはさせないということをはっきり示す必要があると考えた」（レーガン〔一九九三〕六七四頁）。

サッチャーはテロと断固として戦う姿勢を示しつつも、経済制裁の効果に疑問を持っていた。また当時、リビア産石油の七五パーセントを輸入していた西欧諸国も、アメリカの制裁措置に同調する雰囲気にはなかった。さらにサッチャーは、レーガン政権が考えているであろうはずの軍事行動に対しても、釘を刺したのである。彼女は「軍事的報復は国際法違反である」と記者会見で明言し、報復行為は自衛権の行使としては認められないとの立場を明確に示した。イギリス外務省も、軍事報復が中東諸国におけるイギリス大使館への攻撃の危険性を高めるとして反対の立場をとっていた。レバノンにいるイギリス人の人質も気になっていた。

しかしレーガンの決意は固く、サッチャー政権は、空爆を一定の目標に限定し、作戦行動が自衛権に基づく正当なものであることを条件として、対米支援に踏み切った。アメリカ軍機が対リビア空爆作戦に加わるために、イギリス国内の基地から出撃することを認めたのである。これに対してフランスとスペインは、イギリスから飛び立ったアメリカ軍機が、自国の領空を通過することを拒否し、イギリスとは対照的な態度を見せた。アメリカ軍機は大西洋と地中海上空を迂回することを余儀なくされた。

軍事報復に慎重だったサッチャーの態度を変えさせたものは何であったのか。そこにはイギリスの対米影響力の限界の認識があった。アメリカの態度を変えることができないことが明らかである以上、サッチャーは支援することで同盟国としての価値を高めることに利益を見出した。彼女はアメリカの要請を受け入れた場合と、拒否した場合の利益とコストを冷静に分析したのである。サッチャーの回顧録からは、アメリカの固い決意になすすべもない無力感は消され、同盟国としての責任感が伝わってくる（サッチャー〔一九九三〕上巻五四四頁）。彼女は、アメリカの報復がアラブ世界におけるカダフィの立場をかえって強めることになり、さらには報復の連鎖を生み出す危険性も理解していた。また彼女は国内で強い反発を覚悟しなければならなかった。しかし他方、彼女はこう語り、対米協力の正しさを強調した。

「私がどんな代償を払うにしても、アメリカの行動を支持しなかった場合、イギリスが被る損害は計り知れないだろう。……この観点から私の努力は、アメリカを押しとどめるのではなく……イギリスの全幅の支持を彼らに与えることに向けられた」（サッチャー〔一九九三〕上巻五四三―四四頁）。

イギリス世論の大部分はサッチャーに批判的であった。下院では議員が次々とサッチャーの姿勢を批判する発言をしていた。しかし空爆作戦の成功で支持率を上げたレーガンは、逃亡犯引き渡し条約の上院での批准を実現させ、アメリカ国内で逮捕されたアイルランド共和国軍（ＩＲＡ）のテロリストのイギリス送還の道を開くという「予想外のボーナス」をサッチャーに与えた（Aitken 2013: 472）。上院外交問題委員会は八五年以来、ＩＲＡの逃亡犯がアメリカ国内で亡命申請をすることを難しくするこの法案に反対していたが、レーガンは「この条約の実現を拒むことは、リビアの空爆作戦で政治的リスクを背負いながらわれわれと行動をともにしたサッチャー英首相を著しく傷つける行為である」と語り、条約批准の重要性を熱心に説いたのである（Aitken 2013: 473）。

3　核をめぐる「特別な関係」

米ソ両国が一九七九年、ＳＡＬＴⅡ協定を締結し、戦略核兵器における米ソ均衡が生まれると、ヨーロッパではＳＡＬＴ対象外であったヨーロッパ配備のＩＮＦに対する関心が高まっていった。ソ連は七〇年代後半に、中距離核ミサイルＳＳ20のヨーロッパ配備を開始しており、ヨーロッパではこれによって通常兵力に加えて核戦力においてもソ連優位の戦略状況が生まれることを懸念する声が聞かれるようになっていった。

ＮＡＴＯ諸国は一九七九年一二月、欧州中距離核の近代化と軍備管理交渉を並行して進める、いわゆる「二重決定」を承認した。すなわち、パーシングⅡミサイルと地上発射巡航ミサイル（ＧＬＣ

M）の配備を決定すると同時に、ソ連に対して軍備管理交渉を求めていくというものだ。この決定を受けて、ヨーロッパ全土で反核運動が勢いを増したにもかかわらず、サッチャー政権はGLCMの国内配備を決定した。NATO側の中距離核の配備は、ソ連の核戦力に対抗するというよりは、アメリカの戦略核とヨーロッパ配備の通常兵力ならびに核戦力の「ディカップリング」を回避し、米欧の抑止の連鎖を確保することに主眼が置かれており、その意味で、米欧の核をめぐる信頼関係の維持を目指したものであった。

サッチャーはソ連の圧倒的な地上兵力に対抗するためには、イギリス独自の核抑止力が重要であると考えていた。それを可能としていたのがアメリカとの核をめぐる特別な関係であった。アメリカがイギリスに核を提供し、イギリスも国家の安全保障に関わる重要な部分でアメリカに依存するという関係こそが、五〇年代以降続くまさに英米の「特別な防衛協力関係」であった（ベイリス〔一九八八〕一四九頁）。

当時のイギリス独自の核抑止力は、一九六〇年代初頭にアメリカから購入した、潜水艦発射のポラリスミサイル（SLBM）である。しかしアメリカが七〇年代に入ってポラリスの退役を始めたため、ジェームズ・キャラハン労働党政権は、九〇年代に向けた新しいシステム導入の検討を開始し、その候補としてアメリカのトライデントI（C4）を有力視していた。サッチャー政権も、この前政権の路線を引き継ぎ、トライデントIの導入を決め、八〇年七月には英米政府間での合意に漕ぎ着けた。

しかし、トライデントIの購入を議会で発表してからわずか数カ月後には、レーガン政権が戦略核近代化計画を発表し、アメリカがトライデントIに代わってトライデントII（D5）のシステムを導

Column 8-2　1976年IMF危機と英米関係

ウィルソンの辞任を受けて1976年3月に首相に就任したキャラハンがまず取り組まなければならない問題は英ポンドの防衛であった。キャラハンは6月，アメリカからの財政支援に漕ぎ着けるが，フォード政権が提示した条件は12月までの全額返済というものであった。

ポンドの急速な価値下落に有効な対策を打ち出すことができず，追い込まれたキャラハン政権は12月，国際通貨基金（IMF）に対して約40億ドルという巨額の緊急支援を要請する。これに対してIMFは融資の条件として歳出の大幅削減を求めるが，その対応をめぐって閣内で激しい議論が交わされた。

キャラハン政権はIMFとの交渉が決裂した際には，ポラリスミサイルの破棄を含めた防衛費の大幅カットもやむなしと考えるが，フォード政権はそれがNATO軍事力の弱体化につながるとして強く反発する。しかしフォード政権にはさらなる支援要請に応えるつもりはなく，キャラハン政権は約30億ドルの赤字削減を約束し，IMFからの融資を受けることとなった。

キャラハンが断行した緊縮型の財政政策は，国民に大きな犠牲を強いるものであって，1979年総選挙の敗北につながったが，その後政権を担うサッチャーの経済改革の布石にもなったのである。

入することを発表した。これを受けて、サッチャー政権はトライデントⅠを導入するのか、それとも新しいトライデントⅡを導入するのか、選択を迫られたのである。トライデントⅡの導入にあたっては、アメリカと新たな交渉を行う必要があり、費用の高騰、新たな財政的負担が懸念された。

トライデント導入をめぐる英米協力は、核兵器をめぐる英米の特別な関係がレーガンとサッチャー政権のもとでも引き継がれていることを示していた。トライデントこそが「英米の特別な関係の中心」と評価するものもいる（Byrd, ed. 1991: 71）。レーガンはイギリスに対して、トライデントⅡを提供するという「寛大な申し出」を行い、両政府間交渉の結果、イギリスはトライデントⅠよりもさらに有利な財政的条件でトライデントⅡを購入することができるようになった。トライデントⅡに関する英米協定によれば、イギリスの防衛産業にアメリカのトライデント開発計画への参入機会が与えられ、また研究開発にともなうイギリスの負担額が固定制にされるなど、イギリスにできるだけ財政的負担をかけないようにする配慮がなされていた（Byrd, ed. 1991: 71-72）。これによりアメリカはイギリス独自の核抑止力の必要性を認めたとも言えるが、核戦力の面でイギリスを支援することを通じて、イギリスが通常兵力面でヨーロッパの安全保障により多くの貢献をすることを期待していたと捉えるべきであろう（ベイリス〔一九八八〕一八八頁）。

トライデントは核をめぐる英米の特別な関係を示す好例となった一方で、レーガン政権の掲げた戦略防衛構想（ＳＤＩ）、通称「スターウォーズ計画」は、レーガンとサッチャーの間に核兵器についての根本的な認識の違いがあることを示した。核兵器による「恐怖の均衡」とは、双方の国民を相手からの核攻撃の危険にさらすことによって、米ソ双方が核攻撃できない状態、すなわち戦略的安定を生み出すことである。レーガンにとって、ソ連の核攻撃に自国民を人質に差し出すようなことは、どうしても受け入れられなかった。レーガンは、むしろ核攻撃に対する完璧な防御システムを構築することによって、ソ連との核廃絶に向けた軍縮交渉が可能になると考えていた。たしかにレーガンのＳＤＩは、戦略兵器削減条約（ＳＴＡＲＴ）交渉におけるソ連の譲歩を引き出すことに大いに貢献したが、レーガンにとってそれはあくまでも自らの構想の副産物にすぎなかった。レーガンはＳＤＩ構想が実現すれば、ソ連とＳＤＩに関する情報を分け合いたいとまで考えていた。レーガンは核廃絶を真剣に考えていたのである（レーガン〔一九九三〕七〇八―一二頁）。

核抑止を信じるサッチャーが、ＳＤＩ構想を強く警戒したのは当然であった。技術的な実現可能性もさることながら、彼女にとって、「恐怖の均衡」こそが、戦後世界の安全保障の柱であった。ＳＤＩが万が一にでも実現すれば、イギリス独自の核抑止力の信頼性も大きく揺らぎかねない。ＳＤＩによって「要塞国家アメリカ」が誕生すれば、西欧諸国はソ連の強大な軍事力を前に為すすべもなく、「壊滅的な打撃」を受けるだろう。こうした認識は、ほかの西欧諸国も共有するものであった（サッチャー〔一九九三〕下巻二六頁）。

しかしながらサッチャーはレーガンとの衝突を避けた。ＳＤＩを初めて話し合う場となったキャンプ・デーヴィッド会談（一九八四年一二月）では、ＳＤＩの「配備」は弾道弾迎撃ミサイル（ＡＢＭ）制限条約や宇宙条約に抵触する可能性があるとして、レーガンに釘を刺す一方で、ＳＤＩ「研究」に支持を表明してレーガンを喜ばせたのである。サッチャーは、ＳＤＩに関する研究が始まった以上、アメリカがＳＤＩ研究で覇権を握らなければならないとも考えていた。ソ連がアメリカに先んじてこの技術開発に成功してしまえば、ヨーロッパはソ連の核攻撃に無防備になる。それは核兵器の全廃よりも恐ろしい事態だった。しかもレーガンの並々ならぬ決意を知るサッチャーは、「声の調子一つ誤れば、アメリカとの関係に修復しがたい亀裂が生まれかねないことがわかっていた」（サッチャー〔一九九三〕下巻二九―三〇頁）。彼女は研究と配備を区別することで、アメリカとイギリス、もしくはヨーロッパとの摩擦を最小限に抑えようとしたと言えるだろう。

ソ連共産党書記長ミハイル・ゴルバチョフは一九八六年一〇月のレイキャビクでの米ソ首脳会談で、戦略兵器の五年後の大幅削減、一〇年後の全廃など、大胆な提案を行った。しかし彼は同時にこれらの前提条件として、SDI研究の事実上の取りやめをレーガンに迫った。これに対してレーガンはSDIにあくまでもこだわり、交渉は決裂したのである。ソ連側は、米ソ間で軍備管理交渉が進まないのは、レーガン政権のSDIに原因があると国際社会に印象づけることで、アメリカを揺さぶった。

レイキャビク会談の内容を知ったサッチャーは、「足元で地震でも起こったような気がした」と振り返っている（サッチャー〔一九九三〕下巻三五頁）。レーガンは同盟国との事前協議なく、戦略的安定を大きく揺るがしかねない提案をゴルバチョフと話し合っていたのである。戦略兵器全廃は、イギリスへのトライデント提供にも影響を及ぼし、イギリス独自の核抑止力の将来に暗雲が立ちこめることになる。しかも核兵器の全廃は、ゴルバチョフにとっても都合の悪い提案ではなかった。強大な通常兵力を持つソ連が、これによってヨーロッパで完全に優位に立つことができるのだ。ゴルバチョフ提案によって再びアメリカと西欧諸国の間に深刻な亀裂が入る危険性が高まったが、皮肉にもそれを救ったのは、サッチャーが忌み嫌うSDIであった。

危機感を強めたサッチャーはその後、レーガンに核抑止の重要性を訴えていった。レイキャビク会談直後に開催された英米首脳会談（一九八六年一一月）は、SDIの計画推進を合意したうえで、第一にNATOの安全保障においては効果的な核抑止が依然として中心的な戦略であること、第二に核兵器削減は通常兵力の不均衡の問題を抜きにしては考えられないこと、そして第三にトライデントの対英供与を確認した。

アメリカがトライデントを供与し、イギリス独自の核抑止力を支えることは、英米の核をめぐる「特別な関係」が再確認されたことを意味していた。彼女はこう語っている「トライデントでなく巡航ミサイルを使って信頼できるイギリスの抑止力を確保するには、二倍の費用がかかる。核兵器のない世界について盛んに論じられている時に、そのような計画に対して国民の支持を得られるだろうか？　そのあたりを考えれば考えるほど、これはまずいと思えてきた。」（サッチャー〔一九九三〕下巻三六頁）。翌年に総選挙を控えたサッチャーにとって、トライデントの獲得は何よりの朗報となった。ゴルバチョフは八七年三月、ＩＮＦ交渉からＳＤＩ問題を切り離すことを発表し、米ソ両国は同年一二月、ＩＮＦ全廃条約に調印した。

4　ドイツ統一とサッチャーの「敗北」

一九八九年一一月、「ベルリンの壁」が崩壊した。同年夏のハンガリーによるオーストリアとの国境開放を契機に、東ドイツ国民が大挙してハンガリーに向かい、鉄のカーテンを乗り越えていった。こうしたなか、東ドイツ各地では市民による大規模デモが発生し、人々は自由を求めて共産党政権を揺さぶった。「ベルリンの壁」崩壊の約一カ月後には、ドイツ社会主義統一党による一党独裁体制も崩壊した。

西ドイツのヘルムート・コール首相は東西ドイツ統一の実現に向けて積極的に動き出す。コールは一一月末、ドイツ統一に向けた一〇項目提案を早くも発表する。

この動きに最も強く抵抗したのがサッチャーであった。統一ドイツは、ヨーロッパにとってはあまりにも強大な存在であった。彼女は、ドイツ統一によってヨーロッパの勢力均衡が崩れることを強く懸念していた。そして、たとえ統一が不可避だとしても、東ドイツの民主化がその前提であり、それなくしての統一ドイツはヨーロッパにおける大きな不安定要因となり得た。また、この問題を契機にソ連でゴルバチョフに対する国内保守派勢力の攻撃が激化し、彼の進める改革が頓挫することは何としても避けねばならなかった（Renwick 2014: 231-32）。つまり統一は時期尚早であった。

サッチャーはジョージ・ブッシュ米大統領に説得を試みるも、失敗に終わった。サッチャーはキャンプデーヴィッドでの英米首脳会談（一九八九年一一月末）の場で、ドイツ統一に慎重にならざるを得ない理由を説明した。ブッシュはサッチャーのアプローチがコール首相との関係悪化をもたらしかねないこと、また彼女のECに対する否定的態度を批判し、歩み寄る姿勢を見せなかった。

一九九〇年に入るとアメリカ政府の提唱した「2＋4」方式（東西ドイツ間交渉を先行させ、その後英米仏ソ四カ国が協議する枠組み）が米ソ間で合意される一方で、ゴルバチョフが統一ドイツのNATO帰属を受け入れるに至ると、もはやドイツ統一の流れをとめることはできなくなった。サッチャーが拠り所としていたフランソワ・ミッテラン仏大統領も統一支持を表明した。否定的な態度をかたくななまでにとり続けたサッチャーも、ブッシュ大統領とのバミューダ会談（九〇年四月）を契機に統一支持に回ることになる。ドイツ統一が実現したのは、ベルリンの壁崩壊から一年もたたない九〇年一〇月のことであった。

「イギリスは川の流れに逆らって泳いでいたのだ」（Cradock 1997: 111）。ドイツ統一における中心的プレイヤーはアメリカ、そして西ドイツであったが、サッチャーが統一反対の態度を明確にとったことで、対独さらには対米関係にさざ波が立ち、イギリスが行使し得る影響力はさらに減じられることになった。ドイツ問題への取り組みは、サッチャー自身ものちに認める「明白な外交的敗北」であった（Renwick 2014: 110）。

ドイツ統一問題をめぐる英米の齟齬は、ブッシュとサッチャーの「疎遠さ」を象徴するものであった（高橋〔一九九九〕一六八頁）。ブッシュ外交については今後の研究を待たねばならないが、ブッシュはイギリスとの同盟関係を特別視しない旨発言をしており、短距離核戦力（SNF）近代化問題が示唆するように、アメリカはドイツを重視するスタンスを取り始めていた（Dumbabin 2008: 124; Cradock 1997: 84）。さらに、サッチャーの側近によれば、サッチャーのブッシュへの接し方は、アメリカ大統領に対するそれではなく、彼が八年間務めた副大統領に対するものであったという。時としてサッチャーの話しぶりは「お説教」のようで、それはレーガンには通用したが、外交・安全保障政策に長い経験を持つブッシュには強い不快感しか与えなかったのである（Renwick 2014: 242）。英米同盟関係の再強化は、湾岸戦争勃発まで待たねばならなかった。

（永野隆行）

第9章
武力による国際秩序の強制的再編とその限界
●一九九〇〜二〇一五年

はじめに

冷戦終焉は、英米をはじめとする「西側」諸国に存在していた「ソ連の脅威」に関する共通認識を希薄にした。それまで西側諸国は、脅威の評価に相違を抱えながらもこの共通認識を前提として、ヨーロッパ情勢と中東情勢、あるいはその他の情勢とを連関させた戦略をしばしば採用してきた。しかし共通認識の希薄化にともなって、ヨーロッパの地域秩序のあり方、ヨーロッパ情勢と中東情勢をいかに連関させるのか、そして、どのような世界秩序によってこれらを包摂するのかについて、冷戦終結から四半世紀の英米関係史は揺れ動いてきた。本章は、英米それぞれの秩序構想の変容と両国による武力行使の展開を軸にこの揺れ動きを概観する。

1　ボスニア紛争と「スエズ戦争以来最悪」の英米関係

国際秩序の再編とアメリカ外交

イギリスを含む欧州諸国にとって、東欧・旧ソ連諸国の体制転換の成功はヨーロッパ全体の安定を維持するために重要な課題であった。ところが、アメリカはそもそも冷戦の「敗者」への経済支援に消極的であり、核拡散問題などに比較すれば世界戦略上の優先度もそれほど高くないと判断していた。ただし、ヨーロッパ情勢に背を向けるわけにもいかなかった。

こうしたアメリカの立場を理解するためには、第二次世界大戦後における資本主義経済の成長とアメリカの対外戦略との関係を押さえておく必要がある。資本主義経済の成長のためには、経済活動の拠点となる場の政治的安定が欠かせない。そのため、アメリカは核戦略、軍事基地網、核兵器拡散防止（ＮＰＴ）体制などを通じて経済活動の拠点となる地域に軍事的に関与して政治的安定の創出を試みてきた。この側面から見た場合、成熟したヨーロッパ市場と在欧米軍基地を維持するため、アメリカは冷戦後もヨーロッパ情勢に主導的に関わる必要があった。

また、資本主義経済の成長のためには資源を安定的に確保することが望ましい。しかし、その鍵を握っている中東での紛争は絶えず、ソ連崩壊による核管理体制の弛緩によって核拡散が加速する危険性もあった。中東情勢に軍事的に対応するとしても、冷戦終結時にアメリカは資源の豊富なペルシャ湾岸地域に常設の基地を保有していなかった。そのため、いざとなれば在欧米軍基地を活用しつつ、在日米軍基地からも兵力を投入することになる。この側面から見ても、アメリカは旧ソ連を含むヨーロッパ秩序の再編を主導する動機を持っていた。

ところが、この論理を突き詰めると、ヨーロッパ情勢と東欧・旧ソ連情勢や中東情勢とを連関させた戦略を採用することにたどり着く。それは冷戦期の軍事戦略を復刻させるようなものであり、そこから解放されたことを喜ぶヨーロッパの人々に受け入れられるものではなかった。また、アメリカも当時は軍事費の圧縮を重視していた。こうしてアメリカは、一方で冷戦の「勝利」を語りながらも、他方で米ソ協調を演出しつつヨーロッパ統合の推進をある程度容認した。

サッチャー政権末期の英米対立

ヨーロッパへの軍事的関与を見直し始めたアメリカの姿勢と、冷戦期の枠組みに固執して情勢分析がおろそかになりがちなサッチャー首相の個性とが相まって、一九八〇年代末から九〇年代の初頭にかけて英米の齟齬は拡大していた。

まず、英米はドイツ再統一問題で対立した。アメリカのジョージ・H・W・ブッシュ政権はドイツのNATO残留を条件に再統一を支持した。アメリカはソ連説得のためNATOの対ソ敵視姿勢を修正させ、ヨーロッパ配備の核戦力削減も模索した。サッチャーはドイツ再統一に反対し、核戦力の現状維持を主張した（*DBPO*, III, VII: 313）。

ヨーロッパ統合に関しても英米は差異を抱えていた。サッチャーは一九八八年九月の「ブルージュ演説」以来、市場統合以外の分野に関する統合に反対する姿勢を鮮明にしていた。しかし、独仏はヨーロッパ統合推進にむけた連携を強化しており、アメリカもドイツ再統一後の地域秩序安定のためにＮＡＴＯの結束を乱さないとの条件付で独仏の動きを容認した。

一九九〇年八月にイラク軍のクウェート侵攻によって発生したペルシャ湾岸危機についても、英米の立場は異なっていた。サッチャーは、国連を迂回してクウェートと英米との間の「（集団的）自衛権」を根拠に武力行使すべきと主張した。九〇年六月にはＮＡＴＯが中東情勢に関与することも提言していた（Thatcher 1993: 335, 821, 812）。サッチャーのねらいは、英米主導の軍事力行使を背景としてヨーロッパ秩序再編に関する発言力を維持することにあった。

しかし、ブッシュ政権は集団安全保障措置に触れた文言を盛り込んだ国連安保理決議六七八号の採択を目指しており、サッチャーの主張に困惑していた（Bush and Scowcroft 1998: 363, 386, 407）。ブッシュ政権はこの決議によって「多国籍軍」による軍事行動を正当化する必要があった。その動機の一つはこの手続きでソ連を懐柔し、同時期に進行していたドイツ再統一や東欧体制転換へのソ連による妨害を防ぐことにあった。つまりアメリカは、中東情勢とヨーロッパ情勢が連動しないように国連を媒介させたのである。また、同決議の採択はアラブ諸国、日本、欧州諸国から戦費を調達しやすくし、世論対策のためにも重要であった。

湾岸危機が発生したころ、ヨーロッパと中東との地理的な接点にあるコーカサス地方やバルカン半島では深刻な民族紛争や宗教対立が発生しつつあった。欧州各国はこれらの紛争と中東の紛争が連動しないように神経を尖らせており、また、一九八〇年代前半のレバノン戦争への軍事介入失敗を重く受け止めていた。ＮＡＴＯの活動範囲を中東に拡大することはもってのほかであった。それゆえ、決議六七八号は「多国籍軍」参加国や基地提供国に作戦の限界を保障するためにも必要であった。このように、サッチャーは中東問題でも孤立していた。

メイジャー政権とボスニア紛争

イギリス国内でも、ヨーロッパ政策や人頭税構想の混乱などからサッチャーへの反発は強まっていた。一九九〇年一一月にはついに政権与党の保守党内で倒閣運動が発生し、同月末に同党のジョン・メイジャーが首相に就任した。メイジャーはサッチャーの政策を修正して湾岸戦争に関するアメリカの方針を支持し、ヨーロッパ核戦力や在欧米軍の規模縮小も事実上容認した。

アメリカは湾岸戦争を契機に、大国間協調と国連の集団安全保障機能の再活性化を骨子とする「新世界秩序」構想を提唱した。同構想は冷戦期の世界情勢認識を改め、各地域の情勢変動とアメリカの世界政策を直結させずに紛争を解決することを含意していた。ただしそれは、対米自立を動機とした地域統合を促す可能性も秘めていた。そこで、メイジャーはこの構想にあわせて英米関係を調整し、ヨーロッパ情勢への対応に専念しやすい態勢を整えたのである。

ヨーロッパ情勢に関してイギリスは、マーストリヒト条約など独仏主導のヨーロッパ統合の進展のみならず、旧ユーゴスラヴィア（以下旧ユーゴ）紛争に関する米欧・欧州諸国間対立にも対応する必要があった。とりわけ、旧ユーゴのボスニア・ヘルツェゴビナ（以下ボスニア）では、主にムスリムを支持層とするボスニア政府、セルビア人勢力、クロアチア人勢力の間で三つ巴の紛争が発生し、それは約一〇万人の犠牲をともなう第二次世界大戦後のヨーロッパ最大の紛争へと発展した。

当初、アメリカは旧ソ連諸国への対応を重視するという名目で、旧ユーゴ問題への対応をヨーロッパ側に委ねた。しかし、その本音は欧州諸国の実力を見極めることにあった（Baker and DeFrank 1995: 636–37）。当時フランスはＮＡＴＯではなく西欧同盟（ＷＥＵ）による旧ユーゴ紛争への介入を主張しており、アメリカはこれをヨーロッパ自立への動きと判断して警戒していた（Glaurdić 2011: 220）。イギリスはこの米欧対立の板挟みに立たされた。

そこでメイジャー政権は、ＮＡＴＯとＷＥＵどちらでもなく、国連を基軸に旧ユーゴ紛争に対処する枠組みを提案した。アメリカの懸念をやわらげつつヨーロッパ側の面子も保とうと試みたのである。その枠組みが、一九九二年八月のロンドン会議で発足した国際機関「旧ユーゴスラヴィア国際会議（ＩＣＦＹ）」であった。ＩＣＦＹは国連とＥＣ選出の代表二人により共同運営され、その主任務は紛争当事者から「中立」の立場で和平交渉を斡旋することとされた。ＩＣＦＹの国連側議長にはサイラス・ヴァンス元米国務長官、ＥＣ側議長にはデイヴィッド・オーウェン元英外相が就任し、和平案の策定に乗り出した。

「スエズ戦争以来最悪」の英米関係

ところが、一九九三年一月に就任したアメリカのビル・クリントン大統領はＩＣＦＹによる和平交渉への協力を拒み、「空爆と武器禁輸解除」政策の実施を主張した。それは、戦略的空爆をＮＡＴＯが行うとともに、国連安保理決議七一三号の禁じた旧ユーゴへの武器輸出を解除してボスニア政府の武装強化を支援するという政策であった。

クリントンは先の大統領選挙で、いわゆる「ネオコン」の一部を含む対外武力行使に積極的な論客たちから支持を受けた。この際にボスニア政府への武器輸出を求められていた（*Anthony Lake Papers*. Box 11, Fol. 1）。またクリントン政権は、ICFY和平案を先例としてヨーロッパ側がNATOやアメリカ軍の活動を制御することを懸念していた（Owen 1996: 137–40）。これらの内情を隠したまま、クリントン政権はボスニア政府を侵略の「被害者」と見なす紛争観を強調して立場を正当化した。イギリスに対しては、英米の「特別な関係」を指摘して方針転換を迫った（*PPPUS* 1993: 196–97）。

イギリスは欧州諸国や国連事務局と連携して抵抗した。アメリカの政策はICFY和平案を破綻させて戦況悪化を招き、ボスニアに展開する国連保護軍（UNPROFOR）などによる人道支援活動を危険にさらすからであった。当時ボスニア人道支援の上位貢献国であった英仏は、「空爆と武器禁輸解除」政策が強行されたら要員を全面撤退させる決意を固めた（Hurd 2003: 457–60）。

クリントン政権は二つのジレンマに直面した（Clinton 2004: 513; 吉留〔二〇一三〕）。一つは多角主義と国益確保のジレンマであった。クリントン政権は「積極的多角主義」原則を重視するとしていたが、その原則をおおむね体現したICFY和平案はアメリカ軍やNATOの行動の自由の確保という国益と相反していた。もう一つは、人道的価値の擁護とアメリカ軍の行動の自由を確保することとのジレンマであった。アメリカの主張する人道的価値観を重視すれば、ボスニア政府を支援する必要がある。しかし、その手段として「空爆と武器禁輸解除」政策を強行すれば、英仏の人道支援要員は撤退する。そうなれば、アメリカは地上部隊を派遣して人道支援任務を引き受けざるを得なくなる。ところが、それはボスニア政府の代理としてアメリカ軍を戦闘に引きずりこむ可能性を高める。

クリントン政権はICFYや英仏に対する批判を繰り返し、これらのジレンマからメディアの目をそむけさせた。イギリスの試みたICFYによる米欧協調は頓挫した。メイジャー首相は英米関係が「スエズ戦争以来最悪」の状況に陥ったと認識した（Major 1999: 540）。

この頃、アメリカはアジアでも問題を抱えていた（柳沢ほか〔二〇一二〕三〇三―三〇四頁）。中国とは貿易に関する最恵国待遇更新問題を抱え、一九九二年一〇月の天皇訪中や天安門事件に対する国際経済制裁の日本単独の解除など日中接近も顕著であった。フィリピンのスービック米海軍基地閉鎖、マレーシアのマハティール首相の提唱する米、豪、ニュージーランド抜きの「東アジア経済協議体」（EAEC）構想など対米自立傾向も見られた。アメリカの目指していた「アジア太平洋経済会議」（APEC）による自由貿易化にはさまざまな障害が存在していた。

旧ソ連・東欧政策も難題に直面していた。一九九三年一〇月にロシア議会砲撃事件が発生し、同年一二月の新議会選挙では共産党と極端な排外主義を唱える「ロシア自由民主党」が躍進した。ロシアと周辺国との緊張に備えて、核兵器の配備されていた旧ソ連構成国（ロシア、ベラルーシ、カザフスタン、ウクライナ）の核兵器管理体制の確立を急ぐ必要があった。しかし、ウクライナはロシア情勢を懸念して核兵器の放棄に難色を示した。また、東欧諸国はNATO加盟を求めたが、ボスニアでの米欧対立のためにNATO加盟国の意思統一は困難であった。

また、ソマリア国連平和維持活動支援の名目でありながら、国連の指揮命令系統の枠外で派遣したアメリカ海兵隊は、現地のアイディード将軍派との交戦状態に陥っていた。これはその後一九九三年一〇月八日に発生するアメリカ兵死亡事件（「ソマリア事件」）へとつながってゆく。

「関与拡大」戦略とNATO「再定義」

一九九三年九月中旬、クリントン大統領を含むアメリカ政府高官が一連の外交政策演説を行い、戦略の転換を表明した。それはのちに「関与拡大」戦略として整理されて外交の指針となった。

この戦略は「多角主義」を事実上否定して、国連を中核とする集団安全保障体制の強化を回避するものであった。その上で、個別的・集団的自衛権を根拠として冷戦期に構築された軍事同盟網を再活性化し、その軍事力を背景に世界秩序を再編する姿勢を鮮明にしたのである。そこには、アメリカ優位の力関係(「非対称的な権力関係」)を可視化させて同盟国に貿易交渉などで譲歩を迫るという意図も含まれていた。さらに、価値観や対外政策を国益に基づいて選択することを強調して、中国やサウジアラビアなど非民主的体制との関係を擁護しつつ、ルワンダ内戦などアメリカの利益が明確でない「人道的危機」に事実上関与しないことも正当化した。つまりこの戦略は、冷戦終結期の国際協調を転換し、後の「(アメリカ)単独主義」への橋渡しをする性格を持っていたのである。

戦略転換にともないさまざまな政策が具体化された。一九九四年五月の大統領決定命令二五号(PDD25)は、国連平和維持活動への参加を国益に基づいて判断するよう命じた。また、いわゆる「ナイ・イニシアティブ」によって日米安全保障関係とNATOの「再定義」を推進した。双方の「再定義」は、地域統合に顕在化していた対米自立傾向を制御してアメリカの世界戦略と調和させ、さらに、在外米軍活動への地理的制約を外して中東情勢に対応するねらいがあった。

このうちNATO「再定義」を推進するためには、三つの課題を克服する必要があった。一つ目は核戦略と対ロ戦略をアメリカが主導すること、二つ目はＮＡＴＯ東方拡大の推進、三つ目はアメリカ主導のボスニア紛争終結であった。

第一の課題については、九四年一月の「ブダペスト覚書」により、ウクライナの領土保全を米、英、ロが保障するという条件で核兵器をロシアに移管させた。次いで米ロ新ＳＴＡＲＴ交渉に着手した。その一方で、一九七二年に米ソ間で締結されたＡＢＭ制限条約に抵触するおそれがあったにもかかわらず、今日のミサイル防衛（ＭＤ）につながる技術開発を推進した。これに対し、ＮＡＴＯの非核兵器保有国は新兵器の開発よりも戦術核や通常兵器の削減交渉を求めていた。これらの軍縮論を懐柔すべく、アメリカは包括的核実験禁止（ＣＴＢＴ）の国連総会での採択を容認した。

第二の課題であるＮＡＴＯ拡大については、ロシアを刺激しないように環境整備を試みた。その枠組がＮＡＴＯと東欧・旧ソ連諸国とが平和維持活動などで協力する「平和のためのパートナーシップ」（ｐｆｐ）であった。しかし、第三の課題であるボスニア紛争に関する英米・米欧対立は鋭く、この紛争の終結なくしてＮＡＴＯの拡大や再定義の推進は困難であった。

ボスニア紛争の終結

一九九四年三月、アメリカはボスニア政府とクロアチア人勢力を連携させ（「ムスリム・クロアチア連合」）、クロアチア共和国による武器密輸を容認した（Galbraith 1996）。こうして攻撃対象をセルビア人勢力に絞り込んだのである（月村〔二〇〇六〕一六一頁）。この交渉から欧州諸国は締め出されていたため、ＩＣＦＹは米、英、仏、独、ロをメンバーとする「コンタクト・グループ」の結成を呼びかけた（Owen 1996: 296）。その結成にアメリカは同意したが、積極的な役割は与えなかった。

一九九五年五月、「民間軍事会社」を迂回したアメリカの協力により練兵され、さらに武器密輸で能力を強化したクロアチア共和国軍は、自国内のセルビア人居住地に総攻撃をかけた。クロアチアからのセルビア系難民の流入を一つの契機としてボスニアの戦況も変化し、同年七月にはスレブレニッツアでムスリム系難民虐殺事件が発生した。同年八月にはクロアチア共和国軍がボスニア領内でセルビア人勢力との戦闘を開始し、これと連動してNATOの戦略空爆も実施された。

アメリカはセルビアのミロシェビッチ大統領との交渉を本格化させ、一九九五年一一月に「デイトン合意」をまとめてボスニア紛争を終結させた。しかしこの合意は、アメリカが「侵略者」として批判していたはずのセルビア人勢力に高度な自治権を与え、ボスニアを事実上二分割してしまった。

ただし、アメリカが最も重視していた英米・米欧関係の再編成は前進した。一九九五年一二月にフランスはNATO国防相会議・軍事委員会に復帰した（二〇〇九年三月NATO軍事機構への完全復帰を宣言）。ボスニア紛争調停にイギリス外交の可能性を託してきたメイジャー政権は行き詰まり、一九九七年五月の総選挙で労働党のトニー・ブレア政権が発足した。

2　コソヴォ紛争と英米関係の表層的修復

ブレア政権とコソヴォ紛争

ブレア政権発足と前後して、独仏でも新政権（独シュレーダー、仏シラク）が発足した。これらの新政権は、本格的なヨーロッパ自立は困難なことを認識して米欧関係の修復を試みつつ、一定の行動の自由を確保するためにヨーロッパ側の軍事能力向上を模索した。また、アメリカの参加しないヨーロッパ主導の活動でもＮＡＴＯの施設を利用可能にすることを引き続き求めた。

新たな米欧関係の調整は、「新ユーゴスラヴィア連邦」（セルビアとモンテネグロで構成）のコソヴォ自治州における紛争への対応を通じて試みられた。コソヴォでは人口の多数を占めるアルバニア系住民とセルビア政府とが対立しており、一九九八年五月には独立を志向するコソヴォ解放軍（ＫＬＡ）が武装蜂起した。欧州諸国は国連安保理の注意を喚起して新ユーゴへの武器禁輸（決議一一六〇号）や即時停戦勧告（決議一一九九号）を採択させ、さらに踏み込んだ対応を検討するように求めた。

ブレア首相はロビン・クック外相やクレア・ショート国際開発相らの人道的介入論を支持し、独仏もそれに一定の理解を示した（Blair 2010: 228-29）。イギリスは当時のＥＵ議長国として対米折衝を担い、国連安保理決議に基づくＮＡＴＯ軍の展開を主張した（Hodge 2006: 159）。アメリカは国連安保理がＮＡＴＯの活動に事実上の拒否権を持つことを警戒して、イギリス案に消極的だった。むしろ、ボスニア紛争の終結過程を先駆例として、ＫＬＡの地上兵力とＮＡＴＯ空爆とを組み合わせた戦闘計画を主張した（Hodge 2006: 158-59）。しかし、ＥＵ加盟国はＫＬＡの地下経済活動や暴力行為に神経を尖らせており、ＫＬＡ主導のコソヴォ独立を懸念していた（Gibbs 2009: 180-81）。

この英米論争の背景には、ヨーロッパでの軍事協力に関する米欧対立が存在していた。その一つの契機は、一九九八年一二月の英仏首脳会議における「サンマロ合意」であった。英仏は、ＥＵの軍事能力向上と、ヨーロッパ主導の活動でＮＡＴＯ施設活用を求めることで一致したのであった。マデレン・オルブライト米国務長官はこの英仏合意に対して、ヨーロッパ側の活動や装備をＮＡＴＯと重複させせないこと、米欧の軍事的連携を分離させせないこと、アメリカ企業を軍事装備品調達などで差別しないという三点を求めていた（*Financial Times*, December 7 1999: 22）。

一九九九年一月、コソヴォのラチャック村が攻撃され、多数の住民が犠牲になったことが報じられた。この事件に促されるかたちで英仏はパリ近郊のランブイエに紛争当事者を集めて和平交渉を開催した。英仏はその舞台裏で米欧間の利害調整も行われることを期待していたが、ランブイエと続くパリでの交渉の主導権を掌握したのはアメリカであった。

アメリカはＫＬＡに独立を前提としない和平案を受け入れさせたうえで、セルビアに対して新ユーゴ「全域」におけるＮＡＴＯ軍の自由な通行を要求した。この法外な要求をセルビア側はもちろん拒んだ。結果的にランブイエとパリでの交渉は、セルビア攻撃のために最低限必要な理由づけを与える場となった（Gibbs 2009: 189; 定形〔二〇〇〇〕三二頁）。アメリカは軍事力の行使を決意したことで、紛争当事者のみならず欧州諸国との利害調整も軽視しがちになっていた。

コソヴォ紛争の終結とＮＡＴＯ再編

一九九九年三月にＮＡＴＯはセルビア空爆を開始し、ＫＬＡによる地上での戦闘を補佐した。しかし、軍事力行使を容認する国連安保理の明示の決議なく攻撃を開始したこと、ベオグラードの中国大使館を「誤爆」したこと、劣化ウラン弾などを使用して現地住民に深刻な放射線被害を与えたことなど、ＮＡＴＯの遵法精神と人権概念のあやふやさに国際的批判が起こった。

Column 9-1　北アイルランド紛争とアメリカ

北アイルランド紛争は1970年代初頭に本格化し，約3600人の命を奪った。ようやく1998年4月に「聖金曜日協定」（ベルファスト合意）が結ばれて収束に向かいつつある。

北アイルランドのイギリスからの独立とアイルランド共和国との統一を求める立場の人々を「ナショナリスト」（または「リパブリカン」）と呼び，宗教的にはカトリックの信徒が多い。イギリス残留を求める立場の人々を「ユニオニスト」（または「ロイヤリスト」）と呼び，プロテスタント系の信仰を持つ人が多い。

ナショナリストの活動が活発になったのは1960年代であった。当初は，アメリカ公民権運動の影響を受けて教育環境の改善や就業機会の増加などを訴えていた。しかし，1968年10月のデモ行進へのイギリス政府による弾圧を一つの契機として状況は変化する。「アイルランド共和国軍暫定派（PIRA）」がナショナリストの主導権を掌握し，イギリス政府とユニオニスト系武装組織（「アルスター防衛同盟（UDA）」など）との全面抗争に突入した。

PIRAはアイルランド系アメリカ人の「遠隔地ナショナリズム」に訴えて資金を集めるとともに，アメリカの緩慢な銃規制を利用して兵器を調達した。冷戦期の東欧も重要な武器供給源であり，チェコ製の爆薬やソ連製のライフル銃を密輸した。また，1980年代には当時英米と鋭く対立していたリビアのカダフィ将軍やイランなども武器や資金を提供したと見られている（Moloney 2003）。海外資金やいわゆる「フロント企業（企業舎弟）」の収益は，英米の主導した国際金融市場の自由化を利用してマネーロンダリングされた。

このように北アイルランド紛争には，「遠隔地ナショナリズム」，銃規制の欠陥，冷戦，中東情勢，「グローバリゼーション」といったアメリカに関わる諸事象が介在していたのである。

このセルビア空爆中の一九九九年四月、NATO結成五〇周年記念の首脳会議がワシントンDCで開催された。このNATO首脳会議に先立って、ブレアは人道的介入を正当化する「シカゴ演説」を行い、「共通」の価値観による米欧の結束を呼び掛けていた（細谷〔二〇〇九〕）。

ところが、NATO首脳会議ではむしろ米欧間の相違が浮き彫りになった。ヨーロッパ側の求めたことは、コソヴォ紛争後の治安維持へのNATO地上部隊派遣と国連やロシアとの協力、今後のヨーロッパ主導の作戦でNATO施設の利用を認めることであった。しかし、アメリカは独自の判断でコソヴォに地上部隊を派遣することを主張し、さらに、中東情勢や大量破壊兵器拡散に対応した兵力再編をNATO加盟国に要求した（Daalder and O'Hanlon 2000: 138-41; 金子〔二〇〇八〕三〇四頁）。NATO首脳会議の声明文や採択された『戦略概念』は、表面的にはヨーロッパ側の主張を取り入れつつも、ヨーロッパ側の強い懸念を押し切って中東情勢への対応を検討することが明文化された。要するに、アメリカ主導のNATO再編という論理が貫徹されたのであった。

コソヴォ紛争は一九九九年六月に事実上停戦し、NATO指揮下のコソヴォ治安維持部隊（KFOR）が展開された。しかし、停戦とほぼ同時にロシア軍がコソヴォに侵入し首都プリシュティナの空港を占拠した。アメリカ主導の秩序形成に「待った」をかけたのであった。当初アメリカはKFORにロシア軍を排除させる予定であったが、現地にいたイギリスのマイク・ジャクソンKFOR司令官は「第三次世界大戦」の勃発を懸念してそれを拒否した（Daalder and O'Hanlon 2000: 176）。英米・米ロ関係は緊張したが、KFORにロシアも参加することで暫定的な妥協が成立した。

「人道的介入」とイギリスの思惑

一九九〇年代後半、アメリカの政官界では軍事力を過信して短期的な国益に執着する傾向が強まっていた（菅〔二〇〇八〕第六章）。論壇でも「アメリカ帝国論」や「（アメリカ）単独主義論」が盛んに議論された。しかも、コソヴォ紛争へのＮＡＴＯの介入は国連安保理による明示の決議なく行われたから、アメリカとその同盟国との間の力の差を制御する制度的手段も限られていた。

ところが、ブレアの「シカゴ演説」は「共通」の価値観を誰がどのような手続きで決めるのかという決定的な部分を曖昧にしていた。それは「人道的介入」を通じてアメリカと他国との力の差をいっそう拡大させるようなものであった。しかしブレアは、アメリカ偏重の権力分布のもたらす弊害よりも、他の欧州諸国と比較した場合のイギリスの相対的地位低下をより深刻にとらえていた。

イギリスは欧州共通通貨（ユーロ）導入を見送ったため、欧州連合（ＥＵ）の財政金融政策への発言力を低下させていた。また、旧ユーゴ紛争を通じてドイツはこれまで以上に軍事的役割を担うようになっており、フランスもＮＡＴＯとの軍事的協力関係を回復させつつあった。そのため軍事面でもイギリスの存在感は低下しかねなかった。そこでブレア政権は米欧に「共通」の価値観を強調し、それを具体化させる軍事力行使をアメリカや欧州諸国に働きかけることで、ヨーロッパ情勢の動向に対する影響力の確保を目指したのであった。

ただし、イギリス単独でその価値観を具体化させる力はなく、また、ＥＵ加盟国間の軍事協力も萌芽的であった。そのため、アメリカが共通の価値の名のもとに軍事力行使を主張すると、イギリスはアメリカに追随するか、価値観外交から退却してヨーロッパ戦略全体を見直すかの選択を迫られることになる。ただし、ひとたび共通の軍事行動を始めると、英米の軍隊は効率向上を追求して行動の一体化にむけた制度の整備を進めるため、それを見直すためには膨大な政治的、経済的、軍事的資源を必要とする。こうして、時の為政者は前例を踏襲しがちになり対米追随を既成事実化してゆく。

コソヴォ紛争の終結を迎えたころ、のちにこのような選択をイギリスに迫る状況が実際に形成され始めていた。その背景には、アメリカの南アジア・中東戦略のジレンマが存在していた。このジレンマは、核武装した印パ関係の調整と湾岸戦争後にアメリカの採用してきたイラン・イラク「二重封じ込め」戦略との間に発生したものであった。

アメリカの南アジア・中東戦略のジレンマ

アメリカは一九九〇年代後半に核兵器保有国となった印パ両国と事実上の等距離外交を展開し、印パ間の軍事バランスを一定に保つように留意していた。ただし、アメリカはイランのアフガニスタンにおける影響力拡大を防ぐため、パキスタン軍とその情報機関によるアフガニスタン政治への関与を黙認し、パキスタン軍と密接な関係にあるタリバンによる政権掌握を容認した。

ところが、パキスタン軍には独自の思惑があった。パキスタン軍は印パ交戦時に隣国アフガニスタンを拠点として活用する「戦略的縦深性」の確保を重視していき（進藤〔二〇〇八〕三九頁）、そのため、パキスタンによるアフガニスタンへの極端な影響力拡大は印パ関係の緊張を高めかねない。また、タリバンは世界各地で反米武装運動を展開するオサマ・ビン・ラディン率いる「アルカイダ」との関係を緊密にしつつあった。

しかし、アメリカがパキスタン軍やタリバンへの圧力を強化すると、アフガニスタンでタリバンと敵対する「北部同盟」を利する。「北部同盟」はイランと一定の協力関係にあった。そのためアメリカによるパキスタンやタリバンへの圧力強化は、封じ込めているはずのイランに利益を与えかねない。反対に、パキスタン軍やタリバンを放置すれば、印パ関係の緊張を高め、また、アルカイダを間接的に保護することになる。アメリカのジレンマは深刻であった（柳沢ほか〔二〇一二〕三二四頁）。

一九九九年五月、カシミールのカルギル地区で印パ両軍の本格的な戦闘が勃発した（カルギル戦争）。アメリカはこの停戦を仲介したものの、ジレンマはより深刻になった。しかし、その後もアメリカはアフガニスタン情勢打開の道を見出せず、イランとの関係を改善する決断もつかなかった。アメリカの中東・南アジア戦略が行き詰まるなか、二〇〇一年一月、積極的な軍事力行使と国益確保のための「(アメリカ) 単独主義」を主張するジョージ・W・ブッシュ政権が発足した。

3　「対テロ戦争」と国際秩序の強制的再編

九・一一事件と「対テロ戦争」の始まり

二〇〇一年九月一一日、ニューヨーク世界貿易センターとアメリカ国防総省を標的とした同時多発自爆事件が発生した。ブッシュ政権はアフガニスタンに拠点を置くアルカイダによるテロと断定し、「対テロ戦争」の遂行を宣言した。その一環として二〇〇一年一〇月にアルカイダ殲滅とタリバン政権の打倒を目標としたアフガニスタン戦争を開始した。

アフガニスタンの地上での戦闘は主に「北部同盟」が担い、英米主軸の多国籍軍が空爆を展開した。二〇〇一年一二月、タリバンは首都カブールから撤退し、ハミド・カルザイ暫定政権が発足した。しかし、カルザイ政権と北部同盟との関係は安定せず、タリバンは一定の勢力を維持し、アルカイダのメンバーも南アジア・中東各地で活動を継続した。アフガニスタンの治安回復にNATO加盟国は協力したが、深刻な兵力不足のためアメリカ兵の増派を必要としていた。

ところが、当時アメリカはそれを顧みることなく、イラク戦争計画に着手していた（ウッドワード〔二〇〇三〕四三四―三六頁）。アメリカのねらいはアフガニスタンとイラクに親米政権を作り出し、かつ、駐留米軍を間接的に利用して両国と隣接するイランを包囲することにあった（柳沢ほか〔二〇一二〕三二四頁）。つまりアフガニスタン戦争とイラク戦争は、表向きにはテロや核拡散の脅威を理由に正当化されたが、実際のねらいは、中東と南アジアでアメリカの陥っていた戦略的なジレンマを軍事的に打開し、イランを孤立させて臨機応変に圧力をかけやすくすることにあった。

「ブッシュのプードル犬」

二〇〇二年に入るとブッシュ政権はイラク戦争に向けた準備を本格化させ、同年四月に訪米したブレア英首相に参戦を求めた。イギリスの軍事力を頼みにしたのではなく、参戦国が多いほうが先述した表向きの戦争目的を主張しやすいからであった（Bush 2010: 246）。

ブレアはパレスチナ問題へのテコ入れとイラク問題への国連の関与を考慮するように要請したものの、参戦の意思を表明した（Bush 2010: 232; Blair 2010: 399-401）。本章前節で指摘したように、ブレアは外交政策の包括的見直しを回避し、アメリカに追随する道を選択したのである。当初ブッシュは国連での議論に消極的であった。しかし、ブレント・スコウクロフト元大統領補佐官などの共和党重鎮によるイラク戦争批判をかわし、政権内の結束を固めて世論対策を進めるため、国連安保理決議採択の方針を決定した（Bush 2010: 237-38; 柳沢ほか〔二〇一二〕三三九頁）。

ブレアがパレスチナ問題と国連の重要性を指摘した一つの要因は、労働党内対策もさることながら、先の湾岸戦争でサダム・フセインの展開した「二重リンケージ論」にあった。これは、イラクによるクウェート侵攻が国際法違反ならイスラエルによるパレスチナ占領も同じであり、イスラエルが占領をやめればイラクも撤退するという議論であった（松井〔一九九三〕九八頁、柳沢〔二〇〇二〕一六九頁）。この議論は中東の人々の琴線に触れており、英米がイラク戦争を国際世論に向けて正当化するためには開戦理由の特殊性を強調する必要があった。その手段が、イラクの大量破壊兵器開発疑惑を強調する国連安保理決議一四四一号の採択であった。

英米は、決議一四四一号の採択を目指して虚実入り乱れた情報戦を展開した。この過程でイギリスは、イラクが「四五分以内」に大量破壊兵器を配備できるなどの情報すら捏造したのであった。二〇〇二年一一月に決議一四四一号は辛うじて採択されたが、国連憲章第七章に基づく武力行使を容認する文言は盛り込まれなかった。武力行使の正当化には第二の決議が必要であった。

このような状況の中で、イギリス政府内でもイラク戦争の必要性や情勢判断の妥当性に疑問が呈されていたが、メディア担当のアラステア・キャンベル首相補佐官らが異論を封殺した。世論とメディアはブレア政権の姿勢を対米従属そのものと受け止めて「ブッシュのプードル犬」と揶揄し、二〇〇三年二月にはロンドンで約百万人規模の反戦デモが展開された。

反戦論の高揚に直面して、開戦積極派のドナルド・ラムズフェルド米国防長官はイラク戦争を支持する各国を「新しいヨーロッパ」、そうでない国を「古いヨーロッパ」と断定してヨーロッパ世論の分断を試みた。また、開戦に慎重と見られていたコリン・パウエル国務長官も各国に対イラク武力行使の必要性を説得した。しかし、安保理常任理事国のフランス、ロシア、当時非常任理事国であったドイツは第二の決議に慎重であり、二〇〇三年三月一〇日、ジャック・シラク仏大統領は第二の決議を国連安保理で採決するならば拒否権を行使する意思を表明した。

これを受けて、ブッシュ大統領はイギリス、スペイン、ポルトガル首脳をアゾレス諸島に招集した。この会議でブッシュ大統領は、第二の決議採択を断念して「有志連合」を率いて開戦すること、その後にイラクを直接占領する方針を通知した。また、ブレア首相がイギリス議会を説得できない場合には辞任して、アメリカ単独で開戦することも確認した (Bush 2010: 249, 252)。要するに、開戦を決意したアメリカにとって、イギリス軍もブレア首相も代替可能な存在に過ぎなかった。これが「特別な関係」の実態であった。ところが、イギリスではクック枢密院議長 (前外相) らが開戦に反対して辞任したものの、ブレア内閣総辞職の可能性に与党労働党の議員は委縮し、野党保守党も賛成したために開戦決議は可決された。

イラク戦争と周辺諸国・諸勢力間の利害対立

二〇〇三年三月二〇日に有志連合はイラクへの攻撃を開始し、同年五月一日には大規模な戦闘の終結を宣言した。開戦からあっという間のことであったが、そもそもイラクの「脅威」は英米によって誇張されたものであった。フセイン政権は湾岸戦争以来の経済制裁と一九九〇年代から続いた英米の空爆によってすでに弱体化しており、開戦理由とされた大量破壊兵器の開発についても結局何の証拠も見つからなかった。

ただし、フセイン政権はイラク国内に一定の秩序を維持していたから、この政権崩壊はイラク社会に動揺をもたらした。しかも、有志連合のイラク統治機関である「連合国暫定当局」（ＣＰＡ）のポール・ブレマー代表は、辛うじて国家機能を担っていた大量の旧バース党党員や旧軍人を公職追放した。また、有志連合は宗派や地域性の多様なイラクの特性を軽視して、社会各層の融和を十分にはからないまま新政府を発足させた。これらの失策によってイラクは空前の無秩序状態に陥った。

有志連合の死者数は増え続け、欧米諸国もテロの標的となった。二〇〇四年三月一一日にマドリード、二〇〇五年七月七日にロンドンで多発爆破事件が発生し、多数の市民が犠牲になった。有志連合参加国市民の不満は高まった。イギリスでは二〇〇六年五月の統一地方選で労働党が大敗し、二〇〇七年六月にブレア首相が辞任してゴードン・ブラウン財務相が政権を引き継いだ。アメリカでも二〇〇六年一一月の連邦議会中間選挙で政権与党の共和党が大敗し、「対テロ戦争」を主導したラムズフェルド国防長官らが更迭された。英米両国はイラク戦争からの「出口戦略」を本格化させた。

英米軍撤退のためには、イラク新政府の統治能力向上だけでなく、周辺国や諸勢力との関係改善も必要となる。しかしこれが難題であった。フセイン政権崩壊後クルド人勢力はイラク北部の支配を強固にしており、また、イスラーム教シーア派系政党がイラク新政権の中枢を握ったことからイランの影響力も拡大した。しかし、英米がクルド人勢力を重視すればイラクの国家統合は弱体化する。イランの意向を尊重しすぎれば核開発阻止に向けた国際圧力を弱めかねない。

さらに、イラク戦争によって作り出された勢力構図は、中東における既存の親米勢力の利益ともぶつかっていた。トルコは自国内のクルド人勢力と対立しており、サウジアラビアやイスラエルなどはイランの影響力拡大を警戒している。このように複雑な利害対立の調整は容易ではなく、イラク国内の混乱と相まってのちに「イスラーム国」（ＩＳ）の台頭をまねく一つの要因となった。

4 武力行使による国際秩序再編の限界

「リーマン・ショック」と政権交代

一九九〇年代前半から二〇〇〇年代にかけて、英米はいわゆる「グローバリゼーション」の波に乗り、金融・サービス業を中心に好景気を謳歌してきた。しかし、二〇〇八年九月に「リーマン・ショック」が発生して英米の景気は悪化し、世界経済も混乱に陥った。

リーマン・ショックへの対応策は、従来のＧ７の枠組みにとどまらず、中国、インド、ブラジル、ロシアなどを含むＧ20でも協議された。また、ギリシャ債務問題などユーロ圏の財政金融問題への対応は独仏が主導した。国際金融政策におけるイギリスの地位低下は明らかであった。しかも、深刻な財政難のためにイギリスは自力で既存の軍事力を維持することが困難になりはじめ、同じ状況を抱えていたフランスとの軍備協力を本格化せざるをえなくなった。

「プラハ演説」とイラン核開発

景気後退は英米の政権交代をもたらした。アメリカでは二〇〇九年一月、「対テロ戦争」の終結を公約に掲げた民主党のバラク・オバマが大統領に就任した。イギリスでも二〇一〇年五月の総選挙によって保守党のデイヴィッド・キャメロンが首相に就任した。キャメロン政権は苦しい財政事情にもかかわらず、NATO加盟国に国民総生産二パーセント以上の軍事支出を求めるアメリカの意向に従った。しかし、対米軍事協力を通じて国際的発言力の確保を目論むイギリスの思惑に反して、アメリカは世界戦略上の連携相手を多様化させていた。その方向性はオバマ大統領が二〇〇九年四月に行った「プラハ演説」にも示されていた。

この演説は核廃絶の理想に触れたことで知られているが、その本当のねらいは、「対テロ戦争」を収束させるために国際交渉を重視する姿勢を示し、かつ、アメリカの中東戦略の弱点であったイランの核兵器開発疑惑解決の道筋をつけることにあった（柳沢ほか〔二〇一二〕三五二頁）。

「アラブの春」と対リビア軍事介入

この「プラハ演説」から約二年後の二〇一一年五月二日、アメリカ特殊部隊がパキスタン国内に潜伏していたアルカイダの首領ビン・ラディンを殺害した。オバマ政権はアフガニスタンからのアメリカ軍撤退を進める考えを表明し、イラクからの撤兵に向けた取り組みも本格化させた。

しかし、アメリカ軍撤退計画の表面化を一つの契機として、これまでアメリカとの関係が緊密であった国々だけでなく、アメリカと敵対してきたイランやシリアでも反政府デモが活発になった。この一連の動きは「アラブの春」と呼ばれた。このうちリビアでは、民主化要求デモをカダフィ政権が弾圧したことを契機として緊張が高まった。二〇一一年二月にはカダフィ政府の元幹部が「リビア国民評議会」を結成して武装蜂起し内戦が勃発した。多数の難民が北アフリカの周辺諸国や地中海を渡って欧州諸国に押し寄せる事態となった。

英仏はこれまでのカダフィ政権との緊密な関係を一転させ、国民評議会側を支援して武力介入することを主張した。英仏はリビアが人道的な危機状態にあることを強調し、人道支援や飛行禁止執行のために「必要なあらゆる措置」をとるとの文言を含む国連安保理決議一九七三号の採択に成功した。人道問題への対応もさることながら、英仏が武力行使を主張した一つの動機はリビアにおける既得権益の確保にあった。さらにイギリスのキャメロン政権は、かつてのブレア政権のように「人道的介入」を主張することで、世界戦略上の連携相手を多角化させつつあるアメリカとの距離を再び縮めることを試みたのであった。

二〇一一年三月一九日、英、仏、米などはリビアへの軍事介入を開始し、NATOを主力とする多国籍軍も空爆に加わった。同年八月末にカダフィ政権は崩壊した。ところが、介入を主導した英仏はリビア新政府を支援する熱意も能力も欠いていた。リビアの政情は安定せず、イスラーム武装勢力が支配地域を拡大した。また、大量の武器が北アフリカ・中東各地に拡散した。

シリア攻撃計画の挫折と「イスラーム国」の台頭

武器拡散の影響はシリアにも波及し、アサド政権と反体制派との対立が激しさを増した。二〇一三年に入ると英仏は反体制派への武器輸出を主張し、アサド政権打倒を目標とした軍事介入をアメリカに働きかけた。

当初アメリカは、リビアでの経験から英仏に不信感を抱いていた。また、シリア情勢に影響されやすいレバノンの治安悪化を懸念して英仏のシリア政策と距離を置いていた。レバノン情勢が不安定化すれば、その隣国イスラエルの安全を脅かすからであった。もしイスラエルが軍事力を行使すれば、この地域に利害を持つイランも対抗するであろう。イランの動向はサウジアラビアなどペルシャ湾岸諸国を刺激し、イランと関係を深めるイラク政府の統治を揺るがしかねない。しかし、二〇一三年八月、アサド政権による化学兵器使用を理由として、オバマ政権は英仏や中東諸国と連携してシリアに武力行使する意思を表明した。

ところが、イギリス国内ではイラク戦争開戦過程での情報捏造への批判が根強く、二〇一三年八月末にイギリス議会は対シリア武力行使決議を否決した。アメリカ議会でも武力行使に慎重な意見が広がった。このタイミングでロシアが仲介に動き、シリアの化学兵器を国際管理下で廃棄することと、シリアが化学兵器禁止条約の締約国になるとの提案を行った。アメリカとシリアがこれを受け入れたことで武力行使はいったん見送られた。

関係国が迷走するうちに、二〇一三年後半には「イスラーム国」が台頭し、シリアとイラクをまたいで支配地域を拡大した。アメリカは政策を変更して、イラクからシリア領内にも空爆を拡大し、英仏もこれに参加することになった。二〇一五年九月末には米英仏に対抗するかたちでロシアがアサド政権支援の空爆を開始した。これまでの経緯から判断すれば、米、ロに加えてトルコ、イラン、サウジアラビアなど中東主要国の動向がシリア紛争の行方に大きな影響を及ぼすであろう。中東の諸勢力間の利害対立や難民問題は深刻であり、英米関係がシリア情勢に与える影響力は低下している。

ヨーロッパ安全保障秩序の動揺

ヨーロッパの安全保障環境は、旧ユーゴ紛争の終結やNATOとEUの拡大によって安定しつつあると考えられていた。しかし、「対テロ戦争」とそれにともなう国際関係の推移は、その安定を揺るがす状況を形成していた。

まず「対テロ戦争」は、在欧米軍基地の機能を拡大し、欧州諸国の軍事戦略と中東戦域との結合を深化させた。その一つの反作用として、欧米各地でテロ事件が頻繁に発生するようになった。また、中東からの核攻撃への対応を名目にしたミサイル防衛（MD）配備計画はロシアの反発を招いた。そしてこの米ロ関係の緊張によって、冷戦期から蓄積されてきたヨーロッパのさまざまな軍備管理交渉の成果が形骸化されていった（金子〔二〇〇八〕三四〇―四五頁）。

二〇〇一年一二月、アメリカはABM制限条約からの離脱をロシアに通告し、東欧諸国やイギリスとMD関連設備の配備交渉を本格化させた。その表向きの目的は中東からのミサイル攻撃に対応するためとされた。しかし、そのもう一つの目的は、東欧の新規NATO加盟国の抱く安全保障上の不安をやわらげ、アメリカへの猜疑心を払拭することにあった。それらは一九九七年五月の「NATOロシア基本文書」に起因していた。この文書でロシアは東欧諸国のNATO加盟を容認した一方で、N

ＡＴＯ側も新規加盟国への核兵器配備や大規模部隊の常駐を抑制することを表明した。そのため、新規ＮＡＴＯ加盟国と既存加盟国の間でアメリカから提供される安全保障の質が異なっていたのである。

しかし、ＭＤ配備計画にロシアは激しく反発した。この計画が米ロ間に存在してきた核均衡を崩壊させると受け止めたからであった。ロシアは二〇〇七年一二月に欧州通常兵力制限（ＣＦＥ）条約の履行停止を発表し、親欧米路線に傾斜していたグルジア（ジョージア）への圧力を強化して二〇〇八年八月には同国の南オセチア地域に軍事侵攻した。さらに二〇一四年二月、ウクライナで親ロ派のヤヌコビッチ政権が「ユーロマイダン革命」によって打倒されるとロシアはクリミアを併合し、東部ウクライナのロシア系住民による武装蜂起を事実上支援した。二〇一四年七月にはマレーシア航空機がこの紛争の巻き添えになって撃墜され、三百人余りが犠牲になった。こうした状況の中で独仏ロ三か国間の交渉が活発になっており、ヨーロッパ情勢についても英米関係の与える影響は縮小しつつある。

※

おわりに

旧ユーゴ紛争と「対テロ戦争」によって英米の軍事的な連携は深化した。ただしそれは、英米が等質な存在になったことを意味しない。むしろ共同で武力行使をするたびに、両国の力関係はますますアメリカ優位に傾斜している。アメリカは冷戦後の国際秩序を主導的に再編することを目標にしており、イギリスとの軍事的連携はその目的達成のための一手段にすぎない。ほかの国家や勢力と同様に、イギリスの行動もアメリカの国益のために制御すべき対象に含まれていることを忘れてはならない。

英米の繰り返してきた軍事行動は、必ずしも両国市民の確固たる同意をともなって行われたものではなく、為政者とその代弁者たちによる情報操作に人々は翻弄されてきたのであった。両国市民の政治不信は募っており、核戦略から同盟関係や地域統合のあり方、そして富の正当な分配方法から国民統合のあり方に至るまで、いまや基幹的な国策までもが国民的な論争の対象になっている。これらの論争は両国の政局をいっそう流動化させてゆくにちがいない。

英米の軍事行動についてもう一つ留意しておくべきことは、それに脅威を感じたり、反発を覚えたりした勢力を力の論理に基づく行動に駆り立てていることである。この力の論理は連鎖を続け、いまや英米すらもその中に絡め捕られている。

冷戦終結から四半世紀を迎えた現在、英米は武力行使による国際秩序再編の限界に直面しており、両国間関係と国際関係全般への関わり方の双方について抜本的見直しを迫られている。経済面での米中、英中関係の緊密化はその一つの模索と考えられる。しかし、軍事面で米中は緊張を抱えており、国際情勢の軍事的な制御を英米が試み続けるならば、この模索に限界があることもまた明らかであろう。

（吉留公太）

第10章

英米「特別な経済関係」

●世界経済秩序の展開からみる

1　ブレトンウッズ体制への道のり——戦間期・第二次世界大戦

衛兵交代ならず——戦間期の世界経済と英米関係

二〇世紀の英米経済関係を論じたアラン・ドブソンは、英米「特別な関係」において経済は重要な位置を占めたという。その理由として、世界経済の歩みを大きく規定したという点で英米経済関係は「特別」であったことを指摘しているのである。まず本章前半でブレトンウッズ体制と呼ばれる第二次世界大戦後の国際通貨・金融・貿易体制が、英米関係を軸にしながらどのように実現し、そして展開していったのか考えたい。

第一次世界大戦が終結したときアメリカは、世界最大の工業力を持ち、巨大な債権国となっていた。一方、連合国に資金供給する役割を担ったイギリスは、長引く総力戦と各国への相次ぐ資金供給のためアメリカに債務を負う状態にまでなった。こうして債権・債務の関係が逆転した英米両国であるが、大戦後の世界経済再建にあたっていかに協力したのであろうか。まず指摘するべきは、第二次世界大戦後の国際通貨基金（IMF）や「関税及び貿易に関する一般協定」（GATT）のような国際機構の創設と成文化されたルールは、このとき生まれなかったということである。現実には戻り得ないのであったが、金本位制、自由貿易、民間資金中心の投資ネットワークを基盤とする大戦前の世界経済への回帰を念頭におきながら、英米は競合しつつ自らの経済的地位を確立すべく動き出したのであった。

その英米両国にまず立ちはだかったのは戦債処理であった。一九二二年夏、イギリス政府は戦時中の連合国間債務の帳消しとドイツ賠償の大幅圧縮を提案した。しかし、アメリカ議会ですでに戦債の返済を求める法案が成立しており、イギリスの提案が受け入れられる余地はほとんどなかった。そうしたなか二五年、時期尚早との声が根強くある中でイギリス政府は、大戦前の為替レートでの金本位制復帰を決定した。潤沢なドルを世界に投資し、貿易進出を図るアメリカを中心に世界経済の再建が進むことに待ったをかけなければならなかった。またアメリカに対抗しながら国際金融における主導権を保つには、時間的猶予はないとされたのである。しかし、輸出に不利な為替相場での金本位制復帰、財政均衡重視、競争力回復のためのコスト・価格水準の調整圧力は、結局のところイギリス産業にダメージを与えた。

またこの時期にみられた中東での石油利権争い、イギリスの天然ゴム生産・供給調整へのアメリカの反発、アメリカの高関税をめぐる論争などは、大戦後の英米が市場確保と資源アクセスで競い合う経済的ライバル関係にあることを印象づけた（Dobson 1995: 59–61）。

しかしながらこうした英米の競合がありながらも、アメリカにとって自らが望む世界経済の安定、とりわけヨーロッパへの経済的進出にとって、ドイツ経済の再建とともにイギリスの金本位制復帰は重要であった（Ovendale 1998: 24）。一九二四年、英米両国は、ドイツの賠償支払い条件を緩和するドーズ案成立で協力する。こうして、アメリカがヨーロッパにドルを投資し、そのドルをもって賠償支払いが行われ、さらにその賠償でイギリスをはじめ旧連合国はアメリカに戦債を返済する、という流れができた。ドルとポンドが競合的に共存する国際金融・通貨状況のもと戦間期の世界経済はその歩みをはじめるのであった。

ところがアメリカのドル黒字を、輸入拡大ではなく、民間資金移動によって世界中に還流させる仕組みは脆いものであった。そして二〇年代末になると、一部では繁栄さえ感じられた世界経済には危機が忍び寄る。イギリスには大戦前のように潤沢な資金を世界に行き渡らせる力はなく、また二八年になると金利引き上げや対外投資の絞り込みを余儀なくされていた。一方、頼みの綱であったアメリカは同じ二八年に金融引き締めを行い、それもあって二九年になると世界経済は減速することになった。そして一〇月、ニューヨーク・ウォール街での株価暴落をむかえ、アメリカへの資金逆流とともに世界貿易のスパイラル的縮小がはじまったのである。

一九三一年、中欧で深刻な銀行危機が起こると、アメリカは六月にフーヴァー・モラトリアムを発表して事態の鎮静化を図ろうとする。しかしその意図とは違って、先述したドル投資、賠償支払い、戦債の返済という流れを最終的に止めてしまったのであった。またイギリスは九月、金本位制から離脱する。こうしてポンドを皮切りに為替切り下げ競争がはじまることになった。

もちろん恐慌から世界経済を救おうという動きがなかったわけではない。一九三三年のロンドン世界経済会議では、国際協力を通して再建金本位制への復帰と通貨切り下げ競争や差別的な為替政策から脱却するための方策が議論された。しかしアメリカの新大統領フランクリン・ローズヴェルトはドル相場の安定化を拒否し、会議は失敗に終わった。三〇年のホーリー・スムート法による高関税やニューディール政策に続くドルの下落容認は、アメリカの国内経済優先の姿勢を世界に印象づけた。さらに三四年になるとイギリスは他の欧州諸国とならんで戦債の返済を停止するが、これに対してアメリカ議会は債務不履行国への融資を停止する法案を成立させる。これは、ドルが国際金融を支える役割を停止したことを宣言するようなものであった。また翌年に成立したアメリカの中立法は、交戦国への武器の輸出を禁ずるものであったが、ドイツや日本の攻撃的な膨張主義に対してアメリカが距離を置くメッセージとして受け止められた。

アメリカのこうした孤立主義的な政策に対してイギリスは、帝国との経済関係強化に動きはじめた。一九三二年のオタワ会議ではイギリス帝国特恵関税制度が合意された。また通貨面では、スターリングブロックが形成される。植民地やコモンウェルス諸国などは自国通貨レートをポンドに連動させ、外貨準備をポンドで保有した。こうした動きについてアメリカ政府は、排外的な経済ブロック建設であると反発を示すのであった。

一九三〇年代半ばに差しかかるとアメリカでは、世界経済の立て直しを意識した動きがみられはじめた。国務長官コーデル・ハル主導のもと、二国間交渉による大幅な関税引き下げを可能とする互恵通商協定法が三四年に成立していた。最恵国待遇の適用によって、連鎖的に世界規模で関税引き下げが実現する可能性が生まれた。ただし、イギリスにとっては帝国特恵関税制度への攻撃と映る法律であった。つづく三六年には、英米仏の三国通貨協定が発表され、翌年には首相に就任したネヴィル・チェンバレンのもと、対米関係改善の一環として英米貿易協定の締結にイギリスはこぎつけた。ドイツの脅威が高まるなか、ローズヴェルトの側でも協定の外交的意味を重視していた（Zeiler 1999: 9）。

世界恐慌とそれがもたらした国際情勢の危機を目の当たりにして英米両国の政治指導者たちは、国際通貨関係の安定とそれを基盤とする国際貿易の繁栄が平和の前提であるとの認識に達しつつあった。しかし両国が協調しながら世界経済の再建に乗り出すことにはならなかった。チェンバレン政権は帝国を維持するために、対米関係を重視するのか、宥和政策にかけるのか揺れ動いていた。英米間で国際秩序と世界経済のあり方について基本理念の共有が明確とならない中で、世界経済を再建することは困難といえた。

戦後構想議論――第二次世界大戦

大戦勃発の翌一九四〇年になるとイギリスは、戦争遂行に必要な輸入のための外貨が底をつく状況となった。そこで、コモンウェルス諸国や植民地の資源動員を図るべくスターリングエリアを形成する。エリアの各国は、金やドルなどの外貨を節約するためにロンドンに集めて管理する制度（ドルプール制）をつくり、エリア外への為替制限でも歩調をあわせることになった。またエリア諸国はイギリスへの物資供給やイギリス軍の活動に対する支払いをただちに求めず、ポンド残高という債権をロンドンに積み増すことでイギリスに協力した。

アメリカからの物資供給については、ローズヴェルト政権は一九三九年の中立法改定により、現金支払いと海上輸送をイギリスが行うことを条件に武器を含めた対英輸出に踏み切っていた。しかし四〇年末にはその現金支払いが困難になったのである。年末の演説で「民主主義の兵器廠」となってイギリスを支える必要を訴えたローズヴェルトが具体的な支援策として議会から承認を得たのが、四一年三月成立の「武器貸与法」であった。イギリスが必要とする物資を供給し、返済は戦争終結まで猶予され、その方法は後日、決定するとされた。この「武器貸与法」による物資供与は、ソ連や中国などその他連合国にも拡大されていった。また、四二年二月締結の英米「相互援助協定」によって、イギリスやコモンウェルス諸国からアメリカへの「逆武器貸与」もはじまった。

大戦によって英米の経済はかつてないほどの結びつきを経験することになる。たとえば軍事研究分野では一九四〇年夏、イギリスからレーダー、対潜哨戒などに関する技術情報の提供が行われ、翌年には協力が公式化された。アメリカ参戦後は、イギリスから多いときには九千人ほどがワシントンに派遣され、その少なからぬ数が連合国の戦争遂行のための生産調整、開発分担、資源配分をつかさどるいくつかの「統合生産局」で働いた。また航空機や原子力分野での分業も進められた。しかし分業、生産分担、輸出調整などについてイギリス政府は、戦後の産業再建や輸出維持に不利とならないか神経をとがらせた。さらに、イギリスが外貨準備額を回復しようとすると、ワシントンから厳しい注文がつけられた。大戦中であっても、戦後世界経済での主導権確保をにらんで英米間でせめぎ合いが展開されていたのである（Dobson 1988: 34-48）。

しかしなによりも、第二次世界大戦下に構築された緊密な英米関係がもった歴史的意義は、戦後世界経済構想の議論が行われたことにあろう。一九四一年八月の「大西洋憲章」には、世界経済のあり方に関しての文言が盛り込まれていた。そして四二年の「相互援助協定」第七条には、両国は「国際通商上のあらゆるかたちの差別待遇を撤廃、関税その他の貿易障壁を低減すること」を目標とし、「両政府は早期に生産・貿易・雇用拡大のための具体的方策を求めて」協議をはじめることが決められていた。

イギリスとの協議にあたってローズヴェルト政権は、世界恐慌への反省とニューディール理念に従い、より管理された資本主義世界経済の実現が必要と考えた。そこで、差別的経済ブロックの解体、戦争で拡大したアメリカの生産力を吸収する市場の確保、必要な資源へのアクセス確保、またアメリカ資本主義に利益をもたらしつつ、アメリカのパワーの行使を可能とする国際経済システムの実現を目指そうとした。そして、より開放的な世界貿易とドルを基軸に安定した国際通貨関係をアメリカ主導で実現するべく動き出すのであった（Dobson and Marsh 2001: 56）。

これに対するイギリスでは、保守党と労働党ともその主流派はおおむね、多国間主義に基づく開放的な世界経済の制度をつくり、それが安定・拡大することが望ましいとの立場にあった。また戦争遂行に不可欠のアメリカの協力を得るべく「大西洋憲章」や「相互援助協定」に調印したのは事実であった。もちろんイギリス経済の見通しに関わる現実的な判断もあった。戦後再建や福祉国家建設にはアメリカの協力が必要であり、またアメリカの行動に影響力を行使する観点からも戦後構想を英米間で合意するほうが得策との判断があったのである。一方、スターリングエリアを解体し、国際通貨ポンドを放棄するつもりはなく、むしろその再建が世界経済繁栄の前提であると信じていた。ところがスターリングエリアの再建にはアメリカの支援が必要であったが、それが閉鎖的で差別的であるとアメリカから厳しく批判されていたのであった。

イギリスとアメリカは一九三〇年代、基本的にはともに望ましいと考えていた自由な資本主義経済システムが破壊されるのを目の当たりにした。そして、世界経済の混乱が起点となって各国の政情が不安定化し、国際関係を緊張させ、ついには大戦につながったとの反省があった。そこで英米両国は、世界経済を管理する国際機構とルール創出の議論を開始し、安定した国際通貨関係を実現させるＩＭＦ、復興・開発資金を供給する「世界銀行」、貿易障壁の低減と差別的貿易政策の解消を目指すＧＡＴＴが誕生することになったのである。

一九四二年になって戦後世界経済の制度設計が本格化した。英米間で二つの点で対立があった。まず、どのくらいの早さで無差別かつ開放的な貿易・為替制度を実現するか。二つ目は、圧倒的な経済力を持つことになるアメリカが、世界各国の戦後再建のためにどの程度の負担を負うかという点であった。またこうした対立は、英米それぞれの「強硬派」の主張に引きずられると先鋭化した。イギリスでは、アメリカの経済進出を警戒し、帝国アウタルキー路線を貫徹すべきと主張する保守党右派や労働党左派がいた。アメリカでは、無差別・開放性を徹底し、イギリス帝国経済をこじ開けようとする議論があった。また一方で、孤立主義や保護主義的主張も根強いものであった。

英米協議は通貨制度の分野で先行した。アメリカ財務省のハリー・デクスタ・ホワイトによる「国際通貨同盟」案はＩＭＦの原型となるもので、固定相場制、通貨交換性、資本移動の制限を基本に、無差別、開放的な国際通貨関係の構築を求めていた。あわせて、各国の対外収支を安定させるための基金創設が提案されていた。これに対しイギリスはジョン・メイナード・ケインズの「国際決済同盟」案をもって協議に臨んだ。国際通貨関係のルールに関してはホワイト案とそう異ならなかったが、ケインズ案の特徴は、戦後予想されるドル不足や再建資金需要に対処するため、アメリカから二三〇億ドルの「無償輸出」というかたちで各国が機械的にドルを利用できる仕組みが盛り込まれたことにあった。

一九四四年七月、ブレトンウッズ会議でＩＭＦ創設が合意される。しかし、国際通貨体制をスムーズに始動させるのに必要な復興資金や各国のドル需要に対して、ＩＭＦの八〇億ドル規模の基金では対応できないことがすでに予想されていた。またイギリスの場合、コモンウェルス諸国が累増させたポンド残高をドル交換するなど急激に使用しようとした場合、それに応じる資金の当てはなかった。

一九四五年八月、ハリー・トルーマン大統領は武器貸与援助の停止を決めるが、ドイツ降伏から日本の敗北までの間に平時経済への移行を進める計画であったイギリスにとって、ただちに膨大な国際収支赤字に直面することを意味した。クレメント・アトリー率いる労働党内閣は九月、ドル援助を求めてケインズをワシントンに派遣する。ドルがなければ福祉国家建設を断念し、世界中のイギリス軍を引き上げ、スターリングエリアは崩壊し、ブレトンウッズ協定は実現できないとケインズは訴えた。イギリスにとって苦渋に満ちた交渉の結果、一二月、英米借款協定が結ばれた。アメリカから得たのは利子つき三七・五億ドルの借款であった。その代わりイギリスは、ブレトンウッズ協定の批准、Ｉ

ＭＦ規定よりも早いポンドの通貨交換性回復を飲んだ。ほかに、多国間主義に基づく開放的な国際貿易体制をつかさどる国際貿易機関（ＩＴＯ）創設協議に臨み、アメリカの関税「大幅」引き下げとセットで帝国特恵関税の廃止へ向けた交渉に入ることを約束させられた（五〇年、アメリカ議会の批准拒否でＩＴＯは成立しなかった。ただし、国際貿易の基本ルールと工業製品を中心とした関税引き下げ交渉を可能とする規定でもってＧＡＴＴが成立した）。

2　ブレトンウッズ体制と英米関係——一九四五〜七三年

ブレトンウッズ体制の現実——一九四〇年代・五〇年代

大戦後の世界経済の現実は厳しいものであった。一九四七年七月、対ドルを含めた通貨交換性回復と差別的な為替管理の撤廃にイギリスは踏み切った。しかし一カ月で挫折する。また西欧経済も総じて苦境にあった。ブレトンウッズ体制はそのスタート段階でつまずいたのである。ソ連との対立が深まる中でトルーマン政権は、イギリスや西側占領下のドイツを含めた西欧経済再建を優先させる決断をした。そして、マーシャル・プランと呼ばれる、四年間で一二〇億ドルを援助する欧州復興計画（ＥＲＰ）が誕生するのであった。

この欧州復興計画の実施において英米間でさまざまな摩擦が生じることになった。アメリカは単にドルを供与するだけでなく、関税同盟や生産・投資の共同化などイギリスを含めた西欧諸国間の緊密な経済協力を求めた。これに対しマーシャル援助を借款協定の不足を補うものと考えるイギリス政府

Column 10-1　スコッチ・ウイスキーと英米経済関係

1941 年 2 月 4 日，大西洋を越えアメリカならびにジャマイカに向かおうとしていた貨物船ポリティシャン号がスコットランド北西のヘブリディーズ諸島沖で座礁・沈没した。船にはなんと 26 万本ものスコッチ・ウイスキーが積み込まれていた。このウイスキー，武器貸与法援助がはじまるまでのドルの稼ぎ手としてアメリカに送られるはずのものであった。

この事件後もスコッチは，英米経済関係と命運をともにする。1942 年秋に政府は，貴重な穀物をウイスキー蒸留用に使用させないことを決めた。蒸留所は稼働を停止し，在庫や原酒が底をつく恐れさえ出てきた。その後，戦争終結が近づいた 44 年 8 月，戦後のドル不足を意識したチャーチル戦時内閣はウイスキー生産に穀物を一部まわすことを決定した。大戦が終わると，実際にスコッチはイギリスの外貨獲得を支える柱となるのであった。アトリー政権下の 1949 年から 50 年にかけて，輸出と国内向け出荷量はおおよそ 9 対 2 の比率とされた。輸出ではその 6 割程度を占めたアメリカを筆頭にカナダやラテンアメリカ諸国などドルを稼げる市場向けが大部分を占めたのであった。

イギリスのスコッチ愛好家にとって大戦期から 1950 年代にかけては冬の時代であった。また大戦下，国内に残ったボトルであっても，それはイギリスに大挙して押し寄せたアメリカ兵たちに流れていった。しかしイギリスの内外でアメリカの人々に愛飲されたことでスコッチ・ウイスキーは，高級な世界商品としての地位を確立してゆくことができたのかもしれない。

は、ＩＭＦ・ＧＡＴＴを軸とする世界経済システムの目標を放棄したわけでなく、いわんやイギリスが「ヨーロッパの単なる一員」として経済統合に参画することはないとの立場をとった（なおイギリスはマーシャル援助の最大受給国であった）。また、福祉国家建設を進め、スターリングエリアの戦後再建を目指すイギリスにとって、ヨーロッパ経済との過度なつながりはその障害になるとも考えられていた。

マーシャル援助は西欧経済の破たんを回避したのかもしれないが、援助終了の一九五二年にあってもドル不足は解消していなかった。また冷戦激化による軍事費負担もあって、西ヨーロッパの経済復興は完全な軌道に乗ったとは言えず、ブレトンウッズ体制が当初想定されたように機能するにはまだ道遠しという状況にあった。一九五〇年アメリカは、西欧の経済再建と相互協力を持続させるべくＥＰＵ（欧州決済同盟）創設を支援することを決めた。ＥＰＵにはイギリスも参加したため、事実上、スターリングエリアと西欧諸国からなり、アメリカなど外部には為替・貿易制限をするが、内部では多角決済・貿易関係をもつ非ドル通貨・貿易圏が出現することになった。アメリカはＩＭＦ・ＧＡＴＴの原則とは一致しないＥＰＵおよびスターリングエリアの存在を「過渡期」の必要として容認したのである。そして五〇年代を通じイギリスは、スターリングエリアのドル収支改善を主眼にした経済再建を進めてゆく。アメリカ側は基本的にその動きを見守るかたちとなったが、それでもスターリングエリアの展開とアメリカの国際経済政策や外交政策との関係が問題となる局面がみられた。

一九五〇年、中華人民共和国成立や朝鮮戦争をうけてトルーマン政権は軍備拡張に乗り出すが、アトリー政権も軍事費の増額や朝鮮半島への派兵を決めた。信頼できる同盟国たる地位を確保しつつ、アメリカの行動に対して発言力を維持しようと考えたわけであるが、アメリカとならんで「世界の警察官」として振舞うことはイギリス経済にとって重荷となった。そのほか冷戦に関連していうと、対共産圏への貿易統制をめぐって英米間でしばしば意見の相違が生じた（ＣＯＣＯＭをめぐる両国の対立については第6章を参照）。

一九五一年末、チャーチルが政権に返り咲くと、イギリスの対外経済政策に変化があらわれた。経済開発を進めたいコモンウェルス諸国は、ポンド危機の繰り返しとスターリングエリアの為替・貿易制限に不満を募らせていた。また、交換性がないままではポンドの国際通貨としての地位を再興できないと保守党政権は考え、英米協力をテコにしたスターリングエリアのドル収支改善を促進する新たな枠組みを模索しはじめた。ドワイト・アイゼンハワー政権誕生の機を捉えて、五三年春、外相アンソニー・イーデンと蔵相Ｒ・Ａ・バトラーがワシントンに向かった。コモンウェルスや西欧諸国からなる非ドル圏の経済ブロック化を否定したうえで、「より自由な貿易・通貨体制の構築と、世界の生産・貿易拡大に向けた枠組みづくりのため」西欧諸国の共同行動が必要と訴えた。そこでまず、アメリカの貿易開放や援助によるいっそうのドル還流をアイゼンハワー政権に求めた。そして、ＩＭＦ・ＧＡＴＴを中核にして、ドル不足の解消やポンドをはじめとする西欧通貨の交換性回復を英米が主導する西側政策協調で実現すべきと主張するのであった（TNA, CAB129/59, C（53）56, 10 Feb 1953）。しかしアイゼンハワー政権は冷淡な態度であった。なかでも国務省は、ＥＰＵ解体につながると西欧経済が混乱し、正念場に差し掛かった欧州防衛共同体（ＥＤＣ）交渉に悪影響がでることに懸念を表明した。イギリスは、世界経済全体の復興と軍事支出・援助を軸としたドル還流を利用しながら、ポンドの交換性回復に向けて漸進的に歩むよりほかなかった。

戦後世界の形成にあたって、旧植民地諸国の経済建設を進めつつ、いかにして世界経済に組み込むかは主要テーマの一つであった。とりわけ冷戦がアジアに広がるとアメリカは開発援助を重要視しはじめる。イギリスは、この動きをスターリングエリア再建と結びつけようとした。現実に、インドなどのポンド残高の使用と開発資金需要はスターリングエリアのドル収支改善の足かせとなっていた。そこで、アジア開発にドル援助を流入させ、ポンド残高の「帳消し」やイギリスの投資・援助額の抑制を図りつつ、地域の経済秩序形成で影響力を保持しようとイギリスは考えたのである。一九五〇年秋のコモンウェルス会議で、地域各国が六カ年開発計画を作成し、関係各国が協力・支援するコロンボ・プランが合意された。またそこでは、アメリカの資金援助に多くを期待していた（渡辺［二〇一四］）。

ただし、マーシャル・プランがアメリカの世界戦略の判断に基づいて実行されたように、コロンボ・プランにアメリカは加わってアジア援助を実施するが、その援助は個別の外交的判断と形態で行われた。さらにイギリスが主たる影響力を維持しようとした中東をめぐっては、英米間で摩擦が起きていた。その最大のものが一九五六年のスエズ危機であった。軍事介入に反対したアイゼンハワーは、ＩＭＦの対英緊急融資を認めず、国際収支危機により、ポンドは崩壊の淵にたった。イギリスは、アメリカの国際金融における力を見せつけられたのであった。

このように第二次大戦後、英米は緊密な協力でもって世界経済の運営を行ったとは言いがたいし、ブレトンウッズ体制の全面的な機能は実のところ五〇年代末まで先送りされた。ただしそれまでの

「過渡期」にあっても西側経済が分断されてしまうことはなかった。さかのぼるが、イギリスは一九四九年、ポンド切り下げに追い込まれるほどに国際収支が悪化した。アトリー政権では「二つの世界経済」路線とよばれる、スターリングエリアを閉鎖的な経済ブロックとし、ドル世界との関係を断つ選択が浮上した。そうでなければ完全雇用や福祉国家を守れないと考えられたからである。しかし、閉鎖経済ではイギリスやスターリングエリア諸国の経済拡大はできず、何より冷戦下の西側世界を分断することはできないとアトリーらは判断した。「二つの世界経済」は選択されなかったのである。

ブレトンウッズ体制の揺らぎと「特別な関係」の代償——一九六〇年代

一九六〇年代に差しかかると、コモンウェルスとの関係を軸にするイギリス経済のあり方は再考を迫られる。ＥＥＣ（欧州経済共同体）諸国の経済成長をみたハロルド・マクミランの内閣は六一年、共同体への加盟申請に踏み切るのであった。決断がなされたのには、アメリカと統合ヨーロッパの間でイギリスが埋没することを避けたいとの意識、もう一つは、イギリス経済の競争力低下に歯止めをかけるねらいがあった。またアメリカのジョン・Ｆ・ケネディも、ＥＥＣが排他的になることや大西洋同盟から自立性を強める動きをイギリスの加入によって抑えることができるとの期待を持ちはじめていた。しかし、核協力が象徴する英米の緊密な関係をみたド・ゴールの反対によって六三年、加盟交渉は決裂に終わった。そして、加盟に失敗したイギリスにかわって、成長著しい西ドイツ経済を核にしたＥＥＣは、アメリカの主要経済パートナーになるかにみえた。ところが、アメリカにとってこのときイギリス経済の行方は「特別」な関心事となっていたのである。

理由はブレトンウッズ体制の揺らぎにあった。一九五八年に西欧主要通貨の交換性回復が達成され、ブレトンウッズ協定で目指された国際通貨システムがほぼ完全に機能しだすかに思われた。ところが、ドル不足が解消し、世界経済が拡大するのに応じて国際通貨たるドルやポンドは過剰に世界に「流出」することになった。このことはアメリカやイギリスの国際収支赤字が継続・拡大することを意味し、ドルやポンドへの信認を低下させることになるのであった（経済学で「トリフィンのジレンマ」と言われる）。こうして皮肉にも、六〇年代に入ってすぐに揺らぎはじめたブレトンウッズ体制を維持するため、基軸通貨を抱える英米両国は緊密な連携が求められることになったのである。

一九六〇年代になるとイギリスは、アメリカとともに「世界の警察官」として振舞う経済的負担や、コモンウェルスへの投資・援助の重荷にあえいでいた。また念願のポンドの交換性回復であったが、それは国際収支が悪化するとただちに大規模なポンド売りにつながる状況をもたらした。さらに、相対的経済力が低下する一方、巨額の軍事支出や海外投資を継続したアメリカのドル価値の安定性にも徐々に疑問符がつくようになっていた。

一九六四年に誕生したハロルド・ウィルソン労働党内閣は、イギリスの国際収支を安定させるため援助や海外での軍事展開の抑制に乗り出す。「スエズ以東」と呼ばれた中東・東南アジアを中心とする軍事コミットメントの見直しもその一環であった。他方、アメリカでも前年に登場したリンドン・ジョンソン政権が、その発足早々から「ドル防衛の第一線」に立つポンドの安定に神経をとがらせていた。ポンド切り下げなどという事態は決して見たくないものであった。だからといってヴェトナム戦争に深入りするアメリカにとり、ポンド維持のための国際収支改善策としてスエズ以東からイギリス軍が撤退することも不都合であった。

首相になって間もない一二月にウィルソンは訪米するが、ジョンソンに対してスエズ以東と西ドイツへのイギリス軍駐留を継続するとし、またポンド切り下げを否定、国際通貨として保持することを確認した。「満額回答」に安堵したジョンソンは、イギリスへの支援を検討するよう財務長官に指示するのであった（Dobson 1995: 132）。ワシントンでは、ヴェトナム派兵の拒否だけでなく、ウィルソン政権の経済政策にも批判が高まっていた。それでも、冷戦とブレトンウッズ体制維持の考慮が優先する中でジョンソン政権は、数度にわたるイギリスへの金融支援に積極的に関与することになった。

しかし、ヴェトナム戦争や「偉大な社会」実現のための財政支出を抱えたアメリカ自身も国際収支悪化に見舞われようとしていた。そこで、ブレトンウッズ体制維持のための西側諸国の協調行動の一つとして対英支援が議論されるようになった。ところがフランスは、アメリカの覇権の象徴であり、英米「特別な関係」を体現したブレトンウッズ体制の危機を捉えて、ドル基軸を揺るがすような方向での通貨制度改革を唱えはじめたのであった。

スエズ以東からの全面撤退を選択できなかったウィルソン政権は、中途半端なコミットメント見直しを繰り返すことになる。国際収支も改善が進まず、ポンド危機が断続した。結局、一九六七年一一月、ポンド切り下げに追い込まれ、その二カ月後にはスエズ以東からの撤退を表明せざるを得なくなったのである。他方、このような状況のなかイギリス政府は、六七年春に二度目のＥＥＣ加盟申請を行った。ところが今度の交渉では、国際通貨ポンドならびにスターリングエリアを放棄するかどうかが焦点となった。そしてド・ゴールの再度の拒否権行使によってイギリスの加盟は阻まれた。

一九六七年の切り下げを受けた関係各国の取り決めによって、ポンドは国際通貨としての地位に終止符を打つプロセスに入った。そうすると次はドルが切り下げ圧力の矢面に立つことになった。そして七一年八月一五日、ニクソン大統領は、ドルと金との交換停止を発表し、切り下げに動く。ブレトンウッズ体制崩壊への幕が切って落とされた。七三年になると、ドルは金価値との結びつきを放棄し、西側主要通貨は雪崩を打って変動相場制へ移行した。

3　新自由主義・グローバリゼーションと英米経済関係——一九七三年〜現在

世界経済の混迷と次なる時代の萌芽——一九七〇年代

戦後世界におけるイギリスの世界的役割を支えた国際通貨ポンドが退場することで、少なくとも経済的「特別な関係」は消滅に向かうかと思われた。一九七一年、あるメモが首相エドワード・ヒースに渡されていた。「アメリカはもはや帝国としての、あるいは世界的パワーとしてのイギリスに相談する必要は感じないであろう……ドルとポンドが二大主要貿易通貨として立ち並ぶとの考えは過去のものとなった」からであると（TNA, PREM15/309, Memo by Lord Cromer, 15 Aug 1971）。そしてEC加盟を最優先としたヒースであるが、マクミランのときとは違ってアメリカの支援を求めなかった。キッシンジャーの回顧によれば七〇年末の首脳会談でヒースは、「アメリカのトロイの木馬にみられたくもない……いわんやその役割などしたくない」と語ったとされる（橋口〔二〇〇九〕一八三頁）。

戦後アメリカは一貫してヨーロッパ経済統合を支持してきたが、早い時点から統合ヨーロッパが閉鎖的となってアメリカ経済に不利益をもたらすことへの懸念を持っていた。しかし外交政策上の考慮を優先してきた。ところが六〇年代が進むにつれ、「共通農業政策」をはじめＥＣの保護政策はアメリカの輸出に悪影響をもたらしかねないと考えられるようになった。日本や西欧諸国が世界貿易で台頭し、アメリカの地位が相対的に後退する状況はＥＣに対する見方を厳しいものにしつつあったが、七一年にアメリカが貿易赤字に転落すると、ニクソン政権はＥＣの動向にさらなる警戒感を抱くことになった（Lundestad 2014: 184–85）。これに対して、ヒースはかかるアメリカ側の懸念を斟酌してＥＣとアメリカの仲介役を買って出るよりも、共同体の一員として行動することに留意したとされる（Ovendale 1998: 140–41）。

他方、西側諸国は次のような世界経済の諸問題に直面していた。第四次中東戦争（一九七三年一〇月）後のオイルショックとオイルマネーの国際金融市場への流入、ヒト・モノの移動の容易化や多国籍企業の興隆といったグローバル経済の出現、南北問題の深刻化、西側諸国のスタグフレーション、そして日独の経済的台頭と貿易黒字の累増であった。

こうした問題に対応するためサミット（先進国首脳会議）が一九七五年に初開催されたが、ブレトンウッズ体制を守護する必要がなくなったアメリカは、個別状況に対応しながら自国経済の利益を追求する姿勢をとった。国際通貨制度については七六年、新ＩＭＦがスタートしたが、変動相場制と国際資金移動の拡大・自由化を追認するものであった。オイルマネーについてはアメリカ政府は、国際的枠組みによる公的還流でなく民間市場に任せて還流させるべきとした（Eckes, Jr. and Zeiler 2003: 195）。またドルの基軸通貨としての将来については国際的議論を避け、為替レートはマーケットに委ねる姿勢をとりつつ、日独に対して個別に対米黒字解消の圧力をかける政策をとることになった。

このようなアメリカの動きの一方、英米が協力してブレトンウッズ体制後の世界経済のあり方を模索するような展開はもはやなかったのであるが、英米が実際にとった経済行動がその後の世界経済の潮流に影響を与える事例が見られるのであった。

為替や投資の本格的な規制緩和はマーガレット・サッチャー政権の登場後となるが、一九七〇年代を通してオイルマネーはロンドン市場に流れ込み、ユーロダラー市場は成長を続けていた。国際通貨ポンドを失ったイギリスであるが、七〇年代後半ともなるとシティや大蔵省からは、膨張する国際資金流動を支えるロンドンの金融センターとしての健全性にこそイギリスの利益があると主張されるほどになっていた。またアメリカも変動相場制に移行し、オイルマネーを引き込むべく七四年から資本取引の規制緩和に乗り出していた。英米はそれぞれにではあるが、国際金融市場の成長と資金移動の自由化・拡大の流れを促す行動をとっていたのである。

もうひとつ、一九八〇年代以降広がる新自由主義の出現にあたってイギリスでの出来事が重要性を持った。七六年になってイギリスでは、インフレの進行、失業率の上昇が懸念されはじめた。また、国際資金移動の増大と変動相場制が輪をかけたのだが、為替市場でポンド下げの圧力が高まりはじめた。首相ジェームズ・キャラハンは問題の根本的解決を目指し、アメリカのジェラルド・フォード政権に支援を打診した。

しかしそこでキャラハンは、蔵相として自らがポンド防衛に奔走した六〇年代の英米関係との違いを痛感したという。「スエズ以東もない」、「ブレトンウッズ体制もない」以上、ポンド問題解決への

Column 10-2　国際民間航空制度と英米関係

第二次世界大戦後の国際民間航空制度の展開は，世界経済秩序のなかでの英米関係のすがたを一面で物語る。1944 年，国際空運に関する連合国会議がシカゴで開催された。航空機産業で圧倒的優位にあったアメリカは，輸送量，便数，就航地点や以遠権について最大限自由な国際ルール創出を主張した。これに対してイギリスは，自国産業の保護や帝国路線の保持にこだわった。会議の結果，2 国間協定で国際空運について取り決めがなされる方向となった。そして英米間では 46 年にベルムダ I と呼ばれる航空協定が締結された。

30 年ほど経過してアメリカのカーター政権は，規制緩和によって国際線運航会社の競争力強化を実現させるべく各国との航空協定の見直しを模索しはじめた。一方でイギリス政府は，ブリティッシュ・エアウェイズの大西洋路線シェア拡大を目指して 46 年協定見直しを求めており，77 年に改定がなされた（ベルムダ II）。就航地や便数拡大などによって英米路線の拡大・活性化につながったのだが，2 国間協定に依拠する原則を保ちながら旅客数の拡大や航空技術の進歩に対応したものといえた。

1990 年代になると，アメリカ政府は大西洋路線の自由化を求めてヨーロッパ諸国に圧力を強めた。しかし，ロンドン・ヒースロー空港への乗り入れ拡大を求めるアメリカと，アメリカ国内路線への参入などの見返りを求めるイギリスとの交渉は難航した。そこに 2002 年，EU 司法裁判所が，加盟国が結ぶ 2 国間協定を違法とする裁定を下す。この結果，EU とアメリカ政府間で交渉がはじまり，2007 年にオープンスカイ協定が結ばれた。ベルムダ II は EU・アメリカ協定にとって代わられ，ヒースローの開放も決められた。アメリカからの見返りが少ないままイギリスの航空政策が EU の決定によって制約される事例となった。その一方で，オープンスカイ協定によって英米路線はさらに成長し，また世界的な業界再編が始まると英米の大手航空会社がその中心に立つことになった。

支援にアメリカは冷淡であった。さらにフォード政権はイギリス労働党の経済政策に批判的であった。アメリカなどから短期的な資金支援を受けたが、結局、ＩＭＦ融資を請う以外に選択肢がなくなった労働党内閣は、公共支出カットや増税などデフレ策を国際機関から飲まされる事態となったのである。フォードは、ＩＭＦから経済運営に注文があることを予期していた。いやむしろＩＭＦの要求の背後ではアメリカ政府の意向が働いていた。そしてキャラハン政権は、労働組合との「社会契約」（社会福祉支出を維持する代わりに、組合は賃上げ要求を抑制する）を維持できなくなり、七八年から七九年にかけてインフレの嵐のなか「不満の冬」に直面したイギリスでは歴史的な政権交代が起きることになった。サッチャー保守党政権の誕生である。七六年ＩＭＦ危機は、戦後のケインズ主義経済運営と福祉国家維持の見直しにつながる出来事となった。

危機のなかキャラハン労働党では、経済の保護主義政策や閉鎖性の強化を求める声が上がっていた。アメリカやＩＭＦから譲歩を引き出す意図もあったが、同時に経済政策の急進的主張が西欧左派政党に広がりつつあったことを反映する動きでもあった。ワシントンにおいても、労働党左派の保護主義路線が世界貿易を破壊しかねないとの懸念が生まれていた。さらに、イギリスがＮＡＴＯから脱退してアメリカ軍基地を撤去し、反核政策に走るシナリオさえ語られた。しかし実際にはそうならなかった。一九四九年のポンド危機と同様に、イギリスが労働党政権下にあっても、経済政策をめぐるイデオロギー的対立が英米関係全体を破壊するまでにはエスカレートしなかったのである（Burk 2007: 626–29; Dumbrell 2001: 83–85）。

ブレトンウッズ体制の崩壊とオイルショックにより西側経済の危機と混迷がはじまった。そこでは、英米関係が軸となって新たな国際機構やシステムが生み出されるようなことはむろんなかった。しかしある研究者が言うように、危機と混迷に直面して経済の保護主義や統制が導入されていれば、「グローバリゼーションの潮流は押しとどめられたかもしれない」のである。そうであれば、「開放的グローバル金融秩序の出現にあたって中心的位置を占めた」イギリスとアメリカの七〇年代の経験は、二一世紀に向かう世界経済の展開に重要な影響を持ったと捉え直すことができよう（Helleiner 1994: 144）。

また七〇年代、多国籍企業や国際金融マーケットはインフレを嫌い、賃金・価格統制や銀行貸し出し制限など政府の介入的政策を自由な資本移動を妨げるとして批判を展開した。そこからイギリスやアメリカでインフレ的福祉国家に対する攻撃がはじまり、新自由主義への支持が広がっていった。七〇年代の英米経済が世界経済の展開に与えた影響について、こうした視点から分析を進める必要もあろう（Newton 2004: 120–26）。

新自由主義・グローバリゼーションの覇権へ——一九八〇年代

ここから検討したいのは、一九八〇年代、ロナルド・レーガン政権とサッチャー政権のもとアメリカとイギリスが新自由主義革命を先導し、また民間企業のイニシアティヴと経済自由化を基調とするグローバリゼーションを推進していった流れである。

ブレトンウッズ体制後の世界経済のあり方をめぐる議論は一九八〇年代に入っても続いていた。依然として深刻な南北格差、貧困国の経済悪化、国際援助の減退、発展途上国経済にとって不利な変動相場制やオイルマネーの還流問題などを意識しながら元西ドイツ首相ヴィリー・ブラントは八〇年に報告書をまとめた。この「ブラントレポート」は、貿易、援助、投資、通貨分野にわたって発展途上国を支えるような世界経済の仕組みを再構築すべきと先進国に提言するものであった。

「ブラントレポート」提言を議題とするべく一九八一年一〇月、先進国と発展途上国首脳がメキシコのカンクンに会した。この会合に臨むサッチャー政権の姿勢は、「現在の世界経済システムの利点」を強く信奉するというもので、それは貿易・投資における開放的市場が基盤となっているとの認識であった。そしてアメリカ、イギリスとも発展途上国との「団体交渉」のようなかたちで世界経済の問題を議論するのは最後にしたいとの姿勢を隠さなかった。またサッチャーは同じ年のオタワ・サミットにおいて、レーガン政権の規制緩和やインフレ抑制を擁護していた（山口〔二〇一六〕八二―八三頁）。

しかしこうした国際舞台でのレーガンやサッチャーの行動以上に世界経済の方向性に影響を持ったのは、金融でのアメリカとイギリスの動きであった。財政赤字と強いドル政策が招いた国際収支赤字を埋めるためアメリカは、金融市場の開放性をさらに高め、海外からの資金流入を促進した。そこに、規制緩和や企業再編ラッシュ、民営化が重なることで、アメリカを中心とする世界的な投資の波がうねりはじめた。イギリスでも七九年一〇月、為替制限の廃止が実行されていた。対外投資と海外からの投資の両方とも制限がなくなり、投資先として内外の区別がなくなった以上、イギリス企業は国際市場で生き残らなければならなくなった。また、四年間で対外投資総額は二倍以上に膨れ上がり、その中でも対米投資が増大していた。反対に、イギリスの債権・株式を保有する外国人比率は、八一年に四パーセントであったものが九三年には一六パーセントへと増加し、その多くはアメリカ人が持っていたとされる（Harrison 2010: 8–10）。

英米がそれぞれ推し進めた金融改革を軸とした経済の自由化、規制緩和、国境を越える競争促進はさらに世界的な経済自由化を連鎖的にもたらす原動力となった。一九八六年、ニューヨーク市場との競争を意識したイギリス政府は、ロンドン株式市場における国内と海外の区別を廃止した（この改革は「ビッグバン」と呼ばれた）。そして、オーストラリア、ニュージーランド、EC諸国、日本は九〇年代にかけて次々と資本やサービス取引の自由化へ動いたのであった（Eckes, Jr 2011: 174–81）。

ソ連のアフガン侵攻は七〇年代の世界における中心的課題とされていた南北問題を後景にやり、東西関係に関心をふたたび集めることで西側冷戦体制の中心にあった英米のイニシアティヴを強め、八〇年代の両国の国際舞台での存在感が維持されたとの指摘がある。その英米両国が、金融・投資をはじめ貿易、サービスでの規制緩和や市場開放を進め、経済・社会政策での市場メカニズム導入の先頭に立つことで世界経済の方向性は大きく影響されたのであった。そして両国は冷戦終結に持ち込むことで、新自由主義以外にオルタナティブはないという認識さえ広めたのかもしれない。

さらに、レーガン＝サッチャー時代の経済「改革」は、その後一九九〇年代に両国経済が順調であったことによって「成功」が証明されたとし、ここから、グローバリゼーションの潮流に対応する「アングロ＝サクソン（資本主義）モデル」の優位が喧伝されるようになった。また二一世紀にかけての英米経済関係を考えるうえで、八〇年代の「改革」と九〇年代の経済的「成功」は、イギリスにとってEUとの距離を「正当化」する働きをもったという点でもその重要性を理解しておく必要があろう（Gamble 2009: 581-83)。

二一世紀に向かう英米経済関係

一九九〇年代から二一世紀初頭にかけて、英米の経済関係は「特別」であったのだろうか。経済的に互いが重要であるかどうか、および他の経済関係と比較したときに特徴があるのか、という観点で考えたい（以下、二つの段落は次の経済統計を参照した。http://www.bea.gov/international/factsheet; https://www.uktradeinfo.com/Statistics/Pages/Annual-Tables)。

まず貿易関係をみると、特別な規模とはいえないが重要なパートナーであり続けている。二〇一三年の数字で、イギリスにとってアメリカは最大の輸出先であった（EU諸国を個別にカウントしたとき。なお対米輸出額は、EU諸国への輸出総額の三割弱にあたる規模)。アメリカから見ると二〇〇五年からの一〇年間、イギリスは輸入相手としては全体の四パーセント前後を占め、輸出先としては漸減傾向にあるが五～六パーセントを維持し、おおむねカナダ、メキシコ、日本、中国、ドイツに次ぐ状況が続いている。また注目すべきはサービス取引で、二〇一三年、アメリカから見てイギリスは輸出・輸入ともカナダと一位を争う相手先となっている（輸出全体の八・七パーセント、輸入全体の一一パーセント)。

投資関係はさらに太く、二〇一四年、アメリカの対外直接投資総額の一一・九パーセントをイギリス向けが占め、反対にアメリカへ流入する直接投資総額の一五・五パーセントはイギリスからであった。また二〇一二年の数字であるが、イギリスでは一二〇万人ほどがアメリカ系多国籍企業で働き、対してアメリカでは九〇万人以上がイギリス系の多国籍企業で勤めていた。

しかし、英米の文化的近さ、共通の言葉、活発な人の交流が支えるこうした数字とは別に、大きく二つの面で英米経済関係は他とは異なる特徴を帯びてきた。一つは、「アングロ＝サクソン」モデルとよばれるように、両国が経済運営や制度の点で類似していることである。毎年発表される世界銀行の「ビジネスのやりやすさランキング」では二〇〇〇年代に一貫してともに上位にランキングされてきた。また、法体系、企業家意識、社会保障制度、労働市場、政府介入の度合い、企業ガバナンス、株式や債券を重視する銀行システムなど類似性がはっきりしている（McKinney and Dobson 2013: 147–49）。

さらに「アングロ＝サクソン」モデルが世界的に広められた事例を紹介する。ビル・クリントン民主党政権とトニー・ブレア労働党政権はなかば意図的に、経済社会政策での連携を世界にアピールした。一九九七年一一月のブレア政権誕生直後、「選挙以来、打ち出されてくる政策アイデアのほとんどすべてが……大西洋の対岸に起源している」とガーディアン紙で指摘されるほどであった（Dumbrell 2001: 120）。また、グローバリゼーションのうねりのなか経済を管理する国民国家の能力が限界にあると訴えつつ、新たな経済政策、社会政策を構想したクリントンとブレアのもとの両国政治は世界的に注目されたが、「アングロ＝サクソン」モデルをアピールするのに貢献したことは確かであろう。

もう一つ英米経済関係が特徴的であるのは、ロンドンとニューヨークというグローバル金融市場の二大拠点を抱え、それも「一体化」しながら世界の投資・資金移動を支えてきたということである。

こうした「一体化」を知らしめたのが二〇〇八年の世界金融危機であった。危機の発端となったアメリカ住宅金融市場の悪化を受けて当局は、ニューヨークのみならずロンドン市場でも対応策を講じなければならなかった。危機が深刻さを増すとジョージ・W・ブッシュ大統領と首相ゴードン・ブラウンをはじめ英米両国の政府や中央銀行首脳は緊密な協議を重ねたとされる（McKinney and Dobson 2013: 149–50）。

しかしここでひとつ考えておくべき問題がある。それはEUの一員としてのイギリスとアメリカとの経済関係である。しばしばEUを開放的方向にひっぱるイギリスの役割が指摘される。しかし、競争政策や通商紛争交渉においてアメリカ政府が相手とするのはEUであり、イギリスが両者の経済摩擦を仲介する立場を一貫して演じてきたとの総括は難しい。近年でも、ヨーロッパ経済をより開放化することで大西洋の両岸はいっそう繁栄できるとアメリカ財務省やイギリス大蔵省は主張するが、EUをイギリスが大きく動かすことができたと評価するのは難しいと思われる（Raymond 2006: 37–38）。

一方、イギリスが、アメリカ企業のEU進出の窓口としての役割を果たしてきたことは重要である。ユーロ圏の金融センターとしてのロンドンを経由して、アメリカから多くの投資が流入した。ヨーロッパで活動するアメリカ企業の約半分がイギリスに拠点を置いているとの試算もある。また労働条件などEU共通社会政策からのオプト・アウト（選択的離脱）も、イギリスに企業拠点を置く利点とされてきた。またユーロへの不参加は、イギリス経済、とくに金融政策での柔軟性と独立性を与え、アメリカとの政策協調も可能にした。ユーロ不参加によってロンドンのヨーロッパにとっての金融の窓口たる役割が維持されたという理解もあるほどである（Calingaert 2006: 20–22）。

一九九九年一〇月、ヨーロッパ統合についてブレアとブラウンは次のように表明していた。イギリスが「アメリカかヨーロッパかのいずれかを選ばなければならないという考え方は神話である……アメリカの対欧州投資先の中でイギリスはトップである……投資家はＮＡＦＴＡ（北米自由貿易地域）に入れとは言っていない。〔そうではなく〕世界最大の経済市場〔ＥＵ〕へのアクセスを考慮」しているのだと。他方で、九九年末、アメリカ上院金融委員会がイギリスのＮＡＦＴＡ加入の可能性を調査するよう求めることがあった。それに呼応するかのようにイギリスではＥＵ離脱とＮＡＦＴＡ加入の議論が起こった。二一世紀になってもイギリス政治においては、アメリカとの関係強化が、ヨーロッパ参画の「代替として」意識されてきたことも事実である（Dumbrell 2001: 194-95; Gamble 2009: 587)。

一九九〇年代から二一世紀初頭にかけて、アメリカからみたイギリス経済には二つの面で「特別さ」があった。ひとつは、金融グローバリゼーションを基調とする世界経済を支える金融センターとしての役割、ならびにグローバリゼーションに適応する経済モデルとしてであった。同時にアメリカにとってＥＵの窓口としてのイギリスの存在も重要であったのである。

ＡＩＩＢの衝撃?

英米経済関係の「特別さ」はこの先どうなるのであろうか。イギリス（連合王国が解体するかもしれないが）とアメリカそれぞれの経済状況ならびに両国の対外関係に左右されることはいうまでもない。しかし同時に、グローバリゼーションの行方、ＥＵの将来、そして中国の動向によって規定される世界経済の中で英米両国がいかに行動をするかによって両者の経済関係は形作られるであろう。二〇一五年に創設された中国主導のＡＩＩＢ（アジアインフラ投資銀行）に、デイヴィッド・キャメロン政権がワシントンの反対にもかかわらずイギリスの参加を決めたことは注目に値しよう。基軸通貨ドルの終焉を予想し、アメリカのパワーを支える動きを放棄しようというものなのだろうか。そうであるとすればだが、世界経済の歩みに影響を与え、また世界経済の展開の中で関係が規定されてきた英米経済関係の「特別さ」は終焉に踏み出したと理解されるかもしれない。

（山口育人）

あとがき

「私が歴代大統領たちのお供で女王陛下にお会いするたびにいつも思っていたのだが、彼女が他のどこの国においても「アメリカと」同じように振る舞っておられるとは信じがたい。陛下は米英関係にとって、特別にして多大なる貢献を果たしておられる。彼女が、アメリカで他のいかなる国家元首よりも尊敬され、崇拝されているのは疑う余地がない」(Brian Hoey, *Life with the Queen*, Sutton Publishing, 2006, pp. 139–40)。

これは、本書にもたびたび登場するが、国家安全保障問題担当の大統領特別補佐官や、国務長官としてアメリカ外交を支えたヘンリー・キッシンジャーの言葉である。ニクソンとフォードの両大統領に仕え、エリザベス二世が訪米するたびにホワイトハウスでの晩餐会に招待され、女王にじかに接してきたキッシンジャーの言葉には、アメリカでの女王の存在感に関する彼自身の偽らざる気持ちが込められているように思われる。

ところが同じく「エリザベス女王」とはいっても、一六世紀後半のエリザベス一世の時代から植民地化が開始されたアメリカとその後のイギリスとの関係は、二〇世紀後半以降の二世の時代には、イギリス側が完全に従属的な立場に立たされているかのようである。女王はその六四年に及ぶ治世の間に四度（一九五七、七六、九一、二〇〇七年）もアメリカを公式に訪問しているが、合衆国大統領が第二次世界大戦後にイギリスを公式訪問した最初は、なんと二〇〇三年秋のブッシュ（子）になってようやくなのである。

そのブッシュの父である第四一代大統領が従軍し、若きエリザベス王女も婦人部隊に入隊して戦った第二次世界大戦のときに、英米の「特別な関係」は築かれたとされているが、この四〇〇年に及ぶ両国の関係は、歴史の深層部分でより複雑な諸相がかいま見られる。本書を読まれた方々に、その一端でもつかんでいただければ望外の幸せである。

ここで本書執筆までの経緯を述べておきたい。執筆の中核となった英米関係史研究会は、二〇〇九年に立ち上げられ、当初はさまざまな時代や地域の専門家をお呼びして、英米に限らずアジアやヨーロッパの諸問題ともからめて検討をしていた。その後、諸事情により一年ほどブランクが生じたが、二〇一三年夏からサントリー文化財団（「人文科学、社会科学に関する学際的グループ研究助成」）より助成金を二カ年間にわたっていただけることになり、その研究成果を是非とも書籍のかたちにしたいと、メンバー全員が思いをひとつにすることとなった。その際にひとつの手本となったのが、筆者も関わった『イギリスとヨーロッパ——孤立と統合の二百年』（細谷雄一編、勁草書房、二〇〇九年）であった。

幸いにも、同書の編集を担当された勁草書房の上原正信氏も協力してくださることとなり、毎回の研究会にも出席され、適切な助言をくださった。その結果として完成したのが同書の「姉妹版」とも言うべき、この『イギリスとアメリカ』となったわけである。

研究会が立ち上げられてからの六年間、つねに支えてこられたのが創設時のメンバーでもある永野隆行、水本義彦の両先生である。諸事情から研究会の存続も危ぶまれた際に、なんとか活動を続けてこられたのはこの両先生がいらっしゃったからこそであった。

また、本書は数多くの方々からのご協力により刊行することができた。

まずは、二〇一一年までの研究会にご参加いただき、きわめて示唆に富むご報告をしていただいた、半澤朝彦、鈴木陽一、松本佐保、松村史紀、三牧聖子、宮城大蔵、森聡、山本健の諸先生方に感謝したい。

さらに、上記の通り、本書は「イギリスとアメリカの『特別な関係』から見る国際関係史」という研究テーマで、二〇一三〜一四年度の二カ年間にわたり研究助成金を支給してくださった、公益財団法人サントリー文化財団の支援により刊行することができた。同財団事務局の方々、さらには筆者が大阪の同財団で進捗報告を行った際に二カ年間とも報告を聴いてくださり、適切なご助言を賜った阿川尚之、田所昌幸の両先生にも感謝する。

そして何よりも、出版事情の厳しいなかで、本書の刊行を熱心に支えてくださった勁草書房の上原氏には謝辞を呈したい。

最後に、本書を研究会のメンバーであられた故 山中仁美先生に執筆者一同から捧げたい。二〇一四年度から研究会に参加くださり、本書第3章の執筆も快くお引き受けくださった山中先生の突然の訃報に接したのは、二〇一四年九月のことであった。最後まで研究会のことを気にかけてくださり、お身体が悪いなかもメールをお送りいただいた先生のご逝去は、研究会の一同にとっても痛恨の極みともいうべき出来事であった。

本書が、イギリスとアメリカのおのおのに関わる研究者や学生、院生だけではなく、アジアやアフリカ、オセアニアやヨーロッパなど、まさに英米両国が牽引役となって築いた近現代の国際政治全般に関心を持つ幅広い方々にお読みいただけることを祈念してやまない。

二〇一六年六月　山中仁美先生の三回忌の年の盆を前に

執筆者を代表して　君塚　直隆

イギリスとアメリカ　世界秩序を築いた四百年

2016年7月20日　第1版第1刷発行

編　者　君《きみ》　塚《づか》　直《なお》　隆《たか》
細《ほそ》　谷《や》　雄《ゆう》　一《いち》
永《なが》　野《の》　隆《たか》　行《ゆき》

発行者　井　村　寿　人

発行所　株式会社　勁《けい》　草《そう》　書　房

112-0005　東京都文京区水道2-1-1　振替　00150-2-175253
（編集）電話　03-3815-5277／FAX　03-3814-6968
（営業）電話　03-3814-6861／FAX　03-3814-6854
三秀舎・松岳社

ISBN978-4-326-35168-8　Printed in Japan

http://www. keisoshobo. co. jp

著者紹介（執筆順）

細谷 雄一（ほそや ゆういち）〔編者。序章，第4章〕
慶應義塾大学大学院法学研究科博士課程修了，博士（法学）を取得。
現在：慶應義塾大学法学部教授（国際政治史，イギリス外交史）
主著：『国際秩序――18世紀ヨーロッパから21世紀アジアへ』（中公新書，2012年），『イギリスとヨーロッパ――孤立と統合の二百年』（勁草書房，2009年，編著）など。

君塚 直隆（きみづか なおたか）〔編者。第1章〕
上智大学大学院文学研究科博士課程修了，博士（史学）を取得。
現在：関東学院大学国際文化学部教授（近代ヨーロッパ史，イギリス政治外交史）
主著：『物語イギリスの歴史』上下巻（中公新書，2015年），『チャールズ皇太子の地球環境戦略』（勁草書房，2013年）など。

中嶋 啓雄（なかじま ひろお）〔第2章〕
一橋大学大学院法学研究科博士後期課程単位取得退学，同大学院で博士（法学）を取得。
現在：大阪大学大学院国際公共政策研究科教授（国際関係史，アメリカ外交史）
主著：『モンロー・ドクトリンとアメリカ外交の基盤』（ミネルヴァ書房，2002年），『ハンドブック アメリカ外交史――建国から冷戦後まで』（ミネルヴァ書房，2011年，共著）など。

藤山 一樹（ふじやま かずき）〔第3章〕
ボストン大学大学院修士課程（歴史学）修了。
現在：日本学術振興会特別研究員，慶應義塾大学大学院法学研究科後期博士課程在籍（イギリス外交史）

水本 義彦（みずもと よしひこ）〔第5章〕

英国キール大学大学院博士課程修了，Ph. D.（国際関係論）を取得。
現在：獨協大学外国語学部准教授（国際政治史）
主著：『同盟の相剋――戦後インドシナ紛争をめぐる英米関係』（千倉書房，2009年），『戦後アジア・ヨーロッパ関係史――冷戦・脱植民地化・地域主義』（慶應義塾大学出版会，2015年，共著）など。

島村 直幸（しまむら なおゆき）〔第6章〕
一橋大学大学院法学研究科博士後期課程満期退学。
現在：杏林大学総合政策学部専任講師（国際関係論，アメリカ政治外交）
主著：『国際関係の論点――グローバル・ガバナンスの視点から』（文眞堂，2015年，共著），『アメリカを知るための18章』（大学教育出版，2013年，共著）など。

青野 利彦（あおの としひこ）〔第7章〕
カリフォルニア大学サンタバーバラ校博士課程修了，Ph. D.（歴史学）を取得。
現在：一橋大学大学院法学研究科准教授（国際関係史，アメリカ外交史）
主著：『「危機の年」の冷戦と同盟――ベルリン，キューバ，デタント 1961-63年』（有斐閣，2012年），『冷戦史を問いなおす――「冷戦」と「非冷戦」の境界』（ミネルヴァ書房，2015年，共編著）など。

永野 隆行（ながの たかゆき）〔編者。第8章〕
上智大学大学院外国語学研究科博士課程単位取得退学，同大学院で博士（国際関係論）を取得。
現在：獨協大学外国語学部教授（国際関係論，オーストラリア外交史）
主著：『オーストラリア入門（第2版）』（東京大学出版会，2007年，共著），『第二の「戦後」の形成過程――1970年代日本の政治的・外交的再編』（有斐閣，2015年，共著）など。

吉留 公太（よしとめ こうた）〔第9章〕
英国リーズ大学大学院政治国際学研究科博士課程修了，Ph. D. を取得。
現在：神奈川大学経営学部准教授（国際関係論，国際政治史，国際情勢分析）
主著：『危機の国際政治史――1873-2012』（亜紀書房，2013年，共著）など。

山口 育人（やまぐち いくと）〔第 10 章〕
京都大学大学院文学研究科博士後期課程修了，博士（文学）を取得。
現在：奈良大学文学部准教授（イギリス現代史，イギリス帝国史）
主著：『コロンボ・プラン――戦後アジア国際秩序の形成』（法政大学出版局，2014 年，共著），『コモンウェルスとは何か――ポスト帝国時代のソフトパワー』（ミネルヴァ書房，2014 年，共著）など。

事項索引

ア行

カ行

サ行

タ行

ナ行

ハ行

マ行

ラ行

ワ行

アルファベット

人名索引

ア行

アイゼンハワー（Dwight David Eisenhower） 133, 151-58, 161-64, 166-71, 173, 174, 177, 179, 181, 184-86, 279, 280
アチソン（Dean Gooderham Acheson） 8, 150, 182
アトリー（Clement Attlee, later 1st Earl Attlee） 138, 141, 142, 148, 150-52, 155, 275, 277, 278, 281
アバディーン（4th Earl of Aberdeen） 37, 38, 70
イーデン（Sir Anthony Eden, later 1st Earl of Avon） 123, 154, 156, 158-63, 166, 167, 279
ウィルソン（Harold Wilson, later Baron Wilson of Rievaulx） 189-91, 194, 196-98, 201, 208-10, 231, 282, 283
ウィルソン（Thomas Woodrow Wilson） 87, 91-97, 106
オバマ（Barack Hussein Obama） 261, 263

カ行

カーター（Jimmy [James] Earl Carter, Jr.） 214, 216-19, 287
カニング（George Canning） 32-34, 64, 65, 85
キッシンジャー（Henry Alfred Kissinger） 171, 199-202, 205-10, 284, 297
キャメロン（David Cameron） 261, 262, 296
キャラハン（James Callaghan, later Baron Callaghan of Cardiff） 209, 230, 231, 286, 288
グラッドストン（William Ewart Gladstone） 41-45, 80
クリーヴランド（Grover Cleveland） 45, 46, 81-84
クリントン（Bill [William] Jefferson Clinton） 243-46, 293
ケネディ（John Fitzgelad Kennedy） 176-80, 182-87, 189, 191, 192, 202, 281
ゴルバチョフ（Mikhail Gorbachev） 234-36

サ行

サッチャー（Margaret Thatcher, later Baroness Thatcher of Kesteven） 4, 119, 211-37, 240-42, 286, 288-91
ジョージ三世（George III） 22, 23, 25-27, 29, 59
ジョンソン（Lyndon Baines Johnson） 106, 189, 191-94, 196-98, 210, 214, 282, 283
スターリン（Iosif Stalin） 132, 142, 145, 148, 149, 154, 156, 159, 166, 270, 271, 274, 275, 278-81, 283
ソールズベリ（3rd Marquis of Salisbury） 45-48, 83, 85

タ行

ダレス（John Foster Dulles） 153, 156, 158, 159, 162, 168, 170, 171

チェンバレン（Arthur Neville Chamberlain）　109-11, 114-18, 271
チェンバレン（Joseph Chamberlain）　7, 44, 46
チャーチル（Sir Winston Churchill）　1-4, 43, 103, 113, 115-20, 122-32, 136-39, 141, 152-56, 158-61, 167, 173, 184, 213, 277, 279
ド・ゴール（Charles de Gaulle）　176, 182, 183, 188, 193-95, 203, 204, 281, 283
トルーマン（Harry S. Truman）　142-46, 148-52, 155, 214, 275, 276, 278

ナ行

ニクソン（Richard Milhous Nixon）　199-205, 209, 210, 284, 285, 297

ハ行

バトラー（Richard Austen Butler, later 1st Baron Butler of Saffron Walden）　166; 167, 173, 279
パーマストン（3rd Viscount Palmerston）　34-37, 40, 70
ヒース（Edward Heath）　201-10, 284, 285, 287
ヒトラー（Adolf Hitler）　2, 108-11, 115, 116, 118, 119, 122, 126, 129, 144
フーヴァー（Herbert Clark Hoover）　104, 105, 107, 269
フォード（Gerald R. Ford）　63, 84, 89, 134, 150, 158, 209, 231, 286, 288, 297
ブッシュ（George Herbert Walker Bush）　236, 237, 240, 241
ブッシュ（George Walker Bush）　10, 255-58, 294, 298
ブラウン（Gordon Brown）　219, 259, 294, 295
フルシチョフ（Nikita Khrushchov）　156, 170, 172, 173, 180
ブレア（Tony［Anthony］Blair）　10, 248, 249, 252, 253, 256-59, 262, 293, 295
ポーク（James Knox Polk）　68, 70, 72, 73, 75

マ行

マクドナルド（James Ramsay MacDonald）　104-107
マクミラン（Harold Macmillan, later 1st Earl of Stockton）　133, 166, 167, 169, 170, 172-75, 177-87, 189, 191, 281, 284
マディソン（James Madison, Jr）　31, 62, 65
メイジャー（John Major）　242, 243, 245, 248
モンロー（James Monroe）　34, 46, 61, 64, 65, 68, 72, 73, 76, 81-87

ラ行

レーガン（Ronald Wilson Reagan）　4, 211, 212, 214, 215, 219-34, 237, 289-91
ロイド・ジョージ（David Lloyd George, later 1st Earl Lloyd George of Dwyfor）　92, 95, 96
ローズヴェルト（Franklin Delano Roosevelt）　4, 106, 109-11, 113, 116, 118, 120, 122, 124, 127, 129, 130, 132, 137, 138, 141, 159, 184, 270-73
ローズヴェルト（Theodore Roosevelt）　23, 49, 50, 84, 86

ワ行

参考文献

序章

青野利彦（二〇一三年）「保守主義者の『革命』？――レーガンとサッチャー」益田実・小川浩之編著『欧米政治外交史』ミネルヴァ書房。

ベイリス，ジョン（一九八八）『同盟の力学――英国と米国の防衛協力関係』佐藤行雄・重家俊範・宮川眞喜雄訳，東洋経済新報社。

細谷雄一（二〇〇六）「黄昏のパクス・ブリタニカ――後期ヴィクトリア時代の外交と海軍」田所昌幸編『ロイヤル・ネイヴィーとパクス・ブリタニカ』有斐閣。

細谷雄一（二〇〇八）「チャーチルのアメリカ」『アステイオン』六九号，五九―七五頁。

細谷雄一（二〇一三ａ）「『パクス・アメリカーナ』の誕生――英米関係と海洋覇権の移行」田所昌幸・阿川尚之編『海洋国家としてのアメリカ――パクス・アメリカーナへの道』千倉書房。

細谷雄一（二〇一三ｂ）「米英同盟と大西洋同盟――『特別な関係』の歴史」久保文明編『アメリカにとって同盟とは何か』中央公論新社。

水本義彦（二〇一三）「第二次世界大戦と国際・国内社会の変容――チャーチルとローズヴェルト」益田実・小川浩之編著『欧米政治外交史』ミネルヴァ書房。

ミード，ウォルター・ラッセル（二〇一四）『神と黄金――イギリス，アメリカはなぜ近現代世界を支配できたのか』寺下滝郎訳，青灯社。

Allison, Graham (2015) "The Thucydides Trap: Are the U. S. and China Headed for War?," *The Atlantic*, Sep 24, 2015.

Bartlett, C. J. (1992) *'The Special Relationship': A Political History of Anglo-American Relations since 1945*, London: Longman.

Baylis, John (1997) *Anglo-American Relations since 1939: The Enduring Alliance*, Manchester: Manchester University Press.

Black, Jeremy (2004) *British Seaborne Empire*, New Haven: Yale University Press.

Burk, Kathleen (2009) "Old World, New World: Great Britain and America from the Beginning," in John Dumbrell and Axel Shafer, eds., *America's 'Special Relationships': Foreign and Domestic Aspects of the Politics of Alliance*, London: Routledge.

Churchill, Winston S. (1956) *A History of English-Speaking Peoples, Volume I–IV*, London: Cassell.

Dimbleby, David and David Reynolds (1988) *An Ocean Apart: The Relationship between Britain and America in the Twentieth Century*, London: Hodder & Stoughton.

Dobson, Alan P. (1995) *Anglo-American Relations in the Twentieth Century: Of Freindship, Conflict and the Rise and Decline of Superpowers*, London: Routledge.
Dumbrell, John (2006) *A Special Relationship: Anglo-American Relations from the Cold War to Iraq*, 2nd ed., Basingstoke: Palgrave.
House of Commons Foreign Affairs Committee (2010) *Global Security: UK-US Relations, Sixth Report of Session 2009–2010, HC114, 28 March 2010*, London: The Stationery Office.
Louis, Wm. Roger (1986) "Foreword," in Wm. Roger Louis and Hedley Bull, eds., *The Special Relationship: Anglo-American Relations since 1945*, Oxford: Oxford University Press.
Louis, Wm. Roger and Hedley Bull, eds. (1986) *The Special Relationship: Anglo-American Relations since 1945*, Oxford: Oxford University Press.
Luce, Henry (1999) "The American Century," in Michael Hogan, ed., *The Ambiguous Legacy: U. S. Foreign Relations in the "American Century"*, Cambridge: Cambridge University Press.

第 1 章

青木康征（一九九八）『海の道と東西の出会い』山川出版社。

岩井淳（一九九九）「クロムウェルの外交政策——プロテスタント外交と「国益」追求」田村秀夫編『クロムウェルとイギリス革命』聖学院大学出版会。

君塚直隆（二〇〇六）『パクス・ブリタニカのイギリス外交——パーマストンと会議外交の時代』有斐閣。

君塚直隆（二〇〇九）「ヨーロッパ協調から世界大戦へ 一八一五——一九一四年」細谷雄一編『イギリスとヨーロッパ——孤立と統合の二百年』勁草書房。

君塚直隆（二〇一〇）『近代ヨーロッパ国際政治史』有斐閣。

君塚直隆（二〇一二）『ベル・エポックの国際政治——エドワード七世と古典外交の時代』中央公論新社。

田所昌幸編（二〇〇六）『ロイヤル・ネイヴィーとパクス・ブリタニカ』有斐閣。

玉木俊明（二〇〇九）『近代ヨーロッパの誕生——オランダからイギリスへ』講談社。

中嶋啓雄（二〇〇二）『モンロー・ドクトリンとアメリカ外交の基盤』ミネルヴァ書房。

細谷雄一（二〇一三）「『パクス・アメリカーナ』の誕生——英米関係と海洋覇権の移行」田所昌幸・阿川尚之編『海洋国家としてのアメリカ』千倉書房。

Black, Jeremy (2006) *George III: America's Last King*, New Haven: Yale University Press.

Black, Jeremy (2009) *The War of 1812 in the Age of Napoleon*, London: Continuum.

Campbell, Duncan Andrew (2007) *Unlikely Allies: Britain, America and the Victorian Origins of the Special Relationship*, London: Hambledon Continuum.

Chamberlain, M. E. (1983) *Lord Aberdeen: A Political Biography*, London: Longman.

Dickinson, H. T., ed. (1998) *Britain and the American Revolution*, London: Longman.

Gladstone, William Ewart (1878) "Kin beyond sea," *North American Review*, Sep-Oct 1878, pp. 179-212.

Herrick, Francis H. (1972) "Gladstone and the Concept of the 'English-speaking Peoples'," *Journal of British Studies* 12, pp. 150-56.

Kennedy, Paul (1991) *The Rise and Fall of British Naval Mastery*, 3rd ed., London: Fontana Press.

Leventhal, Fred M. and Roland Quinault, eds. (2000) *Anglo-American Attitudes: From Revolution to Partnership*, Aldershot: Ashgate.

Matthew, H. C. G. (1986) *Gladstone 1809-1874*, Oxford: Oxford University Press.

Orde, Anne (1996) *The Eclipse of Great Britain: The United States and British Imperial Decline, 1895-1956*, New York: St. Martin's Press.

Ridley, Jasper (1970) *Lord Palmerston*, London: Constable.

Roberts, Andrew (1998) *Salisbury: Victorian Titan*, London: Weidenfeld & Nicolson.

第2章

ウッド，ゴードン・S（二〇一〇）『ベンジャミン・フランクリン，アメリカ人になる』池田年穂・金井光太朗・肥後本芳男訳，慶應義塾大学出版会。

君塚直隆（二〇〇六）『パクス・ブリタニカのイギリス外交――パーマストンと会議外交の時代』有斐閣。

グリーン，ジャック・P（二〇一三）『幸福の追求――イギリス領植民地期アメリカの社会史』大森雄太郎訳，慶應義塾大学出版会。

斎藤眞（一九九五）『アメリカとは何か』平凡社ライブラリー。

中嶋啓雄（二〇〇二）『モンロー・ドクトリンとアメリカ外交の基盤』ミネルヴァ書房。

中野博文（二〇一六）『ヘンリ・アダムズとその時代――世界大戦の危機とたたかった人々の絆』彩流社。

細谷雄一（二〇一三）「『パクス・アメリカーナ』の誕生――英米関係と海洋覇権の移行」田所昌幸・阿川尚之編『海洋国家としてのアメリカ――パクス・アメリカーナへの道』千倉書房。

山岸義夫（一九九五）『アメリカ膨張主義の展開――マニフェスト・デスティニーと大陸帝国』勁草書房。

和田光弘（一九九七）「アメリカにおけるナショナル・アイデンティティの形成――植民地時代から一八三〇年代まで」『岩波講座世界歴史 17 環大西洋革命――18世紀後半―1830年代』岩波書店。

和田光弘（二〇一六）『記録と記憶のアメリカ――モノが語る世界』名古屋大学出版

会。
Bourne, Kenneth（1967）*Britain and the Balance of Power in North America, 1815–1908*, Berkeley: University of California Press.
Campbell, Andrew Campbell（2007）*Unlikely Allies: Britain, America and the Victorian Origins of the Special Relationships*, London: Hambledon Continuum.
Campbell, Charles S.（1974）*From Revolution to Rapprochement: The United States and Great Britain, 1783–1900*, New York: John Wiley.
Crapol, Edward P.（2006）*John Tyler: The Accidental President*, Chapel Hill: University of North Carolina Press.
Haynes, Sam W.（1997）"Anglophobia and the Annexation of Texas: The Quest for National Security," in Sam W. Haynes and Christopher Morris, eds., *Manifest Destiny and Empire: American Antebellum Expansionism*, College Station: Texas A & M University Press.
Haynes, Sam W.（2000）" 'But What Will England Say?' Great Britain, the United States, and the War with Mexico," in Richard Francaviglia and Douglas W. Richmond, eds, *Dueling Eagles: Reinterpreting the U. S.-Mexican War, 1846–1848*, Fort Worth: Texas Christian University Press.
Haynes, Sam W.（2006）*James K. Pork and the Expansionist Impulse*, 3rd ed., New York: Pearson Longman.
Haynes, Sam W.（2010）*Unfinished Revolution: The Early American Republic in a British World*, Charlottesville: University of Virginia Press.
LaFeber, Walter（1963）*The New Empire: An Interpretation of American Expansion, 1860–1898*, Ithaca, N.Y.: Cornell University Press.
May, Ernest R.（1961）*Imperial Democracy: The Emergence of America as A Great Power*, New York: Harcourt, Brace & World.
Merk, Frederick（1966）*The Monroe Doctrine and American Expansionism, 1843–1849*, New York: Alfred A. Knopf.
Perkins, Bradford（1968）*The Great Rapprochement: England and the United States, 1895–1914*, New York: Atheneum.
Perkins, Dexter（1937）*The Monroe Doctrine, 1967–1907*, Baltimore: Johns Hopkins Press.
Perkins, Dexter（1955）*A History of the Monroe Doctrine*, Boston: Little, Brown.

第３章

秋田茂（二〇一二）『イギリス帝国の歴史――アジアから考える』中公新書。
五百旗頭真編（二〇〇八）『日米関係史』有斐閣。
川島真・服部龍二編（二〇〇七）『東アジア国際政治史』名古屋大学出版会。
木村靖二（二〇一四）『第一次世界大戦』ちくま新書。
倉松中（一九九九）「海軍軍縮をめぐる一九二〇年代の英米関係――一九二七年ジュ

ネーヴ海軍軍縮会議を中心として」『国際政治』一二二号，八七―一〇〇頁。
後藤春美（二〇〇六）「イギリスと日本――東アジアにおける二つの帝国」佐々木雄太編著『イギリス帝国と 20 世紀 第 3 巻　世界戦争の時代とイギリス帝国』ミネルヴァ書房。
佐々木雄太（一九八七）『三〇年代イギリス外交戦略――帝国防衛と宥和の論理』名古屋大学出版会。
佐々木雄太・木畑洋一編（二〇〇五）『イギリス外交史』有斐閣。
篠原初枝（二〇一〇）『国際連盟――世界平和への夢と挫折』中公新書。
長沼秀世（二〇一三）『ウィルソン――国際連盟の提唱者』山川出版社。
藤山一樹（二〇一五）「英米戦債協定の成立とイギリス外交，一九二〇―一九二三年」『国際政治』第一八〇号，三〇―四二頁。
益田実・小川浩之編著（二〇一三）『欧米政治外交史――1871～2012』ミネルヴァ書房。
Bell, Christopher M.（2000）*The Royal Navy, Seapower and Strategy Between the Wars*, Basingstoke: Palgrave.
Carlton, David（1968）“Great Britain and the Coolidge Naval Disarmament Conference of 1927,” *Political Science Quarterly* 83, no. 4, pp. 573-98.
Cohen, Warren I.（1987）*Empire Without Tears: America's Foreign Relations, 1921-1933*, New York: McGraw-Hill.
Dallek, Robert（1979）*Franklin D. Roosevelt and American Foreign Policy, 1932-1945*, New York: Oxford University Press.
Dimbleby, David and David Reynolds（1988）*An Ocean Apart: The Relationship Between Britain and America in the Twentieth Century*, New York: Random House.
Downes, Randolph C.（1970）*The Rise of Warren Gamaliel Harding, 1865-1920*, Columbus: Ohio State University Press.
Goldstein, Erik and John Maurer, eds.（1994）*The Washington Conference, 1921-22: Naval Rivalry, East Asian Stability and the Road to Pearl Harbor*, London: Frank Cass.
Hardinge of Penshurst, Baron（1947）*Old Diplomacy: The Reminiscences of Lord Hardinge of Penshurst*, London: John Murray.
Kennedy, Paul M.（1987）*The Rise and Fall of the Great Powers: Economic Change and Military Conflict from 1500 to 2000*, New York: Vintage.
LaFeber, Walter（1994）*The American Age: United States Foreign Policy at Home and Abroad, 1750 to the Present*, 2nd ed., New York: Norton.
Leffler, Melvyn P.（1979）*The Elusive Quest: America's Pursuit of European Stability and French Security, 1919-1933*, Chapel Hill: University of North Carolina Press.
Lukes, Igor and Erik Goldstein, eds.（1999）*The Munich Crisis, 1938: Prelude to*

World War II, London: Frank Cass.
MacDonald, C. A. (1981) *The United States, Britain and Appeasement, 1936–1939*, London: Macmillan.
McDonough, Frank (1998) *Neville Chamberlain, Appeasement and the British Road to War*, Manchester: Manchester University Press.
McKercher, B. J. C. (1984) *The Second Baldwin Government and the United States, 1924–1929: Attitudes and Diplomacy*, Cambridge: Cambridge University Press.
McKercher, B. J. C. (1999) *Transition of Power: Britain's Loss of Global Pre-eminence to the United States, 1930–1945*, Cambridge: Cambridge University Press.
Nish, Ian H. (1972) *Alliance in Decline: A Study in Anglo-Japanese Relations, 1908–23*, London: Athlone.
Pollard, Sidney (1992) *The Development of the British Economy, 1914–1990*, 4th ed., London: Edward Arnold.
Reynolds, David (1981) *The Creation of the Anglo-American Alliance, 1937–41: A Study in Competitive Co-operation*, Chapel Hill: University of North Carolina Press.
Reynolds, David (2000) *Britannia Overruled: British Policy and World Power in the Twentieth Century*, 2nd ed., Harlow: Pearson.
Self, Robert (2006) *Britain, America and the War Debt Controversy: The Economic Diplomacy of an Unspecial Relationship, 1917–1941*, London: Routledge.
Stevenson, David (2004) *1914–1918: The History of the First World War*, London: Penguin.
Tuchman, Barbara W. (1966) *The Zimmermann Telegram*, New ed., New York: Macmillan.
Watt, D. Cameron (1984) *Succeeding John Bull: America in Britain's Place, 1900–1975*, Cambridge: Cambridge University Press.

第４章

オルドリッチ，リチャード（二〇〇三）『日・英・米「諜報機関」の太平洋戦争——初めて明らかになった極東支配をめぐる「秘密工作活動」』会田弘継訳，光文社。

キッシンジャー，ヘンリー（一九九六）『外交（上巻）』岡崎久彦監訳，日本経済新聞社。

清沢洌（一九四〇）『第二次欧洲大戦の研究』東洋経済出版部。

佐々木卓也編（二〇一一）『ハンドブック・アメリカ外交史——建国から冷戦後まで』ミネルヴァ書房。

ソーン，クリストファー（一九八九）『太平洋戦争とは何だったのか——1941〜45年の国家，社会，そして極東戦争』市川洋一訳，草思社。

ソーン，クリストファー（一九九五）『米英にとっての太平洋戦争（上下巻）』市川洋

一訳，草思社。
チャーチル，ウィンストン（二〇〇一）『第二次世界大戦 1』佐藤亮一訳，河出書房新社。
チャーチル，ウィンストン（二〇〇一）『第二次世界大戦 2』佐藤亮一訳，河出書房新社。
田所昌幸（二〇〇一）『「アメリカ」を超えたドル――金融グローバリゼーションと通貨外交』中央公論新社。
ベイリス，ジョン（一九八八）『同盟の力学――英国と米国の防衛協力関係』佐藤行雄・重家俊範・宮川眞喜雄訳，東洋経済新報社。
細谷雄一（二〇〇六）「冷戦時代のイギリス帝国」佐々木雄太編『世界戦争の時代とイギリス帝国（イギリス帝国と 20 世紀 3)』ミネルヴァ書房。
細谷雄一（二〇〇八）「チャーチルのアメリカ」『アステイオン』六九号，五九―七五頁。
細谷雄一（二〇一三）「国連構想とイギリス外交――普遍主義と地域主義の交錯 一九四一～四三年」細谷雄一編『グローバル・ガバナンスと日本』中央公論新社。
水本義彦（二〇一三）「第二次世界大戦と国際・国内社会の変容――チャーチルとローズヴェルト」益田実・小川浩之編著『欧米政治外交史――1871～2012』ミネルヴァ書房。
歴史学研究会編（二〇〇三）『世界史史料 10 二〇世紀の世界 I ふたつの世界大戦』岩波書店。
Bartlett, C. J. (1992) *'The Special Relationship': A Political History of Anglo-American Relations since 1945*, London: Longman.
Baylis, John (1997) *Anglo-American Relations since 1939: The Enduring Alliance*, Manchester: Manchester University Press.
Bercuson, David J. and Holger H. Herwig (2005) *One Christmas in Washington: Churchill and Roosevelt forge the Grand Alliance*, London: Weidenfeld & Nicolson.
Bullen, Roger and M. E. Pelly, eds. (1987) *Documents on British Policy Overseas, Series I, Volume IV, 1945-6*, London: HMSO.
Charmley, John (1995) *Churchill's Grand Alliance: The Anglo-American Special Relationship 1940-1957*, London: Scepter.
Churchill, Winston S. (1985) *The Grand Alliance: The Second World War Volume III*, London: Penguin.
Dallek, Robert (1979) *Franklin D. Roosevelt and American Foreign Policy, 1932-1945*, Oxford: Oxford University Press.
Dilk, David, ed. (1971) *The Diaries of Sir Alexander Cadogan 1938-1945*, London: Cassell.
Dimbleby, David and David Reynolds (1988) *An Ocean Apart: The Relationship between Britain and America in the Twentieth Century*, London: Hodder &

Stoughton.
Dobson, Alan P. (1995) *Anglo-American Relations in the Twentieth Century: Of Freindship, Conflict and the Rise and Decline of Superpowers*, London: Routledge.
Dutton, David (2001) *Neville Chamberlain*, London: Arnold.
Feiling, Keith (1947) *The Life of Neville Chamberlain*, London: Macmillan.
Gilbert, Martin (2001) *Churchill: A Life*, Pimlico.
Gilbert, Martin, ed. (2000) *The Churchill War Papers: Volume III, The Ever-Widening War 1941*, London: William Heinemann.
Gowing, Margaret (1986) "Nuclear Weapons and the 'Special Relationship', " in Wm. Roger Louis and Hedley Bull, eds., *The Special Relationship: Anglo-American Relations Since 1945*, Oxford: Oxford University Press.
Jebb, Gladwyn (1972) *The Memoirs of Lord Gladwyn*, London: Weldenfeld and Nicolson.
Kimball, Warren F. (1997) *Forged in War: Roosevelt, Churchill, and the Second World War*, Chicago: Ivan R. Dee.
Reynolds, David (1981) *The Creation of the Anglo-American Alliance 1937–41: A Study in Competitive Co-operation*, London: Europa.
Reynolds, David (1986) "Roosevelt, Churchill, and the Wartime Anglo-American Alliance, 1939–1945: Towards a New Synthesis," in Wm. Roger Louis and Hedley Bull, eds., *The Special Relationship: Anglo-American Relations since 1945*, Oxford: Oxford University Press.
Reynolds, David (1994) " 'The Atlantic' Flop": British Foreign policy and the Churchill-Roosevelt Meeting of August 1941," in Douglas Brinkey and David R. Facey-Crowther (ed.), *The Atlantic Charter*, Basingstoke: Macmillan.
Reynolds, David (2001) *From Munich to Pearl Harbor: Roosevelt's America and the Origins of the Second World War*, Chicago: Ivan R. Dee.
Reynolds, David (2006) *From World War to Cold War: Churchill, Roosevelt, and the International History of the 1940s*, Oxford: Oxford University Press.
Robert, Adam (2003) "Britain and the Creation of the United States," in Wm. Roger Louis, ed., *Still More Adventures with Britannia: Personalities, Politics and Culture in Britain*, London: I. B. Tauris.
Sainsbury, Keith (1994) *Churchill and Roosevelt at War*, Basingstoke: Macmillan.
Stoler, Mark A. (2005) *Allies in War: Britain and American against the Axis Powers 1940–1945*, London: Hodder Arnold.

第５章

木畑洋一（一九九六）『帝国のたそがれ――冷戦下のイギリスとアジア』東京大学出版会。

佐々木卓也（一九九三）『封じ込めの形成と変容——ケナン，アチソン，ニッツェとトルーマン政権の冷戦戦略』三嶺書房。

佐々木雄太（一九九七）『イギリス帝国とスエズ戦争——植民地主義・ナショナリズム・冷戦』名古屋大学出版会。

トルーマン，H・S（一九九二）『トルーマン回顧録 II』堀江芳孝訳，恒文社。

細谷雄一（二〇〇一）『戦後国際秩序とイギリス外交——戦後ヨーロッパの形成 1945 年～1951 年』創文社。

細谷雄一（二〇〇五）『外交による平和——アンソニー・イーデンと二十世紀の国際政治』有斐閣。

松岡完（一九八八）『ダレス外交とインドシナ』同文舘。

水本義彦（二〇〇三）「ウィンストン・チャーチルと極東軍事紛争 1951-55——朝鮮戦争・インドシナ紛争・台湾海峡危機」『国際学論集』五〇号，四三—六九頁。

Boyle, Peter G., ed. (2005) *The Eden-Eisenhower Correspondence, 1955-1957*, Chapel Hill: The University of North Carolina Press.

Burk, Kathleen (2007) *Old World, New World: The Story of Britain and America*, London: Abacus.

Deighton, Ann (1993) *The Impossible Peace: Britain, the Division of Germany, and the Origins of the Cold War*, Oxford: Clarendon Press.

Dimbleby, David and Reynolds, David (1988) *An Ocean Apart: The Relationship between Britain and America in the Twentieth Century*, New York: Random House.

Dobson, Alan P. (1995) *Anglo-American Relations in the Twentieth Century: Of Friendship, Conflict and the Rise and Decline of Superpowers*, London: Routledge.

Frank Roberts Papers, The Churchill Archives Centre, Churchill College, Cambridge.

Hopkins, Michael F. (2001) "The Price of Cold War Partnership: Sir Oliver Franks and the British Military Commitment in the Korean War," *Cold War History* 1, no. 2, pp. 28-49.

Hopkins, Michael F., Saul Kelly and John W. Young, eds., (2009) *The Washington Embassy: British Ambassadors to the United States, 1939-77*, Basingstoke: Palgrave Macmillan.

Lundestad, Geir (1986) "Empire by Invitation?: The United States and Western Europe, 1945-1952," *Journal of Peace Research* 23, no. 3, pp. 263-77.

Marsh, Steve (2012) "Anglo-American Relations 1950-51: Three Strikes for British Prestige," *Diplomacy & Statecraft* 23, no. 2, pp. 304-30.

Nicholas, David A. (2011) *Eisenhower 1956: The President's Year of Crisis: Suez and the Brink of War*, New York: Simon & Schuster.

Reynolds, David (2000) *Britannia Overruled: British Policy and World Power in*

the 20th Century, 2nd ed., London: Pearson Education.
Smith, Simon C. (2012) *Ending Empire in the Middle East: Britain, the United States and Post-war Decolonization, 1945-1973*, London: Routledge.
Young, John W. (1996) *Winston Churchill's Last Campaign: Britain and the Cold War 1951-5*, Oxford: Clarendon Press.

第6章

青野利彦（二〇一二）『「危機の年」の冷戦と同盟――ベルリン，キューバ，デタント 1961〜63年』有斐閣。
加藤洋子（一九九二）『アメリカの世界戦略とココム――転機にたつ日本の貿易政策』有信堂。
佐々木卓也（二〇〇八）『アイゼンハワー政権の封じ込め政策――ソ連の脅威，ミサイル・ギャップ論争と東西交流』有斐閣。
佐々木卓也（二〇一一）『冷戦――アメリカの民主主義的生活様式を守る戦い』有斐閣。
橋口豊（二〇〇一）「冷戦の中の英米関係――スカイボルト危機とナッソー協定をめぐって」『国際政治』一二六号，五二―六四頁。
Aldous, Richard and Sabine Lee, eds. (1996) *Harold Macmillan and Britain's World Role*, Basingstoke: Macmillan Press.
Allison, Graham and Philip Zelikow (1999 [1971]) *Essence of Decision: Explaining the Cuban Missile Crisis*, 2nd ed., New York: Longman.
Aono, Toshihiko (2010) "It Is Not Easy for the United States to Carry the Whole Load: Anglo-American Relations during the Berlin Crisis, 1961-1962," *Diplomatic History* 34, no. 2, pp. 325-56.
Ball, George W. (1982) *The Past Has Another Pattern: Memoirs*, New York: Norton.
Baylis, John (1984 [1981]) *Anglo-American Defense Relations 1939-1984*, 2nd ed., New York: St. Martin's Press.
Clark, Ian (2003 [1994]) *Nuclear Diplomacy and the Special Relationship: Britain's Deterrent and America, 1957-1962*, Oxford: Clarendon Press.
Dobson, Alan P. (1988) *The Politics of the Anglo-American Economic Special Relationship*, Brighton: Harvester Wheatsheaf.
Dobson, Alan P. (1995) *Anglo-American Relations in the Twentieth Century: of Friendship, Conflict and the Rise and Decline of Superpowers*, New York: Routledge.
Dockrill, Saki (1996) *Eisenhower's New-Look National Security Policy, 1953-61*, Basingstoke: Macmillan Press.
Eisenhower, Dwight D. (1965) *Waging Peace: White House Years: A Personal Account 1956-1961*, Garden City: Doubleday.
Evans, Peter B., Harold K. Jacobson and Robert D. Putnam, eds. (1993) *Double-*

Edged Diplomacy: International Bargaining and Domestic Politics, Berkeley: California University Press.

Foreign Relations of the United States, 1961-1963, Volume XIII, Western Europe and Canada, 1961-1962.

Foreign Relations of the United States, 1961-1963, Volume XIV, Berlin Crisis, 1961-1962.

Freedman, Lawrence (1981) *The Evolution of Nuclear Strategy*, London: Macmillan.

Garnett, John C. (1977) "British Strategic Thought," in John Baylis, ed., *British Defence Policy in a Changing World*, London: Croom Helm.

Gearson, John P. S. (1998) *Harold Macmillan and the Berlin Wall Crisis, 1958-62: The Limits of Interest and Force*, London: Palgrave Macmillan.

Horne, Alistair (1986) "Macmillan Year and Afterward," in Wm. Roger Louis and Hedley Bull, eds., *The Special Relationship: Anglo-American Relations since 1945*, Oxford: Oxford University Press.

Horne, Alistair (1989) *Harold Macmillan: Volume II: 1957-1986*, New York: Viking.

Kunz, Diane B. (1997) *Butter and Guns: America's Cold War Economic Diplomacy*, New York: Free Press.

Macmillan, Harold (1971) *Riding the Storm, 1956-1959*, London: Macmillan.

Macmillan, Harold (1972) *Pointing the Way, 1959-1961*, London: Macmillan.

Macmillan, Harold (1973) *At the End of Day, 1961-1963*, London: Macmillan.

Marsh, Steve (2013) "The Anglo-American Defence Relationship," in Alan P. Dobson and Steve Marsh, eds., *Anglo-American Relations: Contemporary Perspectives*, New York: Routledge.

May, Ernest R., and Philip D. Zelikow, eds. (1997) *The Kennedy Tapes: Inside the White House During the Cuban Missile Crisis*, Cambridge: The Belknap Press of Harvard University Press.

McNamara, Robert S. (1968) *The Essence of Security: Reflections in Office*, New York: Harper & Row.

Neustadt, Richard E. (1970) *Alliance Politics*, New York: Columbia University Press.

Newman, Kitty (2007) *Macmillan, Khrushchev and the Berlin Crisis, 1958-1960*, London: Routledge.

Nunnerley, David (1972) *President Kennedy and Britain*, London: The Bodley Head.

Pierre, Andrew (1972) *Nuclear Politics: The British Experience with an Independent Strategic Force, 1939-70*, Oxford: Oxford University Press.

Schlesinger Jr., Arthur M. (1965) *A Thousand Days: John F. Kennedy in the White House*, Boston: Houghton Mifflin.

Sorensen, Theodore C. C. (1965) *Kennedy*, New York: Harper & Row.

Sorensen, Theodore C. C. (1969) *The Kennedy Legacy: A Peaceful Revolution for the Seventies*, New York: Macmillan.

Ulam, Adam, B. (1974 [1968]) *Expansion and Coexistence: Soviet Foreign Policy 1917-73*, 2nd ed., New York: Praeger.

第７章

大嶽秀夫（二〇一三）『ニクソンとキッシンジャー――現実主義外交とは何か』中公新書。

岡本宜高（二〇一〇）「ヒース政権期のイギリス外交――欧州統合とデタントの間」『西洋史学』二四〇号，三一九―三三五頁。

合六強（二〇一二）「ニクソン政権と在欧米軍削減問題」『法学政治学論究』九二号，一六七―九六頁。

齋藤嘉臣（二〇〇六）「『欧州の年』の英米関係，一九七三年――英米の外交スタイルの相違を中心に」『現代史研究』五二号，二七―四〇頁。

芝崎祐典（二〇〇九）「第二次 EEC 加盟申請とその挫折，一九六四～七〇年――イギリスの緩やかな方向転換」細谷雄一編『イギリスとヨーロッパ――孤立と統合の二百年』勁草書房。

橋口豊（二〇一〇）「一九七〇年代のデタントとイギリス外交――ヒース保守党政権を中心に」菅英輝編『冷戦史の再検討――変容する秩序と冷戦の終焉』法政大学出版会。

高安健将（二〇〇五）「米国との距離と国益の追求――第四次中東戦争と第一次石油危機をめぐる英国の対応」『国際政治』一四一号，八六―一〇〇頁。

水本義彦（二〇〇九）『同盟の相克――戦後インドシナ紛争をめぐる英米関係』千倉書房。

山口育人（二〇一四）「第二次世界大戦後イギリスの世界的役割とコモンウェルス――インド洋地域の安全保障問題をめぐって」山本正・細川道久編『コモンウェルスとは何か――ポスト帝国時代のソフトパワー』ミネルヴァ書房。

Colman, Jonathan (2009) "Patrick Dean, 1965-69," in Michael F. Hopkins, Saul Kelly, and John W. Young, eds., *The Washington Embassy: British Ambassadors to the United States, 1939-77*, Basingstoke: Palgrave Macmillan.

Dockrill, Saki (2002) *Britain's Retreat from the East of Suez: The Choice between Europe and the World?*, Basingstoke: Palgrave Macmillan.

Dumbrell, John (2006) *A Special Relationship: Anglo-American Relations from the Cold War to Iraq*, 2nd ed., Basingstoke: Palgrave Macmillan.

Ellison, James (2007) *The United States, Britain and the Transatlantic Crisis: Rising to the Gaullist Challenge, 1963-68*, Basingstoke: Palgrave Macmillan.

Hathaway, Robert M. (1990) *Great Britain and the United States: Special Relations since World War II*, Boston: Twayne Publisher.

Hopkins, Michael (1998) "Focus of a Changing Relationship: The Washington Em-

bassy and Britain's World Role Since 1945," *Contemporary British History* 12, no. 3, pp. 103-14.

Logevall, Fredrik (1999) *Choosing War: The Lost Chance for Peace and the Escalation of War in Vietnam*, Berkeley: University of California Press.

Robb, Thomas (2013) *A Strained Partnership?: US-UK Relations in the Era of Détente 1969-77*. Manchester: Manchester University Press.

Rossbach, Niklas (2009) *Heath, Nixon and the Rebirth of the Special Relationship: Britain, the US and the EC, 1969-74*, Basingstoke: Palgrave Macmillan.

Schwartz, Thomas Alan (2003) *Lyndon Johnson and Europe: In the Shadow of Vietnam*, Cambridge: Harvard University Press.

Scott, Andrew (2011) *Allies Apart: Heath, Nixon and the Anglo-American Relationship*, Basingstoke: Palgrave Macmillan.

Spelling, Alexander (2009) "Lord Cromer, 1971-74," in Hopkins, Kelly, and Young, eds, *The Washington Embassy*.

Young, John (2003) *The Labour Governments 1964-70, Volume 2, International Policy*, Manchester: Manchester University Press.

Zimmerman, Hubert (2002) *Money and Security: Troops, Monetary Policy, and West Germany's Relations with the United States and Britain, 1950-1971*, Cambridge: Cambridge University Press.

第８章

猪木武徳（二〇〇九）『戦後世界経済史――自由と平等の観点から』中公新書。

カリル，クリスチャン（二〇一五）『すべては1979年から始まった――21世紀を方向づけた反逆者たち』北川知子訳，草思社。

サッチャー，マーガレット（一九九三）『サッチャー回顧録――ダウニング街の日々（上・下巻）』石塚雅彦訳，日本経済新聞社。

高橋進（一九九九）『歴史としてのドイツ統一――指導者たちはどう動いたか』岩波書店。

ベイリス，ジョン（一九八八）『同盟の力学――英国と米国の防衛協力関係』佐藤行雄ほか訳，東洋経済新報社。

益田実・小川浩之編著（二〇一三）『欧米政治外交史――1871～2012』ミネルヴァ書房。

村田晃嗣（二〇〇九）『現代アメリカ外交の変容――レーガン，ブッシュからオバマへ』有斐閣。

レーガン，ロナルド（一九九三）『わがアメリカンドリーム――レーガン回想録』尾崎浩訳，読売新聞社。

ワプショット，ニコラス（二〇一四）『レーガンとサッチャー――新自由主義のリーダーシップ』久保恵美子訳，新潮社。

Aitken, Jonathan (2013) *Margaret Thatcher: Power and Personality*, London:

Bloomsbury.
Aldous, Richard (2012) *Reagan & Thatcher: The Difficult Relationship*, London: Random House.
Byrd, Peter, ed. (1988) *British Foreign Policy under Thatcher*, London: Philip Allan.
Byrd, Peter, ed. (1991) *British Defence Policy: Thatcher and Beyond*, London: Philip Allan.
Cooper, James (2012) *Margaret Thatcher and Ronald Reagan: A Very Political Special Relationship*, London: Palgrave Macmillan.
Cradock, Percy (1997) *In Pursuit of British Interests: Reflections on Foreign Policy under Margaret Thatcher and John Major*, London: John Murray.
Cronin, James (2014) *Global Rules: America, Britain and a Disordered World, New Haven: Yale University Press.*
Curtis, Mark (1998) *The Great Deception: Anglo-American Power and World Order*, London: Pluto Press.
Dickie, John (1994) *'Special' No More Anglo-American Relations: Rhetoric and Reality*, London: Weidenfeld & Nicolson.
Dumbrell, John (2006) *A Special Relationship: Anglo-American Relations from the Cold War to Iraq*, 2nd ed., London: Palgrave Macmillan.
Dunbabin, J. P. D. (2008) *The Cold War: The Great Powers and their Allies*, London: Longman.
Greenwood, Sean (1999) *Britain and the Cold War, 1945–1991*, London: Palgrave Macmillan.
Kavanagh, Dennis (1987) *Thatcherism and British Politics: The End of Consensus?* Oxford: Oxford University Press.
Renwick, Robin (2014) *A Journey with Margaret Thatcher: Foreign Policy Under the Iron Lady*, London: Biteback.
Sharp, Paul (1997) *Thatcher's Diplomacy: The Revival of British Foreign Policy*, London: Palgrave Macmillan.

第9章

ウッドワード，ボブ（二〇〇三）『ブッシュの戦争』伏見威蕃訳，日本経済新聞社。

金子譲（二〇〇八）『NATO 北大西洋条約機構の研究——米欧安全保障関係の軌跡』彩流社。

菅英輝（二〇〇八）『アメリカの世界戦略——戦争はどう利用されるのか』中公新書。

定形衛（二〇〇〇）「コソヴォ紛争と NATO 空爆」『国際問題』四八三号，二七—四〇頁。

進藤雄介（二〇〇八）『タリバンの復活——火薬庫化するアフガニスタン』花伝社。

月村太郎（二〇〇六）『ユーゴ内戦——政治リーダーと民族主義』東京大学出版会。

細谷雄一（二〇〇九）『倫理的な戦争——トニー・ブレアの栄光と挫折』慶應義塾大

学出版会。
松井芳郎（一九九三）『湾岸戦争と国際連合』日本評論社。
柳沢英二郎（二〇〇二）『戦後国際政治史 IV――1981-1991』つげ書房新社。
柳沢英二郎・加藤正男・細井保・堀井伸晃・吉留公太（二〇一二）『危機の国際政治史 1973-2012』亜紀書房。
吉留公太（二〇一三）「メイジャー政権の国際秩序構想とその挫折――ボスニア紛争への国連の関与をめぐる英米対立」『国際政治』一七三号，七一―八三頁。
Anthony Lake Papers (The Library of Congress, Manuscript Division).
Baker, James A. and Thomas M. DeFrank (1995) *The Politics of Diplomacy: Revolution, War and Peace, 1989-1992*, New York: Putman's.
Blair, Tony (2010) *A Journey*, London: Hutchinson.
Bush, George H. W. and Brent Scowcroft (1998) *A World Transformed*, New York: Vintage Books.
Bush, George W. (2010) *Decision Points*, New York: Crown.
Clinton, Bill (2004) *My Life*, New York: Random House.
Daalder, Ivo and Michael O'Hanlon (2000) *Winning Ugly: NATO's War to Save Kosovo*, Washington D. C.: Brookings Institution Press.
Documents on British Policy Overseas [*DBPO*], Series III, Volume VII.
Galbraith, Peter (1996) "Prepared Statement of Peter W. Galbraith, U. S. Ambassador to Croatia, before the House International Relations Committee," *Federal News Service*, 30 May 1996.
Gibbs, David (2009) *First Do No Harm: Humanitarian Intervention and the Destruction of Yugoslavia*, Nashville, TN: Vanderbilt University Press.
Glaurdić, Josip (2011) *The Hour of Europe: Western Powers and the Breakup of Yugoslavia*, New Heaven: Yale University Press.
Hodge, Carole (2006) *Britain and the Balkans, 1991 until Present*, London: Routledge.
Hurd, Douglas (2003) *Memoirs*, London: Little Brown.
Major, John (1999) *The Autobiography*, London: Harper Collins.
Moloney, Ed (2003) *A Secret History of the IRA*, Revised ed., London: Penguin Books.
Owen, David (1996) *Balkan Odyssey*, London: Indigo.
Public Papers of the President of the United States [*PPPUS*].
Thatcher, Margaret (1993) *The Downing Street Years*, London: Harper Collins.

第10章

飯田敬輔（二〇一三）『経済覇権のゆくえ――米中伯仲時代と日本の針路』中公新書。
猪木武徳（二〇〇九）『戦後世界経済史――自由と平等の視点から』中公新書。
坂出健（二〇一〇）『イギリス航空機産業と「帝国の終焉」――軍事産業基盤と英米生

産提携』有斐閣。
田所昌幸（二〇〇一）『「アメリカ」を超えたドル――金融グローバリゼーションと通貨外交』中央公論新社。
橋口豊（二〇〇九）「米欧間での揺らぎ 一九七〇―七九年」細谷雄一編『イギリスとヨーロッパ――孤立と統合の二百年』勁草書房。
山口育人（二〇一六）「ブレトンウッズ体制崩壊後の国際通貨制度の再編成――新興国の挑戦から再考する」『国際政治』一八三号，七三―八六頁。
渡辺昭一編（二〇一四）『コロンボ・プラン――戦後アジア国際秩序の形成』法政大学出版局。
Bartlett, Christopher John (1992) *'The Special Relationship': A Political History of Anglo-American Relations since 1945*, London: Longman.
Burk, Kathleen (2007) *Old World, New World: Great Britain and America from the Beginning*, New York: Grove Press.
Calingaert, Michael (2006) "The Special Relationship—Economic and Business Aspects: American Perspective," in Jeffrey D. McCausland and Douglas T. Stuart, eds., *US-UK Relations at the Start of the 21st Century* (electronic version), Strategic Studies Institute.
Dobson, Alan P. (1988) *The Politics of the Anglo-American Economic Special Relationship 1940–1987*, Brighton: Wheatsheaf Books.
Dobson, Alan P. (1995) *Anglo-American Relations in the Twentieth Century: Of Freindship, Conflict and the Rise and Decline of Superpowers*, London: Routledge.
Dobson, Alan P. and Steve Marsh (2001) *US Foreign Policy since 1945*, 2nd ed., London: Routledge.
Dumbrell, John (2001) *A Special Relationship: Anglo-American Relations in the Cold War and After*, Basingstoke: Palgrave Macmillan.
Eckes Jr., Alfred E. (1995) *Opening America's Market: US Foreign Trade Policy since 1776*, Chapel Hill: The University of North Carolina Press.
Eckes Jr., Alfred E. (2011) *The Contemporary Global Economy: A History since 1980*, Chichester: Wiley-Blackwell.
Eckes Jr., Alfred E. and Thomas Zeiler (2003) *Globalization and the American Century*, Cambridge: Cambridge University Press.
Eichengreen, Barry (2008) *Globalizing Capital: A History of the International Monetary System*, 2nd ed., Princeton: Princeton University Press.
Eichengreen, Barry (2011) *Exorbitant Privilege: The Rise and Fall of the Dollar and the Future of the International Monetary System*, Oxford: Oxford University Press.
Frieden, Jeffry A. (2006) *Global Capitalism: Its Fall and Rise in the Twentieth Century*, New York: W. W. Norton.

Gamble, Andrew (2009) 'Britain and America', in Matthew Flinders et al eds., *The Oxford Handbook of British Politics*, Oxford: Oxford University Press.

Gardner, Richard N. (1956) *Sterling-Dollar Diplomacy*, Oxford: Clarendon Press.

Gavin, Francis (2004) *Gold, Dollars, and Power: The Politics of International Monetary Relations, 1958–1971*, Chapel Hill: The University of North Carolina Press.

Harrison, Brian (2010) *Finding a Role? The United Kingdom 1970–1990*, Oxford: Oxford University Press.

Helleiner, Ellen (1994) *States and the Reemergence of Global Finance: From Bretton Woods to the 1990s*, Ithaca: Cornell University Press.

Kunz, Diane (1997) *Butter and Guns: America's Cold War Economic Diplomacy*, New York: The Free Press.

Lundestad, Geir (2014) *East, West, North, South: International Relations since 1945*, 7th ed., London: SAGE.

McKercher, Brian (1999) *Transition of Power: Britain's Loss of Global Pre-eminence to the United States 1930–1945*, Cambridge: Cambridge University Press.

McKinney, Joe and Alan P. Dobson (2013) "The Anglo-American Economic Relationship: Special or Not?," in Alan P. Dobson and Steve Marsh, eds., *Anglo-American Relations: Contemporary Perspectives*, London: Routledge.

Newton, Scott (2004) *The Global Economy, 1944–2000: The Limits of Ideology*, London: Arnold.

Ovendale, Ritchie (1998) *Anglo-American Relations in the Twentieth Century*, Basingstoke: Macmillan.

Raymond, Ray (2006) "Anglo-American Economic and Business Aspects: A British Perspective," in Jeffrey D. McCausland and Douglas T. Stuart, eds., *US-UK Relations at the Start of the 21st Century* (electronic version), Strategic Studies Institute.

Schenk, Catherine (2010) *The Decline of Sterling: Managing the Retreat of an International Currency 1945–1992*, Cambridge: Cambridge University Press.

Skidelsky, Robert (2000) *John Maynard Keynes: Fighting for Britain 1937–1946*, London: Macmillan.

Temperley, Howard (2002) *Britain and America since Independence*, Basingstoke: Palgrave.

Toye, John and Richard Toye (2004) *The UN and Global Political Economy*, Bloomington and Indianapolis: Indiana University Press.

Yergin, Daniel and Joseph Stanislaw (2002) *The Commanding Heights: The Battle for the World Economy*, 2nd ed., New York: The Free Press.

Zeiler, Thomas W (1999) *Free Trade, Free World: The Advent of GATT*, Chapel Hill: The University of North Carolina Press.